资源利用治理丛书

资源耦合治理理论

陈　凯　刘昕维　陈　钰　著

国家社会科学基金重大项目（15ZDC034）成果

科　学　出　版　社
北　京

内 容 简 介

资源耦合治理是多维资源平衡协调管理的主要形式，其基础源于经济学均衡原理。中国传统经济学的四维治理范式和现代经济学管理理论在不断完善资源耦合治理的一系列工具。本书是资源耦合治理之道与器的结合，是中国传统资源利用治理范式与西方现代资源利用治理范式的融合。全书共 6 章，第 1 章介绍资源耦合治理的背景、意义和中西资源利用思想构成与演变轨迹；第 2 章阐述资源耦合治理理论基础与准则；第 3 章论述能源、水资源和建设用地耦合治理系统；第 4 章梳理资源耦合治理范式与模型；第 5 章指出资源耦合治理路径；第 6 章系统介绍资源利用秩序、治理绩效评价和适应性对策措施。

本书可为政府资源环境治理职能部门决策者提供参考，可供有关研究机构及学者借鉴，也可作为高等学校资源环境学、区域经济学和经济管理学等相关学科的教学参考书。

图书在版编目（CIP）数据

资源耦合治理理论 / 陈凯，刘昕维，陈钰著. —北京：科学出版社，2022.12

（资源利用治理丛书）

ISBN 978-7-03-073989-6

Ⅰ. ①资…　Ⅱ. ①陈…　②刘…　③陈…　Ⅲ. ①资源管理－研究　Ⅳ. ①F205

中国版本图书馆 CIP 数据核字（2022）第 224319 号

责任编辑：任彦斌　张培静　张　震/责任校对：樊雅琼
责任印制：吴兆东/封面设计：无极书装

科 学 出 版 社 出版
北京东黄城根北街 16 号
邮政编码：100717
http://www.sciencep.com

北京九州迅驰传媒文化有限公司 印刷
科学出版社发行　各地新华书店经销

*

2022 年 12 月第　一　版　开本：720 × 1000　1/16
2022 年 12 月第一次印刷　印张：14 1/2
字数：292 000

定价：90.00 元

（如有印装质量问题，我社负责调换）

丛书前言

《中华人民共和国国民经济和社会发展第十三个五年规划纲要》(简称“十三五”规划）指出，绿色是永续发展的必要条件和人民追求美好生活的重要体现。必须坚持节约资源和保护环境的基本国策，坚持可持续发展，坚定走生产发展、生活富裕、生态良好的文明发展道路，加快建设资源节约型、环境友好型社会，形成人与自然和谐发展的现代化建设新格局，推进美丽中国建设，为全球生态安全做出新贡献。国家社会科学基金重大项目（15ZDC034）“建立能源和水资源消耗、建设用地总量和强度双控市场化机制研究”体现了这一理念。2016 年 5 月 17 日，习近平总书记在哲学社会科学工作座谈会上的讲话中指出：“自古以来，我国知识分子就有‘为天地立心，为生民立命，为往圣继绝学，为万世开太平’的志向和传统。一切有理想、有抱负的哲学社会科学工作者都应该立时代之潮头、通古今之变化、发思想之先声，积极为党和人民述学立论、建言献策，担负起历史赋予的光荣使命。”为此国家社会科学基金重大项目（15ZDC034）课题组成员精心设计出版本套“资源利用治理丛书”，从以下三个方面努力完成这一重大课题。

一、资源利用治理基础理论创新

资源利用治理理论包含三大体系，分别为中国传统资源利用治理理论、马克思主义资源利用治理理论和现代西方资源利用治理理论。陈凯所著《资源利用文化软实力运行机制路径易学范式分析》阐释了中国传统资源利用治理理论的原理；周立斌、韩满玲、王希艳和杨林的力作《新马克思主义的区域经济理论研究》阐述了马克思主义资源利用治理理论基础；陈凯、张方和李雪峰撰写的《中国资源利用空间依赖研究》论述了现代西方资源利用治理理论渊源。

资源利用治理基础理论创新不是寻找一种新理论取代旧理论，而是以一种包容性更大的理论方法体系将旧理论方法兼容升级。课题组成员撰写的《资源环境治理理论基础》《资源经济学知识图谱导论》《资源耦合治理理论》《城乡资源整合论》和《经济道统治理》等专著，将中国传统资源利用治理理论、马克思主义资源利用治理理论和现代西方资源利用治理理论融会贯通。在新创立的资源利用治理科学原理中，正确地显示经济社会协调发展规律，准确地衡量所有的资源要素、结构与发展模式的性质和数量差异及其变动原因，适时地将原理体现在实际操作程式上；采取“旧理论系统疏理—新理论体系创立—原理实证条理化”的研究方案。以《易传》的理论方法为框架，融合各种原理和方法。资源利用宏观经济分析从模式到结构再到要素，资源利用微观经济分析从要素到结构再到模式。研究定位以道统阴阳平衡机制为主线，演绎和实证相结合，在现代经济学基础上，推导资源生产、消费、贸易、分配、货币、财政、金融、投资、股票、证券、期货、保险、价格、利率、汇率、税率、企业治理、制度与政策等均衡法则。

二、资源利用治理研究范式创新

丛书中的《资源利用文化软实力运行机制路径易学范式分析》《资源耦合治理理论》和《经济道统治理》等著作以易学范式融合西方资源经济理论方法，对资源利用治理规律、机制和原理进行了系统的分解与整合。创新体现在以下几点。

（一）首次以阴阳五行和谐原理构建资源利用治理系统

现代西方资源利用理论设定资源经济要素同质无限替代，以量差分析其质异，单纯追求工具和逻辑的完美而无视现实，只能说资源经济学知识在进步而非科学的表现。“资源利用治理丛书”还原经济现实，指出资源不是同质的，有阴阳之分，而且阴阳程度随着资源开发的时间、方位、组合方式、利用力度大小和速度快慢而不同；资源配置不只是实现配置主体效用最大化的要素量的替代，而主要是为达到和谐并实现共同富裕，对要素间相生、相克、相冲、相刑、相害、相合、相乘、相侮、胜复等关系的调整；通过阴阳平衡机制，实现各层间、各层内、各要素的阴阳呼应和阴阳平衡，实现资源合理利用治理目标。

（二）另辟蹊径揭示资源经济规律

现代西方资源经济理论建立经济函数，解析变量相关性以把握经济规律。经济函数的一个点，无体积大小，再不能细分。“资源利用治理丛书”将生产函数中的一个点，又细分为八维的“小成”，它是经济全息运行的一个“截图”，是科学实验的一个“切片”，连贯起来精准地量化资源经济运行机制并反映经济规律。庄子曰：“道隐于小成。”机制的表现是秩序，通过测度秩序揭示经济规律。管子曰：道“不见其形，不闻其声，而序其成”。

（三）第一次设立资源利用秩序精准测度标尺

现代经济学关注资源利用效率，借助管理绩效促进之，而“资源利用治理从书”更注重资源利用秩序，依靠治理功德整合之。这是由于资源利用秩序经历制度规范与道德自律融合路径，通过法治与德治的结合而实现。经济管理以资源优化配置促使经济高效运行，经济治理以资源有序流动维护经济安全稳定。以轻重测度经济秩序是“资源利用治理丛书”的精髓。设置精准16制标尺，即纵向质量“半斤八两”，横向质量“半斤八两”，合之“一斤十六两”。较重者紧于道（规律），秩序较稳定；较轻者松于道（规律），秩序较混乱。管子曰：“以轻重御天下之道也，谓之数应。”

（四）创立天时-地利-人和经济运行模型

在现代经济学数量均衡规则基础上，“资源利用治理丛书”增设纵向和谐、横向匹配、核心再生的阴阳质量均衡规则，建立天时-地利-人和经济运行模型为一轴、五层、四维、九域。①一轴：各层中心的连线，即轴线贯穿各层中心（中宫）。②五层：最上层是“天时”，最下层是“地利”，中间二、三、四层是“人和”。第四层为宏观，其中宫为《兑》，资源利用重在秩序及人心安全稳定。第三层为微观，其中宫为《震》，资源利用在于保持创新及人心活力。第二层为社会发展与资源利用的环境。二、三、四层是模型的中心。第二层是静盘，第三、四层是动盘。③四维的有形态：规划与金融、劳动与组织、政府与信息、资本与市场。四维的无形态：“一曰礼、二曰义、三曰廉、四曰耻。”④九域：易学的九宫。

（五）融会贯通中西经济理论方法

“资源利用治理丛书”道器一体，大到无外，小到无内，对西方资源经济学无限兼容。西方现代经济学在效率管理研究方面成熟，中国传统资源经济理论在秩序治理研究领域领先，“资源利用治理丛书”把经济发展秩序测度深入到资源利用效率层次量化，同时又将资源利用效率研究上升至经济发展秩序框架内考察。例如，①辨识两变量的轻重缓急，确定其“元”“亨”“利”“贞”“悔”“吝”“厉”“咎”，量化资源利用系统要素的定位及其层次间的关系；②根据资源利用全要素生产率（total factor productivity，TFP）增长正负及其技术进步率、技术效率改进、规模效率改进和配置效率改进速度之正负，裁定其“延年”“天医”“生气”“辅弼”“禄存”“廉贞”“破军”“文曲”，用以测度资源利用系统要素作用及其匹配关系。

三、资源利用治理实证分析与适应性政策研究

任何理论都是在人类经济社会发展推动下自身矛盾思变创新中产生和形成

的。资源利用治理理论发展的前提是资源利用实践。资源利用实证分析既是资源利用理论发展的基础，也是资源利用实践的指导。

“资源利用治理丛书”每一部都不同程度地进行了实证研究，陈凯和课题组成员撰写的《能源、水资源和建设用地经济治理研究》用实际数据论证了能源、水资源及建设用地总量和强度双控市场化机制，可圈可点，相信读者看后会有耳目一新之感。

长三角区域是中国最具发展潜力的都市圈，能源利用状态具有一定的代表性。郑畅的《长三角地区能源利用效率研究》论证到位，分析透彻，读后定有收获。

能源、水资源和建设用地利用适应政策是“资源利用治理丛书”的主题。根据实证研究的结果，基于国家能源、水资源和建设用地利用定位及区域功能分解，科学甄别总体及各区域主体功能、主导功能、主要功能，创新分层诊断、有序衔接、逐步调适的规划方法，努力解决统一的规划底图、坐标体系、基础数据、分类标准等问题。深度整合能源、水资源和建设用地利用治理政策措施，实现能源、水资源和建设用地利用治理规划及适应性对策体系法治化、标准化与规范化。

“资源利用治理丛书”传承发展中国传统学术，吸收消化马克思主义资源利用治理理论和现代西方资源利用治理理论，在融会贯通三大理论体系的基础上，注重资源利用实证研究，突出资源经济发展新方向，建立中国大国资源利用治理理论。虽然距完整的中国资源利用治理理论体系相差甚远，但我们已经起步，纵有千难万险，我们披荆斩棘，在所不辞。恳请广大读者对丛书多提宝贵意见，我们会虚心接受，不断修改完善。

“资源利用治理丛书”主编

2017年9月10日

前 言

《资源耦合治理理论》为作者承担的国家社会科学基金重大项目“建立能源和水资源消耗、建设用地总量和强度双控市场化机制研究”（15ZDC034）成果之一，是“资源利用治理丛书”的收官之作。

在资源耦合治理研究领域，学者在有关治理工具改进方面投入的精力较多，而对其理论体系如何完善却重视不够。为此，本书从道与器两个角度，开拓资源耦合治理理论的发展空间。

1. 主要观点

资源以有形与无形的形态存在于多维时空中。资源在一定时空分布配置的动态表现形式反映其变化规律。资源耦合治理规律可以通过优化机制和匹配机制表达。资源耦合治理机制表现形式是资源利用治理秩序。资源利用治理秩序能用“轻-重”标尺测度。治理者以资源利用秩序为把手，调控社会经济运行机制，实现国家长治久安，保障人民生活水平不断提升。

2. 研究方法

以实际问题与理论思辨结合为轴线导向，利用中国几十年来的资源利用经济发展资料，进行实证分析。在事实经络清楚的基础上提炼概括，揭示资源利用治理规律，设置机制，量化秩序，最后提出适应性对策措施。

在实证研究中，客观描述、刻画和显示我国资源利用治理的现状、结构和变动趋势，利用中国道统经济学和现代西方计量经济学模型，解构中国能源、水资源和建设用地耦合治理机理和机制。

研读《老子》《周易》《管子》等古籍，提炼、概括、解构、思辨中国哲学、经济学和治理理论；用中国治理原理，归纳总结，系统科学条理化实证研究结果；深度解析中国资源利用规律，设计中国经济社会治理机制；设置“轻-重”标尺，量化中国资源利用治理规律和机制的表现形式——中国资源经济运行秩序；择优选取结构功能匹配的资源利用治理路径并细化适应性政策措施。

3. 学术创新

（1）以中国哲学原理构建资源利用治理系统。现代西方资源利用理论设定，资源经济要素同质无限替代，以量差分析其质异。本书还原经济现实，认定每分钟资源利用耦合治理时空有亿万种不同质的组合状态，揭示要素间相生、相克、相合与相乘的关系。通过四维平衡机制，实现各层间、各层内、各要素的全面平衡，实现资源耦合治理目标。

（2）道器于一体，揭示资源经济规律。现代西方资源经济理论建立经济函数解析变量相关性以把握经济规律。经济函数的一个点无体积大小，再不能细分。本书将生产函数中的一个点又细分为四维与九域的“小成”，它是经济全息运行的一个“截图”，是科学实验的一个“切片”，连贯起来精准地量化资源经济运行机制并反映经济规律。

（3）设立资源耦合治理秩序精准测度标尺。现代经济学关注资源利用效率，借助优化机制促进经济高效运行，而本书更注重资源结构功能匹配，依靠治理功德整合的秩序稳定来实现。以“轻-重”测度经济秩序是本书的精髓。

（4）建立天时-地利-人和经济运行模型。在现代经济学数量均衡规则基础上，增设纵向和谐、横向匹配、核心再生的异质性均衡规则，建立天时-地利-人和经济运行模型为一轴、五层、四维、九域。

（5）融会中西经济理论方法。将中西经济理论融会贯通，把经济发展秩序测度深入到微观主体资源利用效率层次量化，同时又将资源利用效率研究上升至宏观经济发展秩序框架内考察。

4. 学术贡献

（1）梳理中国资源耦合治理理论与西方资源经济理论的哲学基础，将古籍中的“道与器”与现代经济学的“规律与机制”融会贯通。

（2）规律与机制的表现形式是秩序。设置“轻-重”标尺，测度资源利用秩序，这相当于量化了社会经济运行规律与机制，从而为遵循客观规律提供了科学手段。

（3）秩序是优化机制与匹配机制合一的体现，秩序的成功测度为资源优化匹配及其结构功能匹配提供了可靠的量化标准。

5. 实践意义

（1）本书通过测度秩序把握规律与机制的法则，说明资源利用依赖稳定的政局和良好和谐的社会秩序。万事万物，都必须遵循其规律，遵守其运行机制。

（2）本书核心变量“秩序”的纵向分量用于衡量科层级别、各实体相互地位关系，这为抑制两极分化、计划调节、实现共同富裕提供量化尺度。

（3）“秩序”横向变量轻重的测度，为中心整合、功能匹配、全国市场一体化提供量化标准和政策措施力度。

（4）本书的优化机制与匹配机制并举，万事讲究均衡，“千钧将一羽，轻重在平衡”。平衡秩序理念不仅为国家资源配置和决策规划提供依据，也为社会成员个人行为决策和规划实施提供参考。

（5）本书利用万物皆可测“轻-重”的准则，为国家治理和个体决策提供参考，使统筹发展权重的计算数量化、科学化和程序化。

本书由陈凯、刘昕维、陈钰撰写。本书相关研究成果来自课题组成员集体精诚合作、刻苦攻关。周荣梅、王泽君、张瑞泓、殷天舸、李鹏飞等同学参与了数据采集和模型运算的工作，研究生杨帅做了部分数据的更新。作者在撰写本书过程中，参阅和引用了国内外同行的研究成果，在此特向相关论文和著作的作者表示衷心的感谢！

由于作者水平有限，书中不足之处在所难免，敬请读者批评指正。

陈 凯 刘昕维 陈 钰

2022 年 3 月 6 日

目　录

第1章　绪　　论

1.1　资源耦合治理背景

1.1.1　我国资源利用状况

我国资源在总量和种类上较为丰富，但人均水平较低。根据《中国矿产资源报告（2022）》统计显示，就化石能源和矿石资源来看，我国2021年石油储量36.89亿t，人均石油储量2.61t；煤炭2078.85亿t，人均煤炭储量147.16t；天然气63392.67亿m^3，人均天然气储量4487.66m^3；铁矿161.24亿t，人均铁矿储量11.41t；铜矿3494.79万t，人均铜矿储量0.025t；铝土矿71113.74万t，人均铝土矿储量0.50t。但在人均资源量方面，我国人均资源占有量仅是世界平均水平的14%，其中人均石油占有量是世界平均水平的10%，人均淡水资源量仅为世界人均占有量的25%，人均河川年径流量相当于世界人均值的25%，人均耕地不到世界平均水平的40%，人均森林占有面积仅为世界人均占有量的20%。45种主要矿产资源人均占有量不到世界平均水平的一半，我国经济处于快速发展过程中，所需资源巨大，国内资源供给不足，许多重要资源对外依存度不断上升。2016年，石油进口量高达3.81亿t，对外依存度超过65%。与此同时，一些主要矿产资源的开采难度越来越大，开采成本增加，供给形势相当严峻。进入21世纪后，我国GDP翻了两番，但资源消费也翻了一番，资源消费增长速度惊人。从2001年到2020年，我国能源消费总量增长了231%。钢材、水泥等高耗能产品需求量同样增长迅速，其中钢材产量增加了725%，水泥产量增加263%，发电量增加425%，各类型汽车和家用电器也大量进入普通家庭，2016年全年汽车销量就突破了2800万辆。这样迅速的经济增长和资源消费会对国内紧缺的资源造成巨大压力。如果继续沿袭传统的发展模式——以资源的大量消耗实现工业化和现代化，现有的资源状况和经济发展模式是难以维系的。

另外，我国的资源利用效率偏低，资源浪费现象严重。我国粮食在收获、储藏、调运、加工、销售和消费中的总损失高达18.2%，2018年，中科院地理科学与资源研究所和世界自然基金会联合发布的一项报告披露，我国餐饮食物浪费量约为每年1700万～1800万t，相当于3000万～5000万人一年的口粮；其次，我国主要工业生产能耗指标平均水平要高于西方发达国家40%以上，水资源重复利用率要低 15%～25%，矿产资源回收利用率仅为 30%，低于西方发达国家 20%。2003 年，中国以世界最大的煤炭消费，第二的石油和电力消费，以及近 50%的世界水泥消费、35%的铁矿石消费、20%的氧化铝消费和 20%的铜消费，只创造了占世界 4%的 GDP；我国的水资源浪费情况也十分严重，在生活用水方面国际平均水平为 80L/天，而我国为 150～200L/天；在农业灌溉方面，灌溉定额一般为 400～500m^3/亩（1 亩≈666.7m^2），而我国一般都在 800～1200m^3/亩。在土地资源利用方面，土地利用效率较低，近年来城市用地增长率远远高于城市非农业人口增长率，开发建设中盲目批地，土地征而未用现象严重，造成土地大量闲置；农村土地使用也存在人均用地远远超过国家规定标准等许多问题。矿产资源开发破坏严重，地方性开采比比皆是，利用浪费惊人，中国钢铁、水泥等主要原材料的物耗比发达国家高 5～10 倍。中国每万美元产值消耗的铜、铝、铅、锌、锡、镍合计 70.47kg，是日本的 7.1 倍、美国的 5.7 倍、印度的 2.8 倍。2020 年的经济增长 2.74%，但却消耗了 40.49 亿 t 煤、10.52 亿 t 油、13 亿 t 钢材、23 亿 t 水泥。

传统经济发展方式侧重追求产出量的增加、忽视投入的成本及外部性，这与资源品价格与环保收费的改革不到位直接相关。资源要素价格不能充分体现市场供求关系，环境成本难以转化为企业内部成本，助长了企业浪费资源、破坏环境的行为，也抑制了对资源环境领域的投资。近年来我国资源利用效率得到了明显的改善，但资源总量消费和利用效率仍旧较低，这种资源的过度浪费进一步加剧了我国的资源短缺，这与科技水平的提升有关。

1.1.2 粗放型发展模式与环境污染

我国的生态环境状况难以维持当前这种高污染、高消耗的经济发展模式。在传统经济发展中，总是以利益最大化作为资源配置选择的原则。长期以来，人们对环境资源的放任使用，资源低价格甚至无偿使用，导致环境资源被过度利用或掠夺，环境资源成为污染者掠夺财富的工具。环境资源被过度或无序使用带来了环境的恶化。据统计局官方网站统计，2021 年全国水资源消耗 5813 亿 m^3，污水排放量从 2004 年的 482 亿 t 增长至 2015 年的 735 亿 t。根据水利部门对全国 10 万 km 河流的调查结果表明，中国 90%以上的城市水污染严重，97%的城市地下水受到不同程度污染。与此同时大气环境也不容乐观，2020 年以二氧化硫和氮氧化物为主的大气污染物排放量仍然居高不下，其中二氧化硫排放 318 万 t，氮氧化物排放 1020 万 t，粉尘排放 1538 万 t。在全国 47 个重点城市中，近 70%的城市无法达到国家空气质量二级标准，酸雨区由 20 世纪 80 年代的西南局部地区发展到现在的西南、华南、华中和华东四个大面积地区，酸雨覆盖面积已占国土面积的 30%以上，我国已成为继欧洲、北美之后的世界第三大重酸雨区。根据环境保护部和国土资源部2014年联合发布的全国土壤污染状况调查公报，我国土地污染和水土流失较为严重，全国土壤总超标率16%，耕地超标率19%，土壤镉超标率7%，土地资源主要污染物为镉、镍、铜、砷、汞、铅、滴滴涕（双对氯苯基三氯乙烷）和多环芳烃等。

过去20多年的粗放型经济增长模式给我国生态环境带来了巨大的污染，我国多种污染物的排放量均居世界首位，对我国的国际形象造成了较为负面的影响。目前，国际社会对中国承担环保责任的压力史无前例地提升，这不仅仅体现在应对气候变化的温室气体减排方面，而且体现在诸多环保议题上。早在1992年6月，联合国环境与发展大会就形成了《里约环境与发展宣言》《21 世纪议程》《关于森林问题的原则声明》等一系列具有划时代意义的文件，中国也很快制定了自己的21世纪议程。2002年，南非约翰内斯堡峰会将全球环境问题聚焦在水资源、能源、健康、农业和生物多样性五个方面，而在这五个方面，中国至今都面临巨大且似乎难以克服的挑战。2012年6月联合国可持续发展大会在里约热内卢召开，会议特别关注八个领域：就业、能源、城市、粮食、农业、水资源、海洋、灾害。虽然人类不遗余力推进了环境治理，但宏观趋势的复杂性以及各国对自身利益的考量，使以全球可持续发展为目标的《21世纪议程》等重要文件的执行情况远未达到预期，全球环境危机不仅没有根本扭转，一些新环境问题反而层出不穷，无论面对旧环境问题凸显还是新环境问题增生，中国都扮演了重要角色，承担了不可推卸的责任。与此同时，输入性环境问题，譬如物种入侵、危险废弃物转移、气候变化等负面影响持续显现，气候变化-粮食安全-能源安全-海洋的复合效应也越来越突出，内外交织情况越来越普遍。

1.1.3 人与自然和谐发展

进入20世纪后，工业化对生态环境造成的破坏使得世界各国对于环境保护日益重视。1962年蕾切尔·卡逊《寂静的春天》的出版使人们第一次认识到环境破坏对人类社会的威胁，同时也开启了世界性的环境保护运动。1970年，经济合作与发展组织（Organization for Economic Co-operation and Development，OECD）环境委员会正式成立，这是第一个官方的环境保护组织，标志着世界环境保护官方行为的正式启动。1972年起，罗马俱乐部连续性地发布有关世界资源环境的研究报告，在1972年出版的《增长的极限》中，以五个基本变量——人口、农业生产、自然资源、工业生产、污染——为基础构建的数学模型，得出了目前的经济模式在达到某一峰值后就会开始全面衰退，目前的经济增长是不可持续的，并通过1900～1970年的数据进行验证。1972年在瑞典首都斯德哥尔摩召开的第一次人类环境大会，通过了《人类环境宣言》《人类环境行动计划》，同时成立了联合国环境规划署（United Nations Environment Programme，UNEP），并将6月5日定为世界环境日。1972年斯德哥尔摩的联合国人类环境会议的召开，标志着世界范围的环保体制正式建立。

1992年6月，在巴西的里约热内卢召开的联合国环境与发展大会，期望在可能的范围内，采取协调一致的行动，有效地解决环境与发展问题。这次会议不仅通过了《里约环境与发展宣言》《21世纪议程》《关于森林问题的原则声明》等重要文件，而且签署了《联合国气候变化框架公约》、《生物多样性公约》，这些文件充分体现了大会基调报告所提出的人类社会可持续发展的思想，形成了人类面对全球性问题的共同对策——可持续发展。为推动《联合国气候变化框架公约》目标的实现，应对温室气体排放和全球变暖给人类的挑战，1997年在日本京都召开的《联合国气候变化框架公约》第三次缔约方大会上通过了旨在限制温室气体排放量的国际性公约《京都议定书》，目标是将大气中的温室气体含量稳定在一个适当的水平，进而防止剧烈的气候改变对人类造成伤害，规定了2008～2012年，全球主要工业国家的工业二氧化碳排放量要比1990年的排放量平均低5.2%。2002年8月26日至9月4日在南非约翰内斯堡召开可持续发展世界首脑会议，会议提出经济增长、社会进步和环境保护是可持续发展的三大支柱，经济增长和社会进步必须同环境保护、生态平衡相协调。2012年6月20日至22日在巴西里约热内卢召开联合国可持续发展大会，会议发起可持续发展目标讨论进程，提出绿色经济是实现可持续发展的重要手段，正式通过《我们憧憬的未来》这一成果文件。2015年12月12日在巴黎气候变化大会上通过的《巴黎协定》为2020年后全球应对气候变化行动做出安排。中国的全国人大常委会于2016年9月3日批准中国加入《巴黎协定》，成为完成了批准协定的缔约方之一。

习近平总书记在党的十九大报告中深刻指出："人类只有遵循自然规律才能有效防止在开发利用自然上走弯路，人类对大自然的伤害最终会伤及人类自身，这是无法抗拒的规律。"人与自然是生命共同体，人类必须尊重自然、顺应自然、保护自然。推动形成人与自然和谐发展新格局，必须贯彻绿色发展理念，推动绿色发展。

1.2　资源耦合治理意义

1.2.1　调节市场经济

在自由的市场机制下，理性的消费者按照效用最大化、厂商按照利润最大化的原则来进行自己的行为选择。古典主义学派认为在一个自由选择的体制中，各个市场主体不断追求自身利益最大化的结果，导致市场达到了一般均衡，整个社会的经济资源得到最合理的配置，即实现了帕累托最优状态。市场机制实际上是一只“看不见的手”，推动着人们从自利的动机出发，通过市场交易，在各种竞争与合作关系中实现互利的经济效果。市场机制被视为是迄今为止最有效的资源配置方式。但由于市场本身的缺陷，如存在着外部性、垄断及公共产品等市场失灵现象，导致社会经济资源误置，造成经济资源配置的无效率。如果不及时纠正市场失灵问题，无疑将给社会带来巨大的经济损失。环境本身是一种公共产品，社会公众对环境质量的期望很高，但环境本身又是极为脆弱的，其本身很容易受到经济主体包括消费者和生产者的经济行为所带来的负的外部性的影响。由于环境本身的公共产品特性和较易受到外部性的影响，在自由的市场机制下，市场对环境的保护是失灵的，难以克服市场中经济主体利益冲动所带来的污染影响。对于生产者来说，污染产生的外部性导致生产者的私人生产成本低于社会生产成本，但对消费者来说，生产者所排放的污染虽然对消费者的生活环境产生了危害，但很难去通过市场机制得到公平的补偿。

长期以来，环境一直被作为公共财产资源使用，如水、空气、海洋、臭氧层等。人类在从事生产活动和消费活动的时候，很少考虑到对环境系统的长期影响或对后代人的潜在损害。环境作为限定人类生存空间的自然条件在经济理论中一直考虑甚少。自 20 世纪 60 年代末以来，我们日益意识到环境遭受到的破坏，环境已经由免费品的天堂变成短缺的王国。环境作为一种公共财产资源，也具有稀缺性的特点。毋庸置疑，稀缺意味着对一定的物品存在着竞争使用，而不是对其使用的全部需求都能够得到满足。环境被作为公共消费品、自然资源的提供者以及废弃物容纳场所，它的使用必须考虑其配置问题。环境资源的有限性和人类需求的无限性之间存在着不可调和的矛盾，人们只能通过资源的优化配置，合理地使用资源，通过提高资源的使用效率，以保证在资源既定的条件下，生产出尽可能多的满足人们需求的产品，从而缩小资源有限性和人类需求无限性之间的矛盾。在市场机制中，价格是引导资源进行合理配置的信号，价格的高低反映了资源的稀缺程度，因此，正确的价格信号是保证资源合理配置的前提。然而在市场经济条件下，环境污染的外部性特点往往会导致私人生产的边际成本与社会边际成本严重背离，从而引发价格信号失灵。

1.2.2 助力可持续发展

实现可持续发展是科学发展观的基本要求之一，同时也是联合国以及世界各国未来发展的主要目标之一。可持续发展具体包括以下三个方面。

1. 经济可持续发展

经济可持续发展是一种合理经济发展形态，通过实施可持续经济发展战略，社会经济得以形成可持续经济发展模式。它要求在经济圈、社会圈、生物圈的不同层次中力求达到相互协调和可持续发展，使生产、消费、流通都符合可持续经济发展要求，在产业发展上建立生态农业和生态工业，在区域发展上建立农村与城市的经济可持续发展模式。在中国人口基数大、人均资源少、经济和科技发展水平比较落后的条件下实现可持续发展，主要是在保持经济快速增长的同时，依靠科技进步和提高劳动者素质，不断改善发展质量，提倡适度消费和清洁生产，控制环境污染，改善生态环境，保持资源基础，建立“低消耗、高收益、低污染、高效益”的良性循环发展模式。即经济发展不但要有量的扩张，也要有质的改善。要实现经济的可持续发展，首先要求破除粗放式生产和非理性生产行为，其次要求破除以资源投入的过度消耗和环境容量的过度透支为代价的经济增长模式，最后要求破除以削弱可持续发展能力为代价的畸形增长。

2. 生态可持续发展

生态可持续发展是可持续发展的环境基础。为实现生态可持续发展，我们一方面需要遵循预防原则。即使遇到严重的或是不可逆转的环境威胁，也不能以缺乏确凿的科学依据作为推迟预防环境恶化措施的原因。另一方面，要遵循代际公平理论：即这代人应该为下一代的利益着想，保持环境的健康、多样性和生产力。为顺利展开生态可持续发展的进程，并为生物多样性和生态完整性的保护提供更多动力，在进行资产与服务评估时，环境因素应该占更大的比重。环境可持续发展要求社会在满足人类需求的同时保护我们赖以生存的地球及其生命支持系统。例如，提供可持续用水、合理利用可再生能源以及长久的物资供给。

3. 社会可持续发展

社会可持续发展是一种系统发展观。它对发展的诠释可分为如下层次：一是既要当前发展，又要协调永续发展，这是发展阶段性和连续性的统一；二是既要经济发展，又要相应的社会、科技、文化发展，这是各个发展要素的相互联系与整体的协调；三是既要人和社会的发展，又要自然、环境的相应发展。自然界的平衡、再生也是一种发展，也就是说，把宇宙、地球与人类，社会经济与科技文化，物质领域、精神领域与自然领域都置入一个动态的系统中，寻求达到整个系统的最佳选择和结果，从而实现社会整体的全面进步，这种社会系统的全方位发展必然要求人的发展是全方位的。就个体而言，只有人的智力、体力、才能、创造力以及各种潜能得到持久的充分发展，才能推动社会持续发展。从关系角度说，人的全面发展应当体现出对各种社会关系的协调把握和处理，能够充分认识和妥善处理人口、资源、环境和发展之间的相互关系，并使它们协调一致。主体在与自然的实践关系中，能够不断意识到自身对自然的依赖性和自身的片面发展对自然的破坏性，从而能够自觉、能动地对自身的发展进行自我约束和控制，求得与自然的协调发展。这种自我约束和控制既表现在对人口数量的控制上，也表现在对人的质量的提升上。一方面要求人们自觉地控制人口数量，以达到人口数量与环境、资源和社会发展相协调；另一方面通过教育，促进主体个体的科学、文化和价值观念的全面发展，提高主体个体全面的实践能力。因此，实现社会可持续发展应全面开展对人的素质教育，全面开展思想道德教育、科学文化教育、审美教育、生态道德、生态文化等全方位教育，使人的道德修养、文化水准、行为规范得到全面提高。从中国人口、经济、社会发展的实际出发，应重点提高人口的身体素质和文化素质，变人口压力为人口动力。

人的生产和生活离不开自然界所提供的环境基础，包括空间环境、气候环境、水环境、生物环境等，离不开各类物质与能量的资源保证，离不开环境容量和生态服务的供给，离不开自然演化进程所带来的挑战和压力，甚至也必须承认人本身也是自然进化的产物。如果没有人与自然的和谐，没有人与自然的协同进化，没有一个环境友好型的社会，就不可能有人的生存和发展，当然就更谈不上可持续发展，资源耦合治理就是要通过协调各类资源的利用，达到可持续发展的目的。既要保证经济和社会发展，同时也要保证生态环境的可持续发展，人类生活所需的能源、土地、水资源等都需要通过生态自然供给，生态环境是人类经济和社会的基础。由于经济发展中各项资源的需求和消耗不尽相同，资源的分布和数量大有不同，如何合理分配和协调各资源之间的利用强度与数量成为可持续发展的关键。

1.2.3 促进经济转型

经济转型指的是资源配置和经济发展方式的转变，包括发展模式、发展要素、发展路径等的转变。经济转型的本质是生产力的不断提高，其表现为资源利用效率的不断增长。从蒸汽机到电力和内燃机的出现，从信息科技到人工智能的飞跃，人类的生产力革命带来了生产效率和资源利用效率的大飞跃。从国际经验看，不论是发达国家还是新型工业化国家，无一不是在经济转型升级中实现持续快速发展的。

从传统经济发展模式来看，一方面高度依赖其资源禀赋；另一方面资源的可耗竭性导致了传统产业无法持续发展。当资源耗竭之时，就是产业的消亡之时，进而社会经济的衰败就不可避免。为了实现资源型地区的可持续发展，经济转型就是必然选择。从工业化发展进程来看，在工业化早期，资源是经济发展的基本动力，动用资源的数量、资源产业的规模很大程度上代表着当时经济发展的总体水平。然而随着社会工业化程度的不断增长，资本、技术、管理和人力资源等要素成为经济增长的动力。因此，当资源型经济发展到一定程度，必须要通过某种政策或制度安排，对资源型经济进行适当调控，重新寻找经济增长的源泉和动力，以保持区域经济的可持续发展。世界经济时时刻刻都处在转型之中，生产力的发展决定了经济发展必须不断克服发展中的矛盾和问题，而这个自身不断修正和克服矛盾的过程便是经济转型。正是由于经济转型，经济才会在曲折中前进，实现可持续发展。

我国从“九五”计划开始即提出了经济转型问题。国家可持续发展战略的整体构想，既从经济增长、社会进步和环境安全的功利性目标出发，也从哲学观念更新和人类文明进步的理性化目标出发，几乎是全方位地涵盖了“自然、经济、社会”复杂巨系统的运行规则和“人口、资源、环境、发展”四位一体的辩证关系，并将此类规则与关系在不同时段或不同区域的差异表达，包含在整个时代演化的共性趋势之中。在可持续发展理论和实践指导下的国家战略，具有坚实的理论基础和丰富的哲学内涵。面对实现其战略目标所规定的内容，根据国情和具体条件，规定了实施的方案和规划，从而形成一个完善的战略体系，在理论上和实证上寻找战略实施过程中的“满意解”。

1.2.4　建设生态文明

生态文明是继工业文明之后人类想要达到的一种更高层次的文明形式，是一种自然与文明和谐双赢的文明。生态文明建设就是人们反思在工业文明过程中给环境带来的严重破坏，改变只求发展的思想观念，制定相应的政策法规，让人们放弃以环境破坏为代价的经济发展方式，发展绿色科技和绿色经济，在经济和社会不断向前发展的同时，实现生态健康、环境良好、资源节约，逐步化解经济发展与自然的冲突，最终实现整个社会的可持续发展。生态文明是一种人类社会新兴的文明形态。这种新的文明形态，并不抛弃以往的制度文明、精神文明、物质文明所取得的成果，生态文明并不能取代其他三种文明形式。从文明的内在结构来看，物质文明、精神文明、制度文明都是不可或缺的文明维度，生态文明是在工业文明造成的人与自然关系紧张的前提下，为改善人与自然关系而发展起来的文明维度。总之，生态文明作为一种新的文明形式，它以遵循自然规律为前提，以生态环境承载能力为基础，以倡导和谐观念和推行健康和谐的生产生活方式为着眼点，最终实现人与自然、人与人、人与社会和谐共生，实现可持续发展。倡导生态文明是发展阶段的必然要求，我国经济建设取得了巨大成绩，但发展代价过大是不争的事实。人们常说中国发展速度和效率是基于三大红利：人口红利、全球化红利和资源环境要素红利，但是随着计划生育的实施、适宜劳动力人口比率的持续下降和人工成本的快速上升，美国次贷危机引发的经济危机引致的全球化放缓，更重要的是巨大的消费市场造成资源要素、环境原材料价格大规模持续攀升，原先的红利都在快速消失，而消失的过程必然是发展模式不可持续的过程。

党的二十大报告明确指出：我们要加快发展方式绿色转型，实施全面节约战略，发展绿色低碳产业，倡导绿色消费，推动形成绿色低碳的生产方式和生活方式。深入推进环境污染防治，持续深入打好蓝天、碧水、净土保卫战，基本消除重污染天气，基本消除城市黑臭水体，加强土壤污染源头防控，提升环境基础设施建设水平，推进城乡人居环境整治。提升生态系统多样性、稳定性、持续性，加快实施重要生态系统保护和修复重大工程，实施生物多样性保护重大工程，推行草原森林河流湖泊湿地休养生息，实施好长江十年禁渔，健全耕地休耕轮作制度，防治外来物种侵害。积极稳妥推进碳达峰碳中和，立足我国能源资源禀赋，坚持先立后破，有计划分步骤实施碳达峰行动，深入推进能源革命，加强煤炭清洁高效利用，加快规划建设新型能源体系，积极参与应对气候变化全球治理。生态文明的内涵包含很多要素，主要包括生态环境、生态资源、生态消费、生态产业、生态制度、生态科技与生态文化等七个基本要素。这七个基本要素是生态文明最基本的组成单元，它们相互影响、相互作用催生出了生态文明。七个基本要素在生态文明建设中起着不同的作用：生态环境保护是生态文明建设的基本要求；生态资源节约是生态文明建设的内在要求；生态消费模式是生态文明建设的公众基础；生态产业发展是生态文明建设的物质基础；生态制度创新是生态文明建设的根本保障；生态科技发展是生态文明建设的驱动力量；生态文化繁荣是生态文明建设的精神支柱。七个基本要素中生态环境是实现生态文明建设的基础和前提条件，生态环境问题直接影响人们的生产、生活活动，并关系到人们的身心健康。如果人们生产和生活的环境遭到破坏，生态环境恶化，就难以实现生态文明建设要求的人与人、人与自然的和谐发展。生态文明建设的最终目标就是要实现人与自然的和谐统一，在生态系统可承受的范围内进行各种经济活动，减少温室气体和污染物的排放量，保护生态环境，改善生态环境，实现可持续发展。与此同时，倡导生态文明是顺应广大人民群众新期待的重大部署。实际上，基本的环境质量已成为政府必须提供的基本公共服务，李克强在第七次全国环境保护大会上的讲话中指出："基本的环境质量、不损害群众健康的环境质量是一种公共产品，是一条底线，是政府应当提供的基本公共服务。"党的十七大首次提出建设生态文明，强调要"共同呵护人类赖以生存的地球家园"。把生态建设上升到文明的高度，是我们党对中国特色社会主义、经济社会发展规律和人类文明趋势认识的不断深化。建设生态文明，不仅对于贯彻落实科学发展观、继续推进中国特色社会主义伟大事业和全面建设小康社会具有重大的现实意义，而且对于维护全球生态安全、推动人类文明进步和可持续发展具有深远的历史意义。

生态文明是人类在改造客观世界的同时，改善和优化人与自然的关系，建设科学有序的生态运行机制，体现了人类尊重自然、利用自然、保护自然、与自然和谐相处的文明理念。建设生态文明，树立生态文明观念，是推动科学发展、促进社会和谐的必然要求。它有助于唤醒全民族的生态忧患意识，认清生态环境问题的复杂性、长期性和艰巨性，持之以恒地重视生态环境保护工作，尽最大努力节约能源资源、保护生态环境。

生态文明建设，能够为人们的生产生活提供必需的物质基础；生态文明观念，作为一种基础的价值导向，是构建社会主义和谐社会不可或缺的精神力量。人们日益增长的物质文化需求，对生活质量提出了新的更高的要求，希望喝上干净的水、呼吸上清新的空气、吃上放心的食品、住上舒适的房子等。创造一个良好的生态环境，使自然生态保持动态平衡和良性循环，并与人们和谐相处，比以往任何时候都显得更加迫切。如果没有一个良好的生态环境，便无法实现可持续发展，更无法为人民提供良好的生活环境。建设生态文明任重而道远，牢固树立生态文明观念，积极推进生态文明建设，是深入贯彻落实科学发展观、推进中国特色社会主义伟大事业的题中应有之义。

1.3 中国传统资源治理理论

中国对经济活动的生产过程描述最早可追溯到公元前 7000 多年前，神农氏时期有了市场交换与消费，黄帝、尧、舜时期，经济的生产、交换、分配、消费四大环节构成完善，技术进步、制度进化和社会治理机制形成。春秋战国时期，齐国有关紧缺资源利用总量和强度的双控市场化的国营与民营结合市场化机制在齐桓公执政、管仲（公元前 723～公元前 645 年）任相期间构建形成。

1.3.1 官山海

对关系国计民生且需求价格弹性低的盐和铁实行国有专营制度。《管子・海王》曰：“唯官山海为可耳。”

1. 铁矿冶金业国有民营，利润三七开

《管子・轻重乙》道：“发徒隶而作之，则逃亡而不守。发民，则下疾怨上，边境有兵，则怀宿怨而不战。未见山铁之利而内败矣。故善者不如与民，量其重，计其赢，民得其七，君得其三。”铁制品专卖，收税 2%，“五十而取一”。制造业划片产业链运作。如，当时规模不大的临淄城，有工商之乡六个，一乡两千户，六乡就是一万两千户，这一万两千户是专门从事制造业或商业的，工商注册合法经营，世代相传，精益求精，税收 1%，“关赋百取一”。

2. 盐业统一规划，指令性统购统销运营

由于各国的食盐都得从齐国进口，齐国根据国际贸易形势，适时开放与关闭

海关食盐贸易，相应发布盐业的生产时间、数量与价格，为盐民和政府谋取最大利益。据《管子·地数》和《管子·轻重甲》记载，在冬十月至次年正月冬闲时，国家让若干劳动力煮盐，积 3 万多钟之后，至次年正月借口农忙不许民人“聚庸而煮盐”，各国缺食盐以至有些人出现浮肿，在此情况下开关放盐，价格大涨，“然盐之贾（价）必四什倍”。齐国在此时趁机向国内外销售盐即可取得厚利，这就等于是煮海水为盐而向天下征税了。

1.3.2 平衡供需

需求与供给双向调整达到动态平衡。无论需求与供给，都不宜单独进行总量绝对控制，而只能双向调整，同步紧缩或扩张，以求需求与供给大致平衡。

1. 供给侧，农业与工商业并重

改革土地分封制，将土地所有权与使用权分离，土地国有民营，“均地分力”，分田到户，提高农民积极性，降低管理成本。“与之分货，则民知得正矣，审其分，则民尽力矣，是故不使而父子兄弟不忘其功”；齐地多盐碱，宜桑养蚕，大力发展纺织业，实现农工商产业化。

奖励技术创新。《管子·山权数》曰：“民之能明于农事者，置之黄金一斤，直食八石。民之能蕃育六畜者，置之黄金一斤，直食八石。民之能树艺者，置之黄金一斤，直食八石。民之能树瓜瓠、荤菜、百果、使蕃育者，置之黄金一斤，直食八石。民之能已民疾病者，置之黄金一斤，直食八石。民之知时，曰岁且阨，曰某谷不登，曰某谷丰者，置之黄金一斤，直食八石。民之通于蚕桑，使蚕不疾病者，皆置黄金一斤，直食八石。”

物质与金融支持。《管子·山国轨》说，每年“泰春”“泰夏”“泰秋”“泰冬”的“物之高下”，民“相并兼之时”，国家都要贷给农民粮食。并指出：“无赀之家皆假之械器、胜（滕）籯、屑（碎米）、糭（糗，乾粮）、公衣。功已而归公衣，折券（折毁借贷时所给之券）。故力出于民而用出于上。”总之，想方设法增加供给注重发展生产力。

2. 需求侧，全方位开放国内与国际市场

（1）设站修路，改善交通基础设施。齐之路好过周天子王道，隔几十里设一驿站，货运一车，伙食免费，三车加免役畜草料，五车增派一服务员专职伺候，“请以令为诸侯之商贾立客舍，一乘者有食，三乘者有刍菽，五乘者有伍养”。

（2）发展服务业，鼓励高消费，提供高收入阶层特殊服务。

（3）发展旅游业。

（4）开发艺术品消费市场，“雕卵然后瀹之，雕橑然后爨之”，富者高消费，贫者为之就业。

（5）低税，商人关税百分之一，甚至免税。“征于关者，勿征于市；勿征关。虚车勿索，徒负勿入”，“关几而不征，市廛而不税”。这样，各国的资源洪水般地涌入齐国，“天下之商贾归齐若流水”。可见，增加消费，在于降低交易费用。

1.3.3 紧缺资源利用强度的自然法则

资源利用强度要在生态平衡下的资源再生可持续能力范围之内。《管子·山国轨》曰：“春十日不害耕事，夏十日不害芸事，秋十日不害敛实，冬二十日不害除田。此之谓时作。”《管子·巨乘马》载：“春事二十五日之内”，国君不可兴徭役，假如国君兴徭役，则是“起一人之繇，百亩不举。起十人之繇，千亩不举。起百人之繇，万亩不举。起千人之繇，十万亩不举。春已失二十五日，而尚有起夏作（夏天的繇役），是春失其地，夏失其苗，秋起繇而无止，此之谓谷地数亡。谷失于时……此盗暴之所以起，刑罚之所以众也。随之以暴，谓之内战”。在春耕农忙到来之时，不仅免除政府对农民的劳役，而且叫停民间一切与农耕春播无关的活动。《管子·轻重甲》强调：“孟春既至，农事且起。大夫无得缮冢墓，理宫室，立台榭，筑墙垣。北海之众无得聚庸而煮盐。”

《月令》中载：季春之月，“田猎罝罘罗网毕翳餧兽之药，毋出九门”。鸟兽正处于孕育成长的季春时节为禁猎期，打猎所用的捕兽、鸟、兔的各种网，射鸟的弋，喂兽的毒药，都不得出都城九门。《王制》中载：“草木零落然后入山林。昆虫未蛰，不以火田。不麛，不卵，不杀胎，不殀夭，不覆巢。”草和树叶零落才可以进山林砍伐。昆虫还没有冬眠，不可放火烧荒。不捕获幼兽，不取鸟卵，不杀怀孕的母兽，不杀兽仔，不倾覆鸟巢。《祭义》中曾子引孔子的话说：“断一树，杀一兽，不以其时，非孝也。”

1.3.4 度轻重以紧缺资源总量和强度双控市场化之道

《管子·山至数》曰：“以轻重御天下之道。”正确把握轻重之度，就是遵循紧缺资源总量和强度双控市场化中的规律。轻重是适度的把握。轻重是与刚柔、大小、实虚、远近、多少、开阖、决塞、高下、徐疾等相似的一对矛盾概念。决策者可以通过计谋和技巧，使这些对立面朝着有利的方法转化。《管子·七法》曰：“刚柔也，轻重也，大小也，实虚也，远近也，多少也，谓之计数。”《管子·地数》又曰：“伊尹善通移轻重、开阖、决塞，通于高下、徐疾之策。”“轻重”作为一种治国之术，主要用于经济方面，如同《孙子兵法》中“正奇”这一概念主要用于军事方面一样。在经济领域中，轻重理论就是通过权衡货币、谷物、百物的供需、贵贱，采取办法平抑物价、维护经济秩序，安宁民众生活，富民强国，商战于国际贸易，称雄世界。《管子·轻重戊》载："自理国虙戏（伏羲）以来，未有不以轻重而能成其王者也。"《管子·揆度》曰："燧人以来，未有不以轻重为天下也。"

《管子·轻重》对紧缺资源总量和强度双控市场化的原理，以及调控的基础、目的、作用、方向和方法等，论述细腻。其中，国家的财政实力是国家对经济、政治进行调控的基础，而以人为本、尊重人的意愿则是经济治理的出发点和归宿。

1. 双控市场化是人民利益关系的调整

紧缺资源总量和强度双控市场化，就是通过调节人民的利益关系，实现国家的大治。《管子·国蓄》指出："凡将为国，不通于轻重，不可为笼以守民；不能调通民利，不可以语制为大治。"

2. 双控市场化以雄厚财政储备为基础

国家对紧缺资源总量和强度市场化调控，说到底是国家运用财政机制对国民经济的紧缺资源总量和强度的调控，这就要求国家必须有雄厚的财政储备。没有强大的财政储备，就无法进行调控。所以《管子·国蓄》的开篇就讲："国有十年之蓄，而民不足于食，皆以其技能望君之禄也；君有山海之金，而民不足于用，是皆以其事业交接于君上也。故人君挟其食，守其用，据有余而制不足，故民无不累于上也。五谷食米，民之司命也；黄金刀币，民之通施也。故善者执其通施以御其司命，故民力可得而尽也。"《管子·轻重·事语》曰："非有积蓄，不可以用人；非有积财，无以劝下。"

《管子·轻重》主张采用寓税于价的方式取得财政收入，其中包括实行专卖、贷款取息和运用轻重政策，"敛积之以轻，散行之以重"，这样国家就不必征收赋税，也能保证国家的用度。此外，发展外贸和旅游事业，采取"内守国财，而外因天下"的办法以增强国家财政的实力。

3. 双控市场化以人为本

国家的调控工具是物资、货币，但最终都体现为人与人的关系，都落实到具体的人。所以，在管仲为齐国理财的四十余年中，始终突出人的作用，《管子·轻重》强调"以人为本"，《管子·霸言》指出："夫霸王之所始也，以人为本。本理则国固，本乱则国危。"要从人的本性出发，尊重百姓的意愿，合民心，顺民意。《管子·牧民》曰："政之所兴，在顺民心；政之所废，在逆民心。"在制定理财的各项政策、措施和制度时，必须体现人民利益原则。《管子·国蓄》指出："民予则喜，夺则怒，民情皆然。先王知其然，故见予之形，不见夺之理。故民爱可洽于上也。租籍者，所以强求也；租税者，所虑而请也。王霸之君去其所以强求，废其所虑而请，故天下乐从也。”说明“租籍”是对人民强制性的征收，百姓对此十分反感，所以最好不采取这种形式取得财政收入；而“租税”这种征收方式，是经过谋划而取得财政收入的方式，这种征税的方式百姓易于接受。因而成就王霸之业的君主，应该去掉强制性的征收方式，实行经过谋划而索取的征收方式。这里所说的“租税”不是我们通常说的那种“赋税”，而是指运用轻重之策以获得各种专卖事业的收入。此外，《管子·国蓄》认为：“以室庑籍，谓之毁成；以六畜籍，谓之止生；以田亩籍，谓之禁耕；以正人籍，谓之离情；以正户籍，谓之养赢。”况且，由于“令有缓急”，又给富商大贾剥夺人民可乘之机。“今人君籍求于民，令曰十日而具，则财物之贾什去一；令曰八日而具，则财物之贾什去二；令曰五日而具，则财物之贾什去半；朝令而夕具，则财物之贾什去九。先王知其然，故不求于万民而籍于号令也。”

4. 双控市场化以物价调控为中心

（1）物价调控的理论依据。《管子·国蓄》指出：“岁有凶穰，故谷有贵贱。令有缓急，故物有轻重。然而人君不能治，故使蓄贾游市，乘民之不给，百倍其本。”平抑物价，禁止富商大贾乘年成不好、粮价上涨、人民生活困难之机，盘剥人民，以获取高额利润。同时，不法商贾囤积粮食和钱币，“人君非能散积聚，钧羡不足，分并财利而调民事也，则君虽强本趣耕，而自为铸币而无已，乃今使民下相役耳，恶能以为治乎”。作为君主，必须调控物价，均平贫富。

（2）物价调控的方法。设立货币税而折成粮食缴纳的办法平衡区域粮食价格差异。《管子·轻重丁》载：“今齐西之粟釜百泉，则鏂二十也。齐东之粟釜十泉，则鏂二钱也。请以令籍人三十泉，得以五谷菽粟决其籍。若此，则齐西出三斗而决其籍，齐东出三釜而决其籍。然则釜十之粟皆实于仓廪。西之民饥者得食，寒者得衣；无本者予之陈，无种者予之新。若此，则东西之相被，远近之准平矣。”国家以东部所纳之税赈济西部，这样既提高了东部地区的粮食价格、降低了佣工的价格，使之与西部地区的粮食价格和佣工的价格大体持平，又使西部百姓的困难得到了解决。

此外，《管子·国蓄》还注意调控丰年与歉年的粮食价格。如果粮食丰收之年，粮食价格过低，那么第二年人们就不种粮食了，这就会导致粮食的产量降低，粮价急剧上涨，民不足用。为了解决这种矛盾，当丰年粮价便宜或物价下跌时，君主（国家）应该高于市价收购粮食；歉年粮价上涨或其他物价上涨时，君主（国家）应该低于市价售出粮食。这样君主不但有十倍的盈利，而且可以使物资、财货的价格无论是丰年，还是歉年，都能保持均衡。

（3）国际贸易调控。《管子·轻重》认为，国际贸易调控是治国策略轻重之术的重要内容，包括治人、用人、控制经济活动、抑制富商大贾的投机钻营、物价政策、货币政策、交易政策、重农、救灾等。《管子·揆度》曰："权也，衡也，规也，矩也，准也。"癸度到每个国家，一定要从四面八方调查该国的物价情况。"天下高，亦高。"就是说天下各国的物价高，我国的物价也应随之而高。如果"天下高我独下"，则"必失其国于天下"。国际贸易是商战，要有智谋，方能出奇制胜。

5. 双控市场化以调控贫富差距为目的

《管子·国蓄》认为，贫富差距要及时调整，"人君不能调，故民有相百倍之生也，夫民富则不可以禄使也，贫则不可以罚威也。法令之不行，万民之不治，贫富之不齐也"。

（1）核实户籍田籍。国家通过户籍和土地册籍的管理，掌握了百姓的户口和土地情况。这不仅可以防止百姓流失，而且可以根据户籍情况、土地数量和质量、常年收入情况等，依据贫富情况进行征税，从而控制贫富差距。《管子·禁藏》曰："户籍田结者，所以知贫富之不訾也。故善者必先知其田，乃知其人，田备然后民可足也。"

（2）建立财政周转金，以盐铁专卖的收入设立。《管子·山国轨》载："盐铁之筴，足以立轨官。"这种周转金的作用，一是根据百姓不同季节的需要，贷工具、器物给贫困百姓，支持百姓进行农业生产。如春天播种百谷之时，就准备好春天的夹衣、夏天的单衣、竿子、篮子、绳子、青箕、口袋、筐子、竹盒、捆绳等物品，凡无钱的农家都可以租借这些工具器物。耕种结束之后，则令其将所借之械器、公衣及种籽、粮食，作价归偿而销毁其年初借用器具时所立之券契；二是贷款给贫困百姓。这种贷款包括黄金与钱币二种，以钱币辅助黄金。大户用金，小户用币，按贫富分别调度。三是免除田赋，征收山林资源税。《管子·山国轨》规定："去其田赋，以租其山。巨家重葬其亲者，服重租。小家菲葬其亲者，服小租。巨家美修其宫室者，服重租。小家为室庐者，服小租。"

（3）差别税赋富户厚葬者税赋重，小户薄葬者税赋轻；富户建筑奢华的房屋税赋重，贫户盖简陋的房屋税赋轻。除此而外，对特殊困难户还实行"九惠"。

（4）实行社会保障制度。对因灾荒而贫困的百姓，国家实施以工代赈政策，《管子·乘马数》曰："以平国筴。"

（5）积极的就业政策。提倡富人消费，贫人为佣，《管子·侈靡》曰："富人靡之，贫者为之。"增加低收者就业机会，以解决贫困百姓的生活问题。

6. 双控市场化以维护市场经济秩序为己任

商人是市场经济活跃的主要力量。但富商大贾多有囤集居奇及欺行霸市等扰乱市场之序之行为，损害生产者、消费者和国家利益。对此，《管子·轻重》认为，国家应该通过粮食和盐铁专卖等手段，主导市场资源，将被富商大贾侵夺的财利，重新收回到国家手里。《管子 · 国蓄》说：“春以奉耕，夏以奉芸。耒耜械器，种饟粮食，毕取赡于君。故大贾蓄家不得豪夺吾民矣。然则何？君养其本谨也。春赋以敛缯帛，夏贷以收秋实。是故民无废事，而国无失利也。”除了运用专卖的办法抑制商人以外，国家还要用“号令”抑制扰乱市场秩序的商人。《管子 · 治国》指出：“凡为国之急者，必先禁末作文巧；末作文巧禁，则民无所游食；民无所游食，则必事农；民事农，则田垦；田垦，则粟多；粟多，则国富；国富者，兵强；兵强者，战胜；战胜者，地广。”

《管子 · 轻重》所阐发的以轻重之术治国的方略，主张通过经济手段调控治理国家，影响深远。在汉、唐、宋的经济生活中，这种治国方略曾以“常平仓”的形式产生过重要作用。

1.3.5　常平仓：紧缺资源总量和强度双控市场化机制

常平仓是一种以平抑物价为主线的稳定紧缺资源总量和强度的市场化制度系统与社会治理措施的整合。常平仓产生于商品经济发达、市场繁荣、经济管理思想活跃的春秋战国时期，经历代政治经济治理大师紧密结合社会经济发展的实际不断修改完善，形成比较完整的紧缺资源总量和强度双控市场化机制的理论体系。该体系主要包括齐成霸国相管仲的轻重理论、越复国功臣范蠡的市场经济计量理论、魏强国宰相李俚的平籴法理论、西汉巨资武帝扩军开疆重臣桑弘羊的平准理论、唐朝兴国宰相刘晏的信息经济理论、北宋宰相王安石的制度经济理论等。

常平仓产生前经过了一个漫长的孕育阶段，即自然经济形态中的普通粮仓。粮仓具有两个功能：一是为日常消费储存粮食；二是在丰年积蓄余粮供灾年所用。这种因生存而自发调节粮食余缺的行为能应对自然灾害，稳定粮食供给。古代粮仓，一般称贮谷的建筑为仓，贮米的建筑为廪。公元前 2000 年前，中国就已有仓廪体系的应用记载。《史记 · 五帝本纪》：“尧乃赐舜　衣，与琴，为筑仓廪，予牛羊。”

有仓廪，就需管理，为此政府专设官职，司其周济之能。《礼记 · 月令》：“季春之月……命有司发仓廪，赐贫穷，振乏绝。”《周礼 · 地官司徒第二》曰：“仓人掌粟入之藏，辨九谷之物，以待邦用。若谷不足，则止余法用。有余，则藏之，以待凶而颁之。凡国之大事，共道路之谷积，食饮之具。”

在商品经济出现以后，生产者与消费者均受市场价格所左右。当农业丰收后，粮食供过于求，价格暴跌，农业生产者破产；而当自然灾害降临，农业大幅减产，粮食供不应求，价格猛涨，消费者无钱购买，饥荒漫延。西周政府设立的司稼官职，根据农业年成丰歉，决定粮食价格，周济紧急，平抑价格。

《周礼·地官司徒第二》："司稼掌巡邦野之稼，而辨穜稑之种，周知其名，与其所宜地。以为法而县于邑闾，巡野观稼，以年之上下出敛法。掌均万民之食，而赒其急而平其兴。"

春秋战国时期，商品经济发达，市场繁荣，经济管理思想家大批涌现，其代表人物有管仲、范蠡和李俚等。汉唐经济持续稳定发展，又出现桑弘羊和刘晏等经济管理大师。

1. 管仲理论经济学问

齐成霸国相管仲，如前所述，重商兴农，富国强兵，治国有方。管仲经济管理思想散见于经济学经典《管子》。《管子·国蓄》曰："善者委施于民之所不足，操事于民之所有余。夫民有余则轻之，故人君敛之以轻；民不足则重之，故人君散之以重。敛积之以轻，散行之以重，故君必有十倍之利，而财之横可得而平也。"

物价是国民经济问题的中心。管仲认为，优秀的国民经济治理者，应时刻关注市场的供给与需求，并及时调节。当供过于求时，粮食价格（轻）降低，国家应收购粮食并储备；而当供不应求时，粮食价格（重）上升，国家应将储备的粮食投放市场，平抑物价。这样，市场平稳，国家收入成倍增加。

2. 范蠡计量经济学问

越复国功臣范蠡（公元前536～公元前448年）指出价格对商品流通发挥核心作用，建议政府利用平籴政策调节价格变动，以实现农民与市商双赢。《史记·货殖列传》记载："夫粜，二十病农，九十病末。末病则财不出，农病则草不辟矣。上不过八十，下不减三十，则农末俱利，平粜齐物，关市不乏，治国之道也。"

范蠡指出，粮食价格如果是其生产成本（农户家庭劳力劳动报酬不在其内）的120%以下就会损害农民，但如果是其生产成本的190%以上就会损害工商业。如果把粮食价格限制在生产成本的130%～180%的幅度内，则对农业和工商业都有利。如能按照这样的法则管理经济，必然供给与需求平衡，市场稳定繁荣，这是治理国民经济的规律。

3. 李俚管理经济学问

魏强国宰相李俚（公元前455～公元前395年）也认为米价太贵对消费者不利，米价太贱则对农民有害，他建议行"平籴法"，即控制米价在一个合理的水平。平籴之法为：把好年成分为上中下三等，坏年成也分为上中下三等。丰收年按年成的丰收情况，国家收购多余的粮食。歉收年则按歉收的程度，国家拿出收购的粮食平价卖出。上等歉收年卖上等丰收年收购的粮食，中等歉收年卖中等丰收年收购的粮食，下等歉收年卖下等丰收年收购的粮食。《汉书·食货志》记述："籴甚贵伤民，甚贱伤农。民伤则离散，农伤则国贫。故甚贵与甚贱，其伤一也。……是故，善平籴者必谨观岁，有上中下熟；大熟则上籴，三而舍一，中熟则籴二，下熟则籴一，使民适足，贾平则止。小饥则发小熟之所敛，中饥则发中熟之所敛，大饥则发大熟之所敛，而粜之。故虽遇饥馑水旱，籴不贵而民不蔽，取有余以补不足也。行之魏国，国以富强。”

4. 桑弘羊财政经济学问

西汉重臣桑弘羊（公元前 152～公元前 80 年）从元封元年（公元前 110 年）根据管仲、范蠡的思想以及李俚的经验，将政府税收体系的财产税、“均输”与平抑粮价的仓廪体系的“平准”结合进行。

（1）财产税。算缗，让财主自报财产，按其值的 10%征税。告缗，如财主不肯如实上报财产，或隐瞒、转移等，知情者可告发，如查证属实，被告者财产全部没收，本人充军一年，被没收财产一半分发告发者。财产税满足了武帝征伐匈奴的军事费用，并调整缩小了国内人均收入差异。但对中高阶层的杀伤力也是明显的。“中家从上大抵遇告”，政府“得民财以亿计，奴婢以千万数，田大县数百倾，小县百余顷，宅亦如此”。

（2）均输。由于天下所缴赋税多为实物，边远地区将实物税长途运京，耗资巨大。各郡国诸侯都必须把本地的土特产品作为贡物输送至封建中央，这不仅要征用大量农民从事劳役，阻碍农业生产，而且贡物运到京师后按市价售卖，有的还不够偿还转运的脚力钱。这是由于较远郡国交通不便，转运困难，贡品在长途运输中损坏或变质；另外有些贡品在当地为优品，运到京师后与其他地区同类产品比较，则属于劣品，其市场价格更不能抵偿运费。为了克服这些弊端，桑弘羊创行均输。均输的具体内容是：在各郡国设置均输官吏，令工官造车辆，加强运输力量，各郡国应交的贡品，除特优者仍直接运送京师外，一般贡品则按当地市场价格，折合成当地丰饶而价廉的土特产品，交给均输官，由他负责运到其他价高地区销售。各地应征的物品，只运到邻境，邻境把这些物品接过来，加上自己的，再一起运到邻境的邻境，这样接力一般地运到京师，既可免除各郡国直接输送贡物入京的烦难，减轻农民的劳役负担，又可避免贡物在运输中损坏和变质，而且保持郡国运输费均等，故为均输。

（3）平准。《史记·平准书》对此描述为：“置平准于京师，都受天下委输。召工官治车诸器，皆仰给大农。大农之诸官尽笼天下之货物，贵即卖之，贱则买之。如此，富商大贾无所牟大利，则反本，而万物不得腾踊。故抑天下物，名曰平准。”桑弘羊设立大农部丞官数十名，分别掌管各郡国的大农事务，各自又在主要县分设立均输官和盐铁官，命原来商人承揽从该地区向外地贩运的税赋贡品，均由政府互相转输。召雇工官制造车辆等器物，都由大农供给费用。大农所属各个机构全部调运天下的货物，物贵则卖出，贱则买入。这样，富商大贾无从牟取大利，就会反本为农，而所有商品都不会出现价格忽涨忽落的现象。由于天下物品价格都受其管制的缘故，所以称之为“平准”。

桑弘羊实施的一系列财经政策，大幅度增加了政府的经济收入，为武帝推行文治武功事业奠定了雄厚的物质基础，有效保障了抗击匈奴战争的进行，从经济上加强了中央集权，巩固统一，遏止了富商大贾和豪强兼并势力的发展。史马迁在《史记·卷三十·平准书》中称之为“民不益赋而天下用饶”。汉宣帝时大司农中丞耿寿昌，把平准法着重用于粮食的收贮，在一些地区设立了粮仓，收购价格过低的粮食入官，以“利百姓”。当时边疆金城（今甘肃永靖西北）、湟水（今青海湟水两岸）一带，谷每石八钱，耿寿昌曾在这带地区收购谷物四十万斛。五凤元年到二年（公元前57～公元前56年），耿寿昌鉴于过去每年从关东向京师漕谷四百万斛，用漕卒六万人，费用过大，建议从近处的三辅（今陕西中部地区）、弘农（今河南西部和陕西东南部地区）、河东（今山西沁水以西、霍山以南地区）、上党（今山西和顺、榆社以南、沁水流域以东地区）、太原等地籴谷以供京师，可省关东漕卒过半。这一措施收到成效后，耿寿昌又于五凤四年奏请在边郡普遍设置粮仓，“以谷贱时增其贾而籴，以利农，谷贵时减贾而粜，名曰常平仓。民便之”。常平仓遂作为一项正式的制度推行于天下。

5. 刘晏发展经济学问

唐朝兴国宰相刘晏（716～780年）从政正逢“安史之乱，天下户口十亡八九”，“人烟断绝，千里萧条”，“太仓空虚，鼠雀犹饿”。8年的安史之乱后，唐王朝千疮百孔，经济濒临崩溃边缘，财政极为困难。刘晏采取一系列有效措施，复兴产业，开源节流，发展经济。唐代财政逐步好转，国力提升。刘晏在职（764～779年）15年间，国家人口户数从不到两百万（1933125）户增长到近四百万（3805076）户，财政收入从不到四百万缗增加到一千三百万缗。

（1）改进漕运。唐代宗广德二年（764年），刘晏受命接办漕运。但当时漕运废弛阻塞，关中缺粮上百万石，饥荒四伏，粮价暴涨。刘晏果断提出疏浚河道、南粮北调的宏伟计划。开始组织人力逐段疏浚由江淮到高师的河道，打造了二千艘坚固的大漕船，训练军士运粮，每十船为一队，军官负责押运。船工由经调为雇募，他不再征发沿河壮丁服役，而是用政府的盐利雇用船夫。他沿用过去裴耀卿的办法，改直法为段运法，将全程分成四个运输段，建转运站。使江船不入汴水，汴船不入黄河，河船不入渭水，提高了运粮效率，杜绝了翻船事故。为此又在扬州、汴口、河阴、渭口等河道的交界处设仓贮粮，以备转运。漕运改革后，比过去用江南民工直运的方法提高了效率，减少了损耗，降低了运费，免除了南方人民一项旷日持久而又十分艰辛的劳役。江淮的粮食因此源源不断地输送到长安，每年运量达四十万石至一百一十万石，除解决粮荒外还有所储备。

（2）改进盐政。唐初，实行自由贩卖，不收盐税。后实行国家专卖，官府大幅提高盐价，甚至贪官污吏还抓夫抓差无偿运盐，勒索百姓，中饱私囊。人民怨声载道，恨透食盐专卖。同时政府盐务机构庞大，开支惊人。刘晏首先大力削减了盐监、盐场等盐务机构，又调整了食盐专卖制度，改官收、官运、官销为官收、商运、商销、统一征收盐税，改变了肃宗时第五琦规定的官运官卖的盐法。规定盐官统一收购亭户（专门生产盐的民户）所产的盐，然后加价卖给盐商，由他们贩运到各地销售。国家只通过掌握统购、批发两个环节来控制盐政，为防盐商哄抬盐价，在各地设立常平盐仓，以平盐价，这样一来，大批盐吏被精简，盐价下跌，万民称颂，税收也激增。政府收取的盐利，原来每年只有六十万缗，到大历末年增至六百多万缗，占全国财政收入的一半，被用以支付漕运费用和政府各项开支。

（3）建立物价信息系统情报网数据库。市场物价，瞬息万变。旧制粮价信息传递迟缓，常致决策失误。如发运司从郡县购粮，预先并不知道粮价的高低，需要郡县先将粮价真实禀报，然后根据粮价的贵贱，贵就少收，贱就多购。只有收齐了各郡县的粮价，才能审核数量发下执行，但等公文到达而粮价已经增高，结果违令高价收粮。针对这种情况，刘晏建立物价信息系统情报网。他在各个道路设置巡院官，选择勤廉干练的士人作知院官，管理诸巡院，诸巡院收集本道各州县气候变化及庄稼收成好坏的情况。每季、每月、每旬都申报转运使司。刘晏所在处又招募善走的人，将各地物价即日即时迅速申报。"四方货殖低昂及它利害，虽甚远，不数日即至。"近处当天便知。

建立数据库，让粮食多、交通便利的郡县将数十年粮价的高低和所购粮食数的多少，各自开列为五等，详细地登记造册申报给主管机关，统一归发运司管控。粮价刚一确定，郡县不再需要禀告，即时开仓收粮。只要是第一类价就按第五等数收购，第五类价就按第一等数收购；第二类价就按第四等数收购；第四类价就按第二等数收购。同时派人将收购数量飞速报告发运司。这样，粮价低的地方自然会收购到最大数量，其余的地方各自按等级收购到适当的数目，再不会有收购不合理的事情。发运司综合各郡所收购粮食的数目做出计划：如果收储粮食过多，就减少价贵和路远地方的数量；如果还少，就增加价低和路近地方的数量。从此以后，掌握粮价再也不会贻误时节，各自与本地粮食的丰歉相适应，当天就能敲定价格。

刘晏注重选拔、任用和培养财政专业管理人才。他以精明能干、忠于职守、廉洁奉公作为用人标准："晏常以办众务，在于得人，故必择通敏精悍廉勤之士而用之。"他认为："士陷赃贿弃于时，名重于利，故士多清修，吏虽洁廉，终无荣显，利重于名，故吏多贪污。"所以"他勾检书出纳钱谷，事至细必委之士类，吏惟书符牒，不得轻出一言。其属官虽居千里外，奉教令如在目前，无敢欺绐者"。他选用了几百名各种专才和实干家，分布各部门及各州县把关。史称"积数百人，皆新进锐敏，尽当时之选，趣督倚办，故能成功”。刘晏指挥的庞大理财系统，如臂使指，运动自如。

刘晏通道精儒，“晏有精力，多机智，变通有无，曲尽其妙”。刘晏“为人勤力，事无闲剧，必一日中决之”（《旧唐书·刘晏传》）。刘晏能及时准确地掌握全国经济和市场动态，并根据这些情报，调剂有无，平抑物价，扶持生产，积极救灾。他用“丰则贵取，饥则贱与”的办法，防止了谷贱伤农、水旱民散。同时又多购谷物菽粟运往歉收地区，贱价出售，换取农民的土产杂物转卖丰处，这样既救了灾，又不损国用，还刺激了生产。他在实践中总结了这样一条经验：“王者爱人，不在赐与，当使之耕耘纺织，常岁平敛之，荒年蠲救之。”他认为“善治病者，不使至危惫；善救灾者，勿使至赈给”（《新唐书·刘晏传》）。刘晏救灾为了做到“应民之急”，还在其所辖各州县储粮三百万石，以作备荒之用。

刘晏认为人口增长是经济发展的源泉，他认为“户口滋多，则赋税自广，故其理财以爱民为先”（《资治通鉴》卷二百二十六）。他大胆改革了过去只管收取金钱，不管人民死活的税收政策，实行了安定社会、发展生产的财政方针。这一方针对后世也产生了深远影响。

6. 王安石制度经济理论

北宋宰相王安石（1021～1086年）借鉴唐朝青苗钱制定青苗法改进常平仓，将常平仓扩展到财政金融和农业基础设施领域。在中央设立改革机构，即制置三司条例司，推行了青苗法、农田水利法和募役法等新法，形成王安石制度经济学。

（1）制置三司条例司。宋朝的财政由三司（类似现代的财政部）掌握。神宗熙宁元年（1068年），王安石设立制置三司条例司来作为三司的上级机构统筹财政，这是当时最高的财政机关，此机关除了研究变法的方案、规划财政改革外，亦制订国家一年内的财政预算，并将财政收入列为法定形式执行。

（2）均输法。均输法最初由西汉桑弘羊提出试行，唐代以后各郡设置均输官。北宋神宗熙宁二年（1069年）七月，为了供应京城皇室、百官的消费，又要避免商人屯积，在两淮、浙、江、两湖六路设置发运使，按照“徙贵就贱，用近易远”“从便变易蓄买，以待上令”的原则，负责督运各地“上供”物质。意在省劳费、去重敛，减少人民（税捐）负担。

（3）青苗法。北宋初期，在各地设有常平仓和广惠仓，调剂人民粮食歉收时的粮食不足，但收效不大。《宋史·李参传》中记载“部多戍兵，苦食少，令民自度麦粟之赢余，先贷以钱，俟麦粟熟输之官，号青苗钱。经数年，廪有余粮”，称之为“青苗钱”。王安石参照李参的经验，又在鄞县实验，效果良好。一县成功后着手全国推广。神宗熙宁二年（1069年）九月，青苗法颁布实施，规定凡州县各等民户，在每年夏秋青黄不接之际，可到当地官府借贷现钱或粮谷，以补助耕作。

借户贫富搭配，10人为保，互相检查。贷款数额依各户资产分五等，一等户不超过十五贯，二等户十贯，三等户六贯，四等户三贯，末等户一贯五百文。半年后加利息二分（20%）归还。出发点是以政府信贷抵制民间高利贷，降低农业风险，遏制官僚地主猖狂的土地兼并之势，巩固农村主户（自耕农）的地位。青苗法贷款，当年借款随春秋两税归还，每期取息二分，实际上贷款年利率高达40%，也算得上高利贷。但政府高利贷取代官僚地主高利贷，等于断了官僚地主兼并农民土地的生路，触动了地主官僚的核心利益，自始至终都遭到地主官僚的极力反对。当然，青苗贷款采用"散俵""抑配"的办法，带有强制性，对不想借贷的农户来讲，无形中多了一种变相的税收，是一种负担。

（4）农田水利法。农田水利法规定各地兴修水利工程，用工的材料由当地居民照每户等高下分派。只要是靠民力不能兴修的，其不足部分可向政府贷款，取息一分，如一州一县不能胜任的，可联合若干州县共同负责。据《宋会要辑稿》记载，在此法令在颁布之后的七年内，全国兴修水利工程17093处，收益民田达36177888亩。

（5）免役法。宋代职役名目繁多，主要由主户中的上三等户承担，但实施中下等户的稍富裕者无不充役，往往被职役压得倾家荡产，于是形成应役人户千方百计逃避职役，"贫者不敢求富"的反常现象。针对这种状况，王安石提出"使民出钱雇役"的改革方案。神宗熙宁三年（1070年）十二月，颁布免役法全国实施。免役法又称"募役法"：①凡当役人户按户等高低出钱雇役，谓之"免役钱"；②凡有产业物力者而不承担职役的人户出钱助役，谓之"助役钱"；③州县政府所需役钱按雇役多少而定，在此数额以外多征两成（20%），谓之"免役宽剩钱"。免役法实行后，一般平民的负担减轻。官僚及大地主因新增负担，坚决反对。也有的官府除征钱外，又假借名义科派差役，多征小户役钱，克扣雇值。

（6）方田均税法。方田，意指清丈土地。北宋初期，由于土地买卖兼并已久，地籍紊乱，富者田产日增而田赋并未随之增加，贫者田产日少而田赋并不随之减少。据《宋史》记载，当时纳税者才十之三，甚而有私田百亩者，只纳四亩的税。各地天赋不均，地主富豪相率隐田逃税，赋税负担都加在了中小地主和农民身上。

宋仁宗时，大理寺郭谘首创千步方田法，在洺州肥乡县试行，据以免除无地而有租税者400家，纠正有地而无租税者100家，收逃漏税款白银80万两，逃亡的农民又重新归来，稍后在个别州县继续试办，都是屡试屡止。王安石任宰相后于神宗熙宁五年（1072年）推行方田均税法。方田均税法包括方田与均税两个部分。方田是一种清丈土地整理田赋地籍的制度。具体办法是以东西南北四边各千步。每年9月县令派人分地丈量，按照地势和土质的肥瘠分为五等，依地之等级和各县原来租税数额分派定税。至次年3月丈量完毕，公布于民。均税是对清丈完毕的土地重新定税，做到：①纠正无租之地，使良田税重，瘠田税轻；②对无生产的田地，包括陂塘、道路、沟河、坟墓、荒地等都不征税。

首先，对已经耕种的各州、县土地进行清丈，核定各户占有土地的数量，并按照田地的地势、肥瘠，把田地划分等级，制定地籍，分别规定各等级的税额。

其次，编造方帐、庄帐、户帖和甲帖作为存案和凭证。田产和税额稍有转移，官立即清点，改契，县置簿，并以所方之田为准。王安石在京东、河北、陕西、河东等地清丈了二百四十八万四千三百四十九顷田地，占当时全国征税田亩的54%。方田均税法不仅限于北方诸路，在南方许多地区也曾推行。方田均税法的施行对社会发展起到了一定的积极作用，它消除了隐田逃税之现象，增加了赋税收入，一定程度地减轻了农民的负担，但它却侵害了豪强地主阶级的利益，遂遭到他们的强烈反对。

（7）市易法。针对商业行为中存在的市无定价，富商大贾从中操纵获利的状况，神宗熙宁五年（1072年）三月，颁行王安石的市易法。市易法规定：在汴京（今河南开封）设都市易司，边境和大城市设市易务（共21个）。设提举官（政府指派）和监官、勾当公事官（吸收守法的可合作的商人担任），召募诸行铺户和牙人充当市易务的行人和牙人，在官员的约束下担当货物买卖工作。外来客商如愿将货物卖给市易务，由行人、牙人一道公平议价；市场上暂不需要的也予“收蓄转变”，待时出售；客商愿与市易务中的其他货物折合交换，也尽可能给以满足。市易法还规定：参加市易务工作的行人，可将地产或金银充抵押，向市易务贷款，由五人以上相互作保，向市易务赊购货物，酌加利润在市场上售卖，货款在半年至一年内偿还，年利20%，过期不归另加罚款。

市易务平价收购市场上滞销的货物，并允许商贾贷款或赊货，出钱收购滞销货物，市场短缺时再卖出。市易务通过控制批发与零售环节管理市场，物价贱时增价收购，物价贵时减价出售，平抑物价以调剂供求。并要商人以产业作抵押，向其借款，按规定收取息金。以“契书金银抵当”与“结保贷请”建立“合同签约”关系。招募行人、牙人，培养市场经营管理专业人员，将商业机制与金融机制相结合。把商富大贾的商业利益加以分割，限制奸商垄断居奇。这有利于稳定物价、商品交流和市场经济发展，也增加了政府的财政收入。

从管仲到王安石，历经1700年，常平仓趋于完善，成为紧缺资源总量和强度双控市场化的机制，并被世界各国所传承。

1.4 西方资源治理理论概述

1.4.1 古希腊与古罗马的经济思想

现代西方语言中“经济”（economy）一词来源于希腊语，原意是家庭管理。

古希腊学者色诺芬（约公元前 430～公元前 354 年）出生于雅典贵族家庭，代表著作有《经济论》和《雅典收入》。《经济论》是世界上最早用经济一词作为书名的著作，也是古希腊流传下来专门论述经济问题的一部著作。该书从奴隶主的立场出发，认为经济学就是研究奴隶主如何管理好自己的财产，使财富增加的学问。研究奴隶主的家庭财富主要领域在农业方面，并且在这一时期提出了社会分工的思想，为后来经济学思想史的发展奠定了重要基础。色诺芬强调衡量财富的标准是其是否具有使用价值。他认为应当始终把重视农业看作经济增长的核心，色诺芬提出的“重农轻工商”的思想认为，一个国家中，国民所从事的最值得受尊敬的行业是农业和军事，且两者紧密联系。同时农业被视为“百业之首”，应是一个国家最优秀的领域。从事农业能够使百姓获得足够多的闲暇时光，使他们身体强健。由于土地是农业中的重要因素，因此更能培养民众的爱国心、同情心以及对神的信仰。而他之所以轻视工商业是因为他将工业视为社会中粗俗的技能，并认为小商业的运作如叫卖、摆摊等行为与城市文明相抵触。色诺芬的管理思想也是十分著名的，主要体现在家庭管理方面。首先是关于妻子的培训：明确妻子在家庭管理中的职责，即安排应该在外工作的奴隶外出工作，收纳主人在外获得的财富并合理运用收取的财富，比如恰当支出和管理储蓄。妻子进行家庭管理的标准是能够将家庭事务打理得井井有条，也就是做好家务活，同时还要学会保证家庭财产的安全，使仆人不会损害到主人的利益。在分工思想方面，色诺芬认为进行社会分工是很有必要的，因为没有人是万能的，而分工的优点是会使社会财富数量增加，提高财富的质量，从而促进国家的经济发展。色诺芬的经济观点中对价格形成和货币职能也有所阐述，价格波动受供求关系影响，而货币的主要职能是购买手段和贮藏手段。他的财政思想在收入和分配方面的观点是：税收是国家财政收入的主要来源，比如增加人头税，鼓励外国侨民及家属来希腊居住，还可以通过关税手段增加收入。

柏拉图是古希腊时期重要的思想家，也是西方文化中伟大的思想家和哲学家之一。柏拉图贵族出身，曾是苏格拉底的学生，崇尚集权，反对民主政治。柏拉图年轻时曾是理想主义者，追求理想国家的建设，这一时期著有《理想国》一书，提倡依靠道德约束实现共产主义。中年时著有《法律论》，提出依法治国。柏拉图的经济分工思想主要有三个方面。首先，他提出每个人特定的天然禀赋是进行分工的依据，社会分工提高了生产效率。在《理想国》中，柏拉图指出：“我们大家并不是生来都是一样的，各人性格不同，适合于不同的工作”“只要每个人在适当的时候干适合他性格的工作，放弃其他的事情，专搞一行，这样就会每种东西都生产得又多又好”。显然柏拉图是根据每个人不同的天赋和才能来进行分工的。每个人只从事一件最适合自己的工作，这样一方面使个人才能得到充分发挥，另一方面也增加了产品数量，提高了产品质量。也就是说，人们应该专注“天性”而放弃其他。其次，他认为交换是分工的基础，人们通过交换来满足自身的需求，比如衣食住行等方面的需要。最后有关分工方法，柏拉图认为确定国家进行分工的原则是“自然禀赋”，根据不同天赋进行分类：哲学家作为整个社会的管理人是充满智慧、美德和知识的，能够对事物提出价值观和方法论并拥有洞察真理的能力；武士发挥其身体强壮和武艺高强的优势履行好保家卫国的职责；从事农业和工商业的自由民并没有特别的思想，只是提供劳动力，为社会生产各种资源。有关货币和利息的思想是柏拉图的又一重要观点，他提出名义货币论，说明货币本身不具备内在价值，只是一种交换符号，比如，纸币作为交换符号在市场中流通。由于货币本身没有价值，因此柏拉图认为货币只具有购买能力而没有贮藏职能。关于利息思想，柏拉图指出在货币交易量很小的背景下，利率的制定可以由借贷双方协商确定，他坚决反对“放贷存利”的行为，因为这样的财富来源不自然，不是正当生产创造出来的。后期柏拉图又提出建立次优国的思想，在《法律论》中提出“依法治国”的理论，主张国家的基础是财产公有，治理国家不能仅仅依靠道德，还应以“最善”法律管理国家，同时在法律允许的范围内和公有制基础上允许部分私有制和蓄奴制。国家在分配上要满足公民、公民的仆从（奴隶）以及流居本国的外国侨民这三类人的需要，每个人拥有的财富要有一定的上限并实行财产申报制度。

亚里士多德（公元前384～公元前322年），古希腊斯吉塔拉人，世界古代史上伟大的哲学家、科学家和教育家之一。亚里士多德比色诺分更仔细地探讨了“家庭管理”——奴隶主经济的研究对象和任务。他提出，“家庭管理”就是研究家庭人员之间的关系（首先是主奴关系）以及致富的技术，而其任务则是获取自然供给人类的物品。亚里士多德提出的“致富之术”就是经济和货殖。他认为，财富是对家庭和国家有用的东西。为获取具有使用价值的财富的经济活动属于“经济”，由于这是凭借天赋的能力来获取自然给予的有用的东西，这种财富是真正的财富，所以“经济”致富是自然的。凭借某些经验和技巧来获取某种非必需品的经济活动属于“货殖”，由于这是在交换中损害他人财富来使自己牟利，所获取的财富是一种虚拟的财富，所以“货殖”致富是不自然的，应当受到谴责。他主张奴隶主应以农牧业经营为主。

亚里士多德从自然原则来说明等级关系是符合原则的。因为世上万物都有主奴关系，如生物有中枢神经和身体的关系，大脑是统治部分，身体是被统治的，二者属于主奴关系。生而智慧者统治人，生而愚蠢者被人统治。所以，希腊人聪明，是高等人，而外邦人野蛮，理应是奴仆。奴仆是为主人获取生活资料的一种有生命的工具，而只有当每一种无生命的工具都能按人的意志而自动进行工作时，如织布机上的梭子能自动织布，奴隶主才会放弃奴隶，如果没有达到这个条件，奴隶的存在就是必要的。

亚里士多德还提出公平交易的思想，他认为任何财富均有两种用途，即使用和交换，交换的种类可以是以物换物也可以是以货币为媒介的交换。在交换过程中做到公平的手段是实现价值等一，也就是说商品的价格反映价值。亚里士多德分析了商品交换的历史过程，指出交换有三个阶段：物物交换阶段、小商业阶段和大商业阶段。物物交换是各个家庭以有余换不足，这种交换是为了满足双方的生活需要，不是为了获取金钱。小商业阶段交换的特点是进行远距离的交换，交换的范围扩大了，为方便交换，货币产生了，作为交换的媒介，商品交换仍然以交换物品（使用价值）为目的。大商业阶段交换的目的是牟利，获取货币。他认为，第一、第二阶段是属于“经济”之为，是合乎自然的，第三阶段是属于“货殖”，是不自然的。

亚里士多德分析了货币的产生及其作用，指出货币产生于交换过程，是为了解决交换中的困难。因为交换发展到小商业阶段，由于远距离的交换，给直接的物物交换带来很多不便和困难，大家希望有某种本身既有用又便于携带的物品当作交换的媒介，于是货币就应运而生了。他认为，货币是商品，是一种“中介货物”。但是却又把它和法律作用联系在一起，认为人们可以改变，使之无用等，可见他并不了解货币的本质与铸币的性质。在分析中，他已注意货币起着价值尺度和流通手段的职能，并且已注意到货币可以当作财富来积累。

对于亚里士多德的看法，恩格斯指出，他大胆地出来分析货币作为价值尺度的作用，实际上正确地提出了这个对于货币学说有如此重要意义的问题。亚里士多德最早分析了商品价值形式的某些内容。他在《伦理学》中谈到公平和按比例报答时，认为两种产品交换应当是公平和按比例的，交换的双方必须是不同职业的。这就是说交换的是不同的商品，不同商品的交换在数量上要有比例的均等，互相交换的物品必须能按某种方法互相比较，体现出交换双方的平等和公平。怎样使一切物品可以公平并互相比较呢？他认为要通过货币，在这里，他提出了著名的等式：5 张床等于 1 间屋，无异于 5 张床等于若干货币。可见，他实际上分析了商品价值形式中的货币价值形式，看到了商品价值关系中要求“屋”必须在质上有与“床”相等的东西。对于这一分析，马克思曾给予很高的评价，指出“亚里士多德在商品的价值表现中发现了等同关系，正是在这里闪耀出他的天才的光辉”。

古罗马的经济思想散见于法学家、哲学家和农学家的著作中。哲学家和农学家一般都把农业放在首位，赞赏自给自足的自然经济。他们都反对奢侈，但他们的伦理色彩较希腊人较为淡薄。古罗马对于西方经济思想最重要的贡献来自它的法理思想。古罗马商品货币关系较发达，当时法学家已研究了商品买卖、借贷、债务、契约和其他义务等，承认私有财产地位，保障签订契约的自由，确认债权者有役使债务者的权利。

1.4.2 西欧重商主义

重商主义（mercantilism）也称作“商业本位”，产生于16世纪中叶，盛行于17～18世纪中叶。在此之前爆发的文艺复兴运动及欧洲的商业复兴两大因素使得欧洲逐渐形成了孕育重商主义的土壤，而民族国家的兴起则直接促成了重商主义从思潮转化成为国家所奉行的政策体系。重商主义总体来说是一种致力于使国家和民族富强的国家主义学说，在国民经济全局的层面上考虑相应的国家经济政策，因此重商主义既是一种经济学说，又是一套政策体系。

重商主义者认为，国内的经济发展与商业活动仅仅是财富在本国范围内的再分配，对于国家财富的总量没有影响，只有对外贸易才是国家财富增长与实力上升的源泉，一国国力的强弱主要取决于通过对外贸易所能获得财富的多少，因此发展对外贸易、获取贸易顺差才是积累国家财富的途径。国家的对外贸易政策应该是为实现贸易顺差所服务的，主要包括：限制外国制成品输入、鼓励原材料进口和本国制成品输出以获取金银；通过国家经济贸易管制，例如关税保护、垄断和贸易限制措施等，保护和扶植本国制造业的发展，阻止外国制成品进入本国市场；颁布保护商业、工业的法令，奖励和监督工业生产；积极地进行海外殖民地扩张等。重商主义者认为，各个国家贵金属货币为代表的财富总量是恒定的，在对外贸易中一国的贸易顺差必然意味着其他国家贵金属货币的流失，即将国际贸易视作一场零和博弈，认为只有不断地获得贸易出超才能保证自己国家综合国力的增强。重商主义的另一大特点在于将金银货币视作真正的乃至唯一的财富形式。亚当·斯密在《国民财富的性质和原因的研究》（以下简称《国富论》）中就写道：“（在重商主义者眼中）财富与货币，无论从哪一点看，都是同义语。”因此在重商主义者眼中，一切经济活动的目的就应该是获取金银，只有增加本国贵金属货币存量的商业行为才是真正应该鼓励和大为发展的。此外，基于上述对货币和财富的认识，结合商品生产与流通的全环节，重商主义者自然地产生“财富增长的源泉来自于流通领域”这样的观点。

西欧重商主义思想的发展经历了早期与晚期两个阶段。由于这两个阶段的重商主义思想其实质都是资本原始积累阶段商业资产阶级的意识形态，因此早期重商主义思想的基本内容是与晚期思想相一致的，包括将贵金属货币等同于国家财富、将商品流通环节视作财富增长的源泉等。二者理论的不同点主要在于对待货币，不同于早期重商主义理论将贵金属货币简单视作国家财富而禁止出口，晚期重商主义学者已经开始将货币视作再生产的资本，因此在如何使用货币资本等问题上提出了新的看法和政策意见。

15～16世纪中叶，西欧盛行的是早期重商主义，核心论点即为货币差额论，强调大力发展出口贸易的同时减少进口商品，依靠出口获取金银的同时减少国内金银的流出，尽量多地赚取差额利润。由于早期重商主义理论将贵金属货币单纯地视作国家财富，而人们对于进口商品的需求和消费将不可避免地使国内的货币外流，因此早期重商主义者主张尽量减少民众对进口商品的购买，政府应该采取行政手段，例如严格的贸易管制，限制外国商品输入以防止国内货币输出。这一时期的一些重商主义国家甚至出台了相关的行政法规，要求进入该国进行贸易活动的外国商人务必将其贸易所得在该国进行消费，其目的就在于防止本国货币的外流。早期重商主义的经济思想家有约翰·海尔斯、托马斯·米尔斯等。约翰·海尔斯的重商主义理论和政策主张主要体现在他于1548年写成的《论英国本王的公共福利》一书中，他在书中阐述了发展对外贸易的重要性、反对出现贸易逆差等重商主文观点。他在书中还强调了如何防止足值铸币外流的问题，他认为足值铸币的外流不仅仅使得国家财富受到损失，更同时推升了国内商品价格，使得民众生活成本提高，因此提出反对铸造不足值劣币、将足值铸币保存在国内的政策主张。

16世纪下半叶～17世纪中叶是西欧晚期重商主义时期，这一阶段重商主义的理论重点是贸易差额论，强调一国应该尽量多地销售本国产品给外国以获得贸易的顺差。相比较早期重商主义理论，晚期理论对于对外贸易的态度从简单的“少买”转向了“多卖”。从早期的重商主义实践过程中，晚期重商主义者逐渐认识到货币也可作为资本投入流通贸易环节，从而获得财富的增值，因而逐渐抛弃了早期重商主义者片面要求减少进口、禁止货币外流的观点，转而主张国家出台相应政策鼓励货币作为资本输出，获得更大的贸易利润。

晚期重商主义代表人物主要有英国的托马斯·孟、法国的柯尔培尔及意大利的安东尼奥·塞拉。安东尼奥·塞拉的重商主义观点主要体现在他于1613年发表的《略论没有矿山的各国，使其金银丰富的诸原因》一书中。他在书中批判了早期重商主义禁止输出货币的政策主张，认为商人输出货币是为了购买原材料加工再出售或是进行转口贸易，这都有利于本国财富的增加，因此对于作为资本而流出的货币国家应该持鼓励和支持态度。托马斯·孟在他的《英国得自对外贸易的财富》一书中更是详尽地阐述了他的重商主义观点。他的核心理论就是贸易差额论，极力主张扩大对外贸易，“除了通过对外贸易外，我们就没有其他手段可用来获得现金”。晚期重商主义者虽依然认为货币是财富的唯一形态，但是与早期重商主义者所不同之处在于，他们开始将货币视为资本而非单纯的财富载体，逐渐认识到货币可作为资本发挥更大的功用，例如托马斯·孟就在他的《英国得自对外贸易的财富》一书中指出“货币产生贸易，贸易增多货币”。在重商主义时代，许多国家都先后推行过重商主义的相关经济政策，但是所获得的效果却不尽相同，最典型的成功案例发生在英国。英国最初只是一个农业国，向低地国家提供羊毛等原材料，仅仅出口少量低附加值的羊毛纺织品。但是从伊丽莎白时期开始，英国开始采用重商主义的相关经济政策，不仅成功地积累了大量的货币财富，还极大地发展了资本主义的工场手工业，加快了英国从农业国向工业国的转变，深化了商品货币关系，使英国一跃成为当时世界的头号经济强国。总体来说，重商主义在英国的实践是相当成功的，在此期间英国取得的经济成就令人瞩目，重商主义作为经济政策引导并加速了英国商品经济的发展，为之后资本主义的发展打下了坚实的基础。

1.4.3 古典经济学派

在经济学领域，亚当·斯密于1776年发表《国富论》，标志着古典经济学的诞生，经济学作为一门科学已形成了完整的研究方法和理论体系。古典经济学派是自由竞争资本主义从起飞到昌盛时期的主流经济学派，它忠实地反映了那个时代产业资本的利益和要求，既是对封建旧制度以及资本原始积累时期国家干预主义经济思想的批判，也是对经济自由主义新时代的呼唤和论证。

古典经济学派信奉经济自由主义。他们坚信，自由竞争市场势力的自发作用能够保证经济生活的协调和稳定增长，反对国家对经济生活的干预；他们不是无政府主义者，但他们认为，国家只需充当为自由竞争市场经济创造良好外部条件的“守夜人”。古典经济学派关注经济增长。在他们看来，经济活动的首要任务就是增加生产，为此必须增加资本积累，改进生产方式，提高劳动生产率。他们还研究与此密切相关的分配和产品实现问题，研究生产、交换、分配和消费中的规律，以及相应的经济政策。

1. 市场资源自动调节理论

亚当·斯密（1723～1790年，英国）是英国古典经济学派的主要代表人物之一。《国富论》是他的代表作。在这本名著作里，斯密缔造了古典经济学的理论体系，概括了古典经济学在它的形成阶段的理论成就，最先系统阐述了经济学的各个主要学说，对资产阶级经济的形成和发展起了极其重要的作用。

《国富论》的内容极为丰富，涉及了许多方面的经济理论，但是对经济学的发展来说，最重要的贡献还在于斯密所论述的劳动价值论和三个阶级三种收入的学说。斯密认为，经济学的目的在于：“第一，给人民提供充足的收入或生计，或者更明确地说，使人民能给自己提供这样的收入或生计；第二，给国家或社会提供充足的收入，使公务得以进行。总之，其目的在于富国裕民。”于是，研究国民财富的性质和原因就成为《国富论》的主题。斯密看来，国民财富的源泉是劳动，国民财富的增长取决于劳动生产力的增进，而后者又取决于分工。斯密进而以交换来解释分工产生的原因，指出分工的程度取决于交换的能力或市场范围，货币只是一种流通工具。斯密区分了商品的交换价值和使用价值，认为只有劳动才是价值的普遍尺度和正确尺度，然而他又认为商品的真实价格由工资、利润、地租三部分构成，由此他第一次将社会分为无产阶级、资产阶级和地主阶级。他认为，资本积累是发展生产的另一必备条件。斯密从“经济人”观念出发，系统论述了经济自由主义的理论和政策，他认为，人们受“一只看不见的手”的支配，在追求个人利益时却使整个社会获得最大利益。在“自然秩序”下，能使个人利益与社会利益协调，促进社会财富增长。国家的职能是保护国家和个人的安全，建设并维护私人无力办或不愿办的公共事业，起“守夜人”的作用。

在《国富论》里，除了上面谈到的经济学说之外，斯密关于分工、交换和货币的学说，关于生产劳动和非生产劳动的学说，关于社会再生产学说以及基于“国际分工”的自由贸易学说，都有深远的影响。对资产阶级经济学影响最大的主要是他所鼓吹的经济自由主义思想。亚当·斯密将科学抽象法和经验归纳法系统运用于其著作中，这种二重研究方法是古典经济学方法论的第一个系统形式，它吸收了历史上经济学方法论领域几乎所有的科学因素，在经济学研究方法论中起着承前启后的作用。大卫·李嘉图和马克思继承和发扬了亚当·斯密的科学抽象法，使劳动价值论逐步完善，最终成为马克思分析资本主义生产方式和剥削本质的工具。马尔萨斯和萨伊则继承和发展了亚当·斯密的经验归纳法，直到今天还影响着西方经济学的研究。

2. 资源边际效用理论

大卫·李嘉图（1772～1823 年，英国）是英国古典经济学的伟大代表。他生活于英国正发生产业革命、社会经济面貌发生巨大变化的年代。那时，工业资产阶级和资产阶级化的地主贵族之间的矛盾尖锐，资产阶级和无产阶级的矛盾和对立也开始发展和显露。李嘉图的主要经济思想反映在他 1817 年出版的著作《政治经济学及赋税原理》（以下简称《赋税原理》）之中。李嘉图从人性出发研究分析社会经济现象，认为个人利益是人类行为的准则，社会完全屈从于个人。他坚持使用抽象法。

在他的劳动价值论中，他指出，价值由劳动时间决定，但并不是个别生产者在生产商品时实际所耗费的劳动，而是必要劳动。商品的交换价值取决于它们的绝对价值。货币是一种特殊的商品，因为它是表现其他商品价值的媒介。在劳动价值论的基础上，他提出了分配理论。他认为：在既定的收入格局下，地租是主动的、首要的、最有保证的；工资有其固定不变的法则和水准，是发展生产不得不支出的代价；利润则是支付了地租和工资之后的余额，最容易受到损害。人们熟知的李嘉图理论是分配论，而且他提出了著名的边际报酬递减规律。但更值得注意的是，他在提出这一规律时，认为生产技术的进步可以延缓或抵消报酬递减，这正是当代资源配置理论关注的焦点所在。同时，他还认为，这种延缓或抵消在工业中的表现较之在农业生产上更加明显，这一点，也为发展经济学资源配置中的结构理论所重视。

1.4.4 新古典经济学派

19 世纪末，资本主义国家出现了第二次工业革命，新技术特别是在金属、化学、电力领域出现的新技术，导致新产品的出现和效率的进一步提高，需求和产量的增加引发工业领域的重大重组。同时，经济领域的竞争开始国际化，并导致频繁的经济危机，失业、通货膨胀使社会冲突的焦点从资本家和地主的对抗，转向工人和资本家的对立。此时，推行经济自由主义，重视资本积累，同时强调社会各阶级的经济作用和分配规律的古典经济学说，逐渐被新古典经济学说所替代。

新古典经济学是在 19 世纪 70 年代所谓“边际革命”基础上发展起来并在 18 世纪末和 19 世纪初在西方经济学中居主导地位的资产阶级经济理论。作为一种经济理论，它的内容比较庞杂，有许多不同学派，诸如英国剑桥学派、瑞士洛桑学派、奥地利学派、瑞典学派、美国学派等，因而政策主张也不完全一致。但其共同特点是：研究方法上，普遍使用抽象演绎法、边际分析法、数理分析法，强调经济活动中心理因素的作用，研究对象主要是单个企业和消费者，并把完全竞争和充分就业作为分析研究的前提。新古典主义是 19 世纪末以来具有广泛影响和重要地位的经济理论。它的基本观点和古典主义相同，它把市场现象归结为个人选择的结果，着重解释在技术知识、社会习惯以及资源稀缺的约束下，个人在市场上进行的主观评价和选择，会导致市场过程的协调和均衡，进一步证明了自由放任的正确性。

新古典经济学的基本特点是：①经济和谐观。新古典主义认为，经济体系的变动和发展是渐进的，而不是突变的；是和谐的，而不是冲突的；对经济刺激的反应是灵活的。边际分析是体现这种观点的分析工具。②供求力量决定价格的主观价值。新古典主义认为商品和要素的价格决定于市场上的供求力量。市场上的理性行为是：需求一方，消费者寻求最大的满足；供给一方，生产者追求最大利润，通过价格的变动，使供求量调整到双方相等时的均衡状态。

完全竞争的经济新古典主义的均衡价值理论建立在完全竞争的基础上，认为资本主义经济是一个完全竞争并趋于均衡状态的经济。充分就业的经济新古典主义认为市场供求力量能使一国经济实现充分就业，一切生产要素在分配中所得到的份额取决于它的边际产品数量。

1. 瓦尔拉斯均衡价格理论

莱昂·瓦尔拉斯（1834～1910 年，法国）是边际革命的奠基者之一，洛桑学派创始人。他的主要著作有《纯粹经济学纲要》《应用经济学研究》《社会经济研究》。其主要贡献是建立了说明交换价值的一般均衡理论，并将数学方法第一次大规模引入经济学研究。

他从稀缺性出发，得到稀缺价值论，在此基础上，他由简到繁，从单纯的交换到引入生产、资本、交换媒介等，建立了一般均衡模型，并说明了它的存在、最优和稳定。

2. 马歇尔供需均衡理论

阿尔弗雷德·马歇尔（1842～1924 年，英国）对前人的工作进行了综合，是新古典主义的杰出和完整代表。他的《经济学原理》被看作是与亚当·斯密的《国富论》和李嘉图的《赋税原理》齐名的划时代著作。他的《经济学原理》对个别市场或商品分别从需求和供给进行研究，阐述了供给和需求决定均衡价格的理论体系，马歇尔也因此被认为是现代西方微观经济学的奠基者。

马歇尔认为经济学的研究对象是财富和人，注重对人的心理和动机分析。他利用连续原理、边际方法和局部均衡分析的方法，讨论了需求理论、供给理论以及二者作用下的均衡价格理论，力求说明在市场上供给和需求如何作用、如何达到均衡，从而决定商品价格。在均衡基础上，他讨论了分配理论，指出存在四种生产要素——劳动、资本、土地和企业家，才能对生产有贡献，并说明了这四种要素的价格如何决定。马歇尔充分重视数学方法在经济学中的运用，大量使用几何图示表述经济学原理，注重时间因素对经济分析的重要意义，充分运用局部均衡的原理，这些研究方法至今仍然被经济学沿用。

1.4.5 凯恩斯主义资源配置理论

第一次世界大战后，国家垄断资本主义急剧发展，1923～1933 年的经济大危机对资本主义经济发展造成极大破坏。资本主义经济实践与传统的经济理论所宣扬的自由竞争和自由放任产生严重矛盾。在这种情况下，凯恩斯于 1936 年发表《就业、利息和货币通论》（以下简称《通论》），主张国家采用扩张性的经济政策，通过增加需求促进经济增长。即扩大政府开支，实行赤字财政，刺激经济，维持繁荣。

凯恩斯认为失业和危机不是资本主义制度的必然产物，它只是“有效需求”不足的结果。“有效需求”包括消费需求和投资需求两部分。它是由“消费倾向”“对资本资产未来收益的预期”和对货币的“流动偏好”这三个基本心理因素及货币量决定的。凯恩斯在理论分析上采用了“总量分析”即“宏观分析”的方法。他研究了收入、需求、投资、储蓄、消费、货币、价格水平的总量及其相互关系，使“庸俗经济学”从微观分析进入了宏观分析。

凯恩斯提出了一整套政策，这些政策的核心就是国家干预经济生活，借此刺激有效需求，即刺激消费和投资。在财政政策方面，在总需求小于总供给时，主张减税、增加财政支出，以扩大投资和消费；在总需求大于总供给时，主张增税、减少财政支出，以减少投资和消费。在货币政策方面，在萧条时期主张增加货币供应量，降低利息率以刺激投资；在高涨时期主张减少货币供应量，提高利息率以限制投资。

凯恩斯《通论》的出版对西方经济学界和西方国家政府的经济政策都产生了重大影响。一些西方经济学家把凯恩斯《通论》的出版称为"凯恩斯革命"，认为凯恩斯在西方经济学中进行了一次思想革命。《通论》在某种意义上是对新政的实践所做的理论说明，这种理论又反过来为新政提供了依据，推动了新政的发展。

1.4.6　马克思主义政治经济学

马克思在分析资本主义基本矛盾和资本主义社会的资源市场配置的局限性的基础上，揭示了在未来的自由人联合体即共产主义社会中应当实行计划配置资源方式。他指出："一切规模较大的直接社会劳动或共同劳动，都或多或少地需要指挥，以协调个人的活动，并执行生产总体的运动——不同于这一总体的独立器官的运动——所产生的各种一般职能。"

马克思是用社会劳动的概念来解释资源配置的，"要想得到和各种不同的需要量相适应的产品量，就要付出各种不同的和一定数量的社会总劳动量。这种按一定比例分配社会劳动的必要性，决不可能被社会生产的一定形式所取消，而可能改变的只是它的表现形式，这是不言而喻的"（马克思等，2012）。这表述了资源配置的三层含义：第一，资源配置是社会化生产的客观要求。在社会分工和专业化的社会化生产中，各经济单位必须在社会规模上按一定比例分配社会总劳动量，从而生产出同社会各种不同需要量相适应的产品量，以保持社会生产结构和社会需求结构的基本平衡。第二，资源配置是人类社会经济发展的共有的一般规律。任何社会形态的社会化生产，客观上都存在着比例性，都必须按照一定的比例分配社会总劳动，生产满足社会需要的各种产品，这是根本不能取消的自然规律。第三，社会资源配置方式是变化的。社会资源的合理配置，是任何社会制度都不能改变或取消的，只不过是资源配置方式在不同的历史条件下有可能发生变化而已。马克思认为资源配置方式是不以人们的意志为转移的客观存在，在一定社会中占主导地位的资源配置方式最终由生产力的发展水平所决定。《资本论》揭示了资源配置的三种基本方式。

1. 直接配置资源方式

根据马克思的考察，自由经济形态下，典型的、封闭型的直接配置资源方式有三种表现：一是“鲁滨逊生产方式”中的资源配置。为满足孤岛生存的各种需要，鲁滨逊必须“从事各种有用劳动，如做工具、制家具、养羊驼、捕鱼、打猎等”，把自己所拥有的劳动资源和物质资源按一定比例配置在不同的生产上，由个人直接“精确地分配自己执行各种职能的时间”。二是中世纪生产方式的资源配置。中世纪的“物质生产是社会关系以及建立在这种生产的基础上的生活领域，都是以人身依附为特征的”。在这种以人身依附关系为基础的生产中，农奴“为主人服役而耗费的，是他本人的一定量的劳动”，即农奴等经济主体自己直接配置资源。三是农村家长制小生产方式中的资源配置。由于农村家长制小生产的生产力低下、分工简单，各农民家庭为了自身的需要而生产粮食、牲畜、纱、麻布、衣服等，“对于这个家庭来说，这种种不同的物都是它的家庭劳动的不同产品，但它们不是互相作为商品发生关系。生产这些产品的种种不同的劳动，如耕、牧、纺、织、缝等，在其自然形式上就是社会职能”，这就决定了资源配置是原始的封闭型的直接方式，由各经济主体自己在不同生产上分配劳动时间、直接资源配置，并不需要通过社会调节。

2. 市场配置资源方式

随着资本主义社会化商品经济的发展，封闭型直接配置资源方式无法适应社会化大生产的要求，市场配置资源方式应运而生。《资本论》主要从以下三个方面详尽分析了资本主义社会的资源配置方式及其局限性。

（1）社会必要劳动时间是资源配置的主要驱动力。《资本论》揭示了商品价值是由在正常生产条件下，在社会平均的劳动熟练程度和强度下制造某种使用价值所需要的社会必要劳动时间决定的。“要使一个商品按照它的市场价值来出售，也就是说，按照它包含有社会必要劳动的总量，就必须同这种商品的社会需要的量相适应，即同有支付能力的社会需要的量相适应。”他认为，将必要劳动时间按社会需要符合比例地分配于各个生产部门，就实现了资源配置。由于社会必要劳动时间决定价值，因而那些劳动生产率高、个别劳动耗费少的企业，在竞争中处于优势，能以高于价值的价格出售商品而获利较多，从而吸引资源流向盈利企业，使资源得到重新配置和组合。

（2）市场是资源配置的基本方式。《资本论》描述了市场引导资源的流动和重新组合配置资源的过程，“供求可以在极不相同的形式上消除由供求不平衡所产生的影响。例如，如果需求减少，因而市场价格降低，结果，资本就会被抽走，这样，供给就会减少。”“反之，如果需求增加，因而市场价格高于市场价值，结果，流入这个生产部门的资本就会过多，生产就会增加到如此程度，甚至使市场价格降低到市场价值以下；或者另一方面，这也可以引起价格上涨，以致需求本身减少。”在价值规律的作用下，各经济单位根据市场价格波动的信号所反映出来的市场供求信息，自动调节配置资源和组织生产活动，从而实现资源配置。

（3）市场机制配置资源的局限性。《资本论》指出：“商品生产者及其生产资料在社会不同劳动部门中的分配上，偶然性和任意性发挥着自己的杂乱无章的作用。”如果仅仅依靠市场机制的作用自发进行资源配置，可能造成社会资源的巨大浪费和损失。在社会生产无政府、盲目的不合比例的状态中实现的社会资源配置实际上属于一种事后调整，必然是以无数次的市场波动和不平衡、经济运行某种程度的紊乱状态为代价的，甚至是通过经济震荡和周期性经济危机来调节资源配置、实现社会生产按比例发展。

3. 计划配置资源方式

马克思认为，宏观调控的计划配置可较好地克服市场配置的局限性。只要有商品生产及市场经济的存在，就有必要对其进行计划调节。未来社会主义和共产主义社会已不存在商品生产，社会是根据社会及其成员的各种需要，对社会劳动时间按照一定的比例进行直接、自觉的控制，“劳动时间的社会的有计划的分配，调节着各种劳动职能同各种需要的适当的比例”，实行社会化生产和产品交换经济，实现资源“有意识的社会调节”，完成向资源合理配置的自由王国的飞跃。

1.4.7 公共产权资源治理理论

产权的资源配置功能主要缘于产权的排他性、可让渡性和收益权特性。排他性决定谁可以在一个特定方式下使用一种稀缺资源的权利，它意味着除“所有者”外没有任何个人或组织具有使用该种资源的权利，除非得到所有者的许可。可让渡性则是指将所有权再安排给其他人的权利。而收益权则是不同权能的最终体现。有了排他性，所有者便有权决定财产的使用方式，他获取剩余索取，并对自己的行为和决策承担全部责任，这就保证了所有者激励自己把资源配置到使用效率最高的地方。而可让渡性则可使不善于生产的产权所有者将产权转让给善于运用这些资产的人，从而提高整个社会的资产使用效率。产权的排他性、可让渡性和收益权特性说明了产权具有资源配置的功能，而要发挥这一功能必须靠产权界定和产权交易这两个环节来实现，没有产权的界定，产权不明晰，则产权无法进行交易，而产权无法进行交易（让渡），则资源就不能实现最有效率的配置，获得应有的收益。

1. 通过公权力和私有化解决外部性现代产权理论

1937年，英国经济学家科斯在《经济学家》上发表《企业的性质》一文，这标志着现代西方产权理论的系统提出。他接受制度经济学派的分析方法，从企业与市场的关系入手，重点研究产权结构对企业经济效率的影响。科斯认为产权是对使用权的选择权，此选择权是排他性的。他在这里所讲的使用权并非单纯指具体物的使用权，还包括在物权基础上所产生的外部收益或损失的承担权。

20 世纪 50 年代，美国各类电台的相互干扰非常严重，影响了信号的正常传播，发生了经济学上所讲的外部性。科斯对此种现象进行了分析，指出必须从根源上治理方能消除外部性，即界定信号的频率使用权，反对按照庇古原则所采取的惩罚和征税措施。在 1959 年发表的《美国联邦通信委员会》一文中表示：只要产权不明晰，外部性就不可避免；只要产权界定清楚，那么市场机制便能解决外部性问题。1960 年在《法学与经济学》杂志上发表《社会成本问题》一文，明确提出交易成本的概念，并把产权与资源配置效率联系起来。交易成本的概念后经威廉姆斯等人的发展与完善，成为产权经济学的基本范畴。在这篇著名的论文中，科斯所举的例子全是拥有私有产权的经济主体之间的交易，这并非偶然，实际默认了西方产权理论的前提是资本主义私有财产制度。交易成本和产权概念的提出，使西方产权理论大大提高了对现实的解释能力，扩展了其研究领域，从零交易费用的理想社会进入正交易费用的现实社会；同时，把产权和产权制度纳入经济分析轨道。科斯在《社会成本问题》一文中表达的中心思想，被后来的斯蒂格勒在 1966 年概括为“科斯定理”。科斯定理是现代西方产权经济学的理论核心。由于非科斯本人定义，至今未有规范的表达方式。现在一般将它归纳为科斯第一、二、三定理。科斯把交易费用引入资源配置，探讨产权安排与经济效率的关系。

第一定理说明如果交易成本为零，则权利的最初分配无关紧要，市场都是最有效率的。科斯在解决外部性中指出，只要不存在交易成本，通过市场竞价，获胜者占有物质财产和法定权益，这样资源得到了最优配置。科斯主张自由市场下的自动调节权利配置。但现实生活不是无摩擦的物理世界，交易成本为零的前提很难。

第二定理考虑到现实生活中交易成本为正的状况，认为此时的权利界定非常必要。科斯也意识到，事实生活上，交易成本难以为零。只要存在市场交易，那么就会发生交易成本。无论是私人协商还是法律制裁，都有成本。如果界定好双方的权利，使当事人双方福利得到改善，而且大于调整权利配置的成本，则在法律保障下权利就会重新界定。只有调整后双方获利大于调整成本时，权利才会调整。而要使社会成本最小化，需构筑法律来消除私人协商的障碍。

第三定理说明产权制度不同，导致的资源配置效率也不同，同一个产权制度如何制定实施，也会影响资源配置。科斯指出，构建新的制度本身需要成本，所以，对于生产何种产权制度及怎样生产产权制度，选择不同，则经济效率不一样。产权制度的设计、制定、实施与变革就是产权制度的生产过程。产权制度的生产成本表现在生产制度过程中所直接产生的费用，还有生产的制度在实施中给当事人造成的资源耗费，这种耗费与他们在此制度中进行交易的费用有所不同。这个定理启发我们选择何种产权制度可从其自身生产成本角度考虑。

斯科特·戈登在1954年发表了其开创性论文《公共财产资源的经济理论：渔业》。他指出导致过度捕鱼的症结就在于缺乏任何“有意义”的产权安排。通常而言，既定水域能够以一个相对固定的成本生产若干种鱼类，当人们对某种类型的鱼的需求超过水域生产力的临界值时，渔获的边际成本将会上升。换言之，随着鱼类资源储量的下降，近海捕捞的每一单位捕鱼付出（fishing effort）所能得到鱼的数量将会下降。为了满足市场需求，人们会付出更多的努力将捕鱼的范围推向离海岸更远的地区。随着这一过程的不断循环推进，一方面将会导致某些鱼类的枯竭，另一方面会导致渔业资源经济租金的消失。政府规定限渔期的做法不仅不能解决租金消失问题，甚至会导致更为严重的恶性竞争，造成资源的更大浪费。戈登认为所有产权共有，而其使用（或开发）的，却是基于个体竞争的自然资源，都会面临经济租金枯竭的问题，海鱼仅仅是其中比较典型的一种。

面对“囚徒困境”“公地悲剧”等问题，奥菲尔斯（Ophuls，1973）认为，公地悲剧是必然存在的，这样环境问题就无法通过合作加以解决，因此具有较大强制性权力的政府的合理性就是得到普遍认可的。据此，他得出结论：“即使我们避免了公地悲剧，它也只有在悲剧性地把利维坦作为唯一的手段时才能够做到。”哈丁则在他的经典论文《公地悲剧》发表十年之后，继续发表意见称，人们对于政治制度的真正性质以及每个人在保护环境中的作用缺乏足够的认识。带着“公地的替代物太过棘手以致无法做深入探索”的成见，哈丁认为：“无论何种力量能够用来制止变迁”，就必须将变迁制度化。哈丁指出“在一个混乱的世界，若要避免毁灭，人们就必须对存在于他们心灵之外的某种强制性力量表示臣服，这种力量用霍布斯的术语来说就是‘利维坦’”。海尔布罗纳（Heilbroner，1974）则更是鼓吹，“铁的政府”，甚至是军事政府，对于实现生态平衡是绝对必要的！埃伦费尔德（Ehrenfeld，1972）的观点则相对缓和一些，他认为个人对于维护公地是不会产生兴趣的，要想解决公地悲剧就必须借助公共机构、政府或者国际权威实行外部管制。借助“利维坦”来解决此类问题，在欠发达国家和地区的影响力非常大。

哈罗德·德姆塞茨在其《产权理论探讨》《经济活动的组织》《生产、信息费用和经济组织》《竞争的经济、法律和政治维度》等著作中，阐述了唯有实行产权的私有化才能对社会经济进行有效的治理。张五常在他的《佃农理论》《经济解释》《中国的经济制度》等著作中，指出凡是资源属于公共所有的地方都应该实行明晰的产权制度。史密斯指出“无论是哈丁论述的公地悲剧还是对公共产权资源进行的经济学分析”，都表明“在野生动植物和自然资源问题上，要想避免公地悲剧唯一的方法就是，创建私有产权来取代公共产权制度”。更有甚者，韦尔奇声称：“为避免过度放牧造成的低效率，将产权完全私有化是必要的。”他认为公地的私有化对于所有公共池塘资源而言都是最佳的解决方案。因此，他关注的问题不是要不要实行私有化，而是如何强制推行私有化。私有化解决方案在西方发达国家的影响力非常大。

2. 提倡自主治理的多中心理论

英国学者迈克尔·博兰尼于 1951 年在《自由的逻辑》一书中率先提出“多中心”一词，他从人类科技发展的历史和市场经济优于高度集中计划经济的分析中逐步理出自由智识的逻辑，总结出“自发秩序”和“集中指导秩序”两种对自由安排的方式。同时，他也明确指出自发秩序才是真正的自由。在具体论述的过程中，他在梳理经济理论时观察到市场经济中利益对人的刺激和激励，最终发现“多中心性”选择的存在。

博兰尼开创了“多中心”理论分析事物的先河，但对此做出实证贡献的是美国印第安纳大学的学者文森特·奥斯特罗姆和埃莉诺·奥斯特罗姆夫妇，他们在前人的基础上进一步研究，提出了“多中心治理”的理论。他们指出公共物品的领域包括三个中心：供给中心、消费中心和介于两者之间的中介中心。其在《公共事物的治理之道——集体行动制度的演进》中系统、明确地阐述政府应充当中介中心，负责宏观框架和游戏规则的制定；采取法律、政策、经济等方式，对公共产品供给者的供给行为提供约束和支撑，以避免“公地悲剧”“囚徒困境”等情况的发生。“多中心”一词最早来源于经济领域，之后发现在政治、社会、文化领域中也同样存在这样的多中心形态。现代治理是全球化过程中形成的新的公共管理机制理论。多中心与治理理论的相同特征是自治与分权。前者突出彼此的互助合作，后者则明显强调竞争性。当这两者结合时，多中心治理便成为包含诸多中心与主体的，而且是竞争与合作关系的新公共管理范式。

埃莉诺·奥斯特罗姆将促使公共池塘资源保持长期存续的自主组织和治理原则总结为以下八个方面。

（1）清晰界定边界，公共池塘资源本身的边际必须予以明确规定，有权从公共池塘资源中提取一定资源单位的个人或家庭也必须予以明确规定。

（2）占用和供应规则与当地条件一致，规定占用的时间、地点、技术和（或）资源单位数量的占用规则，要与当地条件及所需劳动、物资和（或）资金的供应规则相一致。

（3）集体选择的安排，绝大多数受操作规则影响的个人应该能够参与对操作规则的修改。

（4）监督，积极检查公共池塘资源状况和占用者行为的监督者，或是对占用者负有积极责任的人，或是占用者本人。

（5）分级制裁，违反操作规则的占用者很可能要受到其他占用者、有关官员或他们两者的分级制裁（制裁的程度取决于违规的内容和严重性）。

（6）冲突解决机制，占用者和他们的负责人能够迅速通过成本低廉的地方公共论坛来解决占用者之间或占用者与他们的负责人之间的冲突。

（7）对组织权最低限度的认可，占用者设计自己制度的权利不受外部政府权威的挑战。

（8）嵌套式企业（nested enterprises），将占用、供应、监督、强制执行、冲突解决和治理活动在一个层次的嵌套式企业中加以组织。

第 2 章　资源耦合治理理论基础与准则

2.1　资源耦合治理的目标

2.1.1　实现经济增长的可持续发展

可持续发展是科学发展观的基本要求之一，是关于人类、自然、科技、经济、社会相互间协调发展的科学理论。“可持续发展”这一名词最早可以追溯到 1980 年国际自然保护同盟的《世界自然资源保护大纲》：“必须研究自然的、社会的、生态的、经济的以及利用自然资源过程中的基本关系，以确保全球的可持续发展。”

1987 年，世界环境与发展委员会出版的《我们共同的未来》报告，将可持续发展明确定义为：“既能满足当代人的需要，又不对后代人满足其需要的能力构成危害的发展。”并全面系统阐述了可持续发展的主要思想。1992 年 6 月，联合国在里约热内卢召开的联合国环境与发展大会，通过了以可持续发展为核心的《里约环境与发展宣言》《21 世纪议程》等文件。同一时期，中国政府编制了《中国 21 世纪议程——中国 21 世纪人口、环境与发展白皮书》，首次把可持续发展战略纳入我国经济和社会发展的长远规划中。1997 年的中共十五大把可持续发展战略确定为我国“现代化建设中必须实施”的战略。2002 年中共十六大把“可持续发展能力不断增强”作为全面建设小康社会的目标之一。

在过去 20 年中，中国经济增长大幅领先于世界其他国家，但是经济的迅速增长中也存在着资源过度浪费的外延性增长和粗放型增长模式，随着工业化、城市化的不断推进，人均水资源和人均耕地水平愈发紧张，而且中国的能源和矿产资源也并不丰富，经济发展越来越受到资源供给不足的制约，有关工业品面临成本上升的压力，影响了中国工业品的国际竞争力。资源不足和环境恶化等诸多问题已经严重影响我国的经济发展和居民生活，如何处理好经济增长与资源环境之间的关系、建立环境友好型的经济可持续发展模式已经成为我国经济进一步发展的头等大事。

经济发展的可持续性包括生态可持续性、经济可持续性和社会可持续性，这三者息息相关缺一不可，在资源耦合治理中，要牢牢把握这三者之间的相互联系，将经济发展与环境保护结合起来，通过资源环境内部之间的耦合关系，依靠消耗总量和强度的双控市场化机制来完善市场经济制度，促进经济增长的可持续发展。与将经济增长与环境保护对立起来的传统的二元化经济发展模式不同，经济增长的可持续发展是指将二者协调统一的生态经济模式。这种新型的生态经济模式主要体现在以下三个方面。

（1）经济生产过程的生态化。经济生产过程的生态化是指在经济生产过程中，不产生废料或产生较少废料的一种封闭循环的经济模式。与传统经济生产过程中只追求最终产品的生产方式不同，生态经济生产要求在传统生产过程中产生的废料、废气数量明显减少或者以生产资料的形式进入到另一生产过程中去，实现资源的循环利用，达到节约资源、保护环境的目的。

（2）经济运行模式的生态化。经济运行的生态模式是将经济的机制刺激和鼓励节约资源、环境保护统一起来，把节约资源和环境保护因素作为经济过程的组成部分包含在了经济机制之中，通过改善经济资源转换效率完善经济机制，并将转换效率作为评定经济行为的重要指标。生态经济还将自然资源价值纳入考量范围之中，通过调节自然资源的稀缺程度来调控使用这些资源制造的产品的价格，从而抑制经济运行中对资源的浪费现象。此外，生态经济还需建立鼓励环境保护、惩罚环境破坏的赏罚机制，并将环境价值作为评定社会经济发展程度的重要指标。

（3）经济消费方式的生态化。传统的消费方式也是一种非生态的消费方式。传统经济模式中生产并不是为了满足人的健康生存的需要，而是为了获得更大的利润。因此，生产不断创造出新的消费品，通过广告宣传造成不断变化的消费时尚，诱使消费者接受。大量的生产要求大量消费，因此，挥霍浪费型的非生态化生产造成了一种挥霍浪费型消费方式。这种消费方式所追求的不是朴素而是华美，不是实质而是形式，不是厚重而是轻薄，不是内在而是外表。它追求一种所谓“用毕即弃”的消费方式。大量一次性用品的出现，不仅浪费了自然资源，而且污染了环境。

2.1.2　保障国家资源战略安全

资源耦合治理要考虑国家资源的战略安全。能源安全关系到一个国家的国计民生，是一个国家保障经济持续发展和社会稳定的基础。根据资源安全在国家安全中的地位，可以进一步分为战略性资源安全和非战略性资源安全；根据资源的性质不同，又可分为水资源安全、能源资源安全、土地资源安全、矿产资源安全、生物资源安全、海洋资源安全、环境资源安全等；根据资源的可再生性，可以将资源分为可再生资源和不可再生资源。

但无论如何划分，总的来说，关于国家的资源安全具体有五个方面。

（1）资源总量安全。资源的总量安全即要保障资源的数量充裕，一方面是要保证资源总量的充裕，另一方面是要保障人均数量的充裕，而且后者相较于前者意义更加重要。我国地域广袤，自然资源丰富，部分资源的总体数量居世界前列，但与此同时，我国人口基数较大，人均资源占有量偏低，容易造成我国资源数量性危机。

（2）资源质量安全。资源的质量安全即要保障国家所需资源的质量，资源的质量决定了资源开发的成本和效率，例如资源的分布范围、资源的品位与资源含量等，资源的质量越高，其开发和利用的成本也就越低，效率也就越高。

（3）资源供给安全。资源的供给安全即要保障资源供给的多样性，供给渠道的多样性是资源稳定供给的基础。资源供给安全主要有两层含义：其一是资源禀赋和消费结构的多样性，一个国或者一个地区自身具有多样的资源禀赋，无形中就增加了资源供给的安全性；其二是资源供给渠道的多样性，对于一种资源，如果可以开拓多个供应渠道，实现资源供给的多元化，可以有效降低这种资源消费供给中断所带来的风险，是提高资源供给稳定性的重要手段。

（4）资源均衡安全。即要保障资源供应的地区平衡和供给人群的平衡，自然资源在空间分布和分配的均衡性，影响着资源开采利用难易程度、消费结构和运输成本，这种差异是决定资源安全的重要因素之一。

（5）资源价格安全，指一个国家或地区可以从市场上以较小的经济代价获取所需资源的能力或状态。从市场上以较小经济代价来获得资源的能力或状态这一点在国际贸易和经济发展中十分重要，因为任何国家都可以通过自由贸易在市场上获取其所需的资源，但获得资源的经济代价却有所不同。以较低的经济代价获得相关物资，一方面可以改善国内资源结构，改善国民福利水平，另一方面，还可以增强国内产业竞争力。

总的来说，国家的资源安全是一种保障资源供给的概念，即要保障自然资源应能够从数量、质量、结构和功能等方面以及以合理的价格满足社会经济发展的需要，同时也是对一国或地区自然资源保障的充裕程度、均衡程度和稳定程度的考量。这里的经济合理价格是指包括政府、企业、居民等经济个体所能承担的资源供给价格，如果资源供给价格使得需求难以接受，则说明资源供给是不安全的。此外，资源安全也是指在开发利用自然资源的过程中，不但要确保开发利用的经济效率，同时也要保护自然资源和生态环境，以免造成不可逆的破坏性开发。这是指在保证资源稳定、足量、及时、经济供应的基础上，保证资源开发和使用过程中的安全，保证自然资源本身处于一种较为安全的状态。这一层面的资源安全核心内容是要维持资源自身的安全状态，所关注的问题是如何使自然资源本身具有可持续性，或者是说如何使自然资源得到永续利用。

2.1.3　强化市场经济全面均衡

资源耦合治理要实现市场经济的全面均衡，全面均衡是指资源的社会供给与需求者单位投入产出相等，即各行为主体对社会的付出与获得社会效益比值相等，或社会每个行为主体利用的单位资源所承担的代价相等，经济学称这种状态为帕累托最优。

帕累托最优（Pareto optimality）也称为帕累托效率（Pareto efficiency），是指资源分配的一种理想状态，是指在经济活动中，如果有经济个体的某项行为可以至少一个人变得更好，而不使其他人变坏，就说明经济活动存在帕累托改进，而帕累托最优即是不存在帕累托改进的余地。因此，帕累托最优是公平与效率的最为理想的状态。利用“帕累托最优”来指导自然资源开发十分有用，但由于其较为严苛的“无人受害”标准在实际操作中存在不小的难度，因此在现实中可以采用补偿等手段来弥补部分“受害人”的经济利益。但给予的补偿不仅限于经济补偿，还包括了相应的生态补偿，例如为保护环境与维持生态平衡，在土地非农流转中除了给予适当的经济补偿外，还应当进一步实施生态补偿。

经济均衡是西方经济学的核心概念之一，均衡分析法同时也是经济研究的主要方法之一。西方经济学“看不见的手”理论认为自由竞争的市场经济能够实现帕累托最优，而且这种帕累托最优会保持在稳定的均衡状态。但经历过的多次资本主义经济危机和唯物辩证法告诉我们，均衡永远是相对的和非常态的，经济失衡是经济活动中的普遍现象，仅仅依靠市场本身难以长期维持经济市场均衡，因此，经济的绝对均衡只是一种理想的运行状态，现实经济中并不存在。但尽管如此，分析经济均衡对经济活动的指导仍然具有现实意义：一方面，均衡分析为我们提供了一个理想的参照系，为进一步改进和促进市场均衡提供了指导方向；另一方面，由于经济的非均衡普遍存在，但不同国家和地区的经济失衡程度和性质有很大差别，不同程度和性质的经济失衡会导致不同的经济结果，如果一国经济长期处于失衡状态，很可能会造成全国范围甚至全球范围的经济危机。因此，通过研究和分析经济均衡，可以为经济的宏观调控提供理论指导。

同样，由唯物辩证法，事物的内因决定外因。因此在内外失衡的经济结构中，内部失衡是主要的原因，经济的内部失衡决定着外部失衡，而外部失衡则是内部失衡的外在表现，是内部失衡在外部经济的延伸和发展。因此在解决经济的内外失衡问题上，就需要以内部失衡作为解决的主要方向，通过内部经济均衡的实现来解决外部经济失衡。

2.1.4　促进经济社会协同进步

资源耦合治理要促进社会经济的协同进步，本质上是通过转变经济发展模式来解决我国经济发展中的失调问题。资源耦合治理可以通过控制资源利用强度来实现经济均衡发展。如果采取直接降低使用率，则会造成社会需求与供给严重失衡，一般多选用资源替代的办法去加以调控，使资源替代弹性相等，或使一种资源利用强度增加速度与其替代资源利用强度降低速度相同。如建设用地增加速度与农地降低速度相同，而农地降低速度或农转非用地速度又与农地社会福利功能向经济高效功能转化速度相同，同理，农地社会福利功能向经济高效功能转化速度又与国家城乡社会福利事业统筹发展速度相同。资源耦合治理要促进社会经济的协同进步，化解社会经济发展的非均衡状况，尤其是目前我国城乡发展差距明显的二元结构。

实现经济发展模式的转变实际上是三个层面的战略调整：一是资源的需求结构，二是资源的供给结构，三是要素驱动结构。这三种结构性调整与社会发展程度密切相关。需求结构调整有赖于市场激励和创新以及基本公共服务制度的完善；供给结构的调整则需要通过放开服务业市场准入、发展社会服务产业等手段实现；要素驱动结构调整有赖于教育投入、科技创新和制度改善等方面。因此，社会发展可以有力地推动经济发展模式的转变，并进一步促进社会经济的协同发展。这里的协同发展主要体现在以下几个方面。

一是社会经济发展的战略协同。无论经济建设还是社会建设，其落脚点都是人的全面发展。在社会经济结构调整的过程中，要避免“中等收入陷阱”，就需要更加重视社会发展和国民素质提升，将加强社会建设、推动社会转型发展提高到与经济发展同等的战略地位。促进我国经济和文化的共同进步，将人民生活水平的现代化和社会制度的现代化作为重点，全面推进我国的现代化进程。

二是社会经济发展的阶段协同。社会发展水平与经济发展阶段相适应，从生存型全面进入发展型社会发展阶段。促进经济总水平与社会总福利水平、财力总规模与民生支出总规模基本协调，财政用于民生等比重提高到 70%～80%。社会发展速度要与经济发展速度基本适应。

三是社会发展的体制协同。社会体制改革不仅要与市场经济体制相适应，与此同时也不能忽视与市场经济的融合。市场机制的变化必然会渗透到社会领域，因此社会体制改革要与市场经济体制交融。一方面，改革社会组织的官僚化和行政化体制，另一方面，健全国家和社会的信任关系，充分发挥通过资源在调节社会运行中的基础性作用。

2.1.5　确保资源利用差序协调

能源、水资源和建设用地利用总量和强度都与利用者的能力成正比，而利用者的能力决定于其区位和收入高低。由于区位和收入的梯度分布形成能源、水资源和建设用地利用的差序格局。一般用梯度价格和分层管制来调节能源、水资源和建设用地利用总量和强度。

设置梯度价格的原因在于，一方面资源的梯度价格有利于确定资源的价格区间，为资源的市场定价与有限资源的价格调控提供现实依据，另一方面，价格梯度可以有效区分资源使用者的资源利用效率，提高企业和个人节约资源的意识，并形成优胜劣汰的资源消费模式，有效降低资源消耗，提高资源利用效率。

分层管制则是一种把集中管制和分散管制结合起来的控制方式，需要将管制组织分为不同的层级，各个层级在服从整体目标的基础上，相对独立地开展控制活动。分层管制的含义，一方面是管制对象的层次性，另一方面是管制技术和手段的层次性，不同的管制对象和管制手段最终反映的管制效果也是不同的，其管制效果可以分别进行测评。

2.1.6　资源耦合治理与市场经济秩序平稳

能源和水资源消耗、建设用地总量和强度双控市场化是一个资源资产化、产权化、资本化、产业化、交易化的动态秩序化过程。保持其秩序平稳至关重要。资源利用秩序是资源利用系统结构要素的有序化，为资源利用要素相位关系的规律性变化。资源利用系统结构要素立体相位关系沿纵横两轴方向展开。纵向显示资源利用变量间上与下或前与后的动向关系；横向表达同一层次变量的角色功能关系。资源利用秩序状态是纵向动能关系与横向功能关系的结合。资源利用经济秩序规范与道德自律融合路径，通过法治与德治的结合而实现。

资源利用的法治是资源秩序的外在规范，目前自然资源法方面主要包括的法律有：《森林法》《草原法》《矿产资源法》《水法》《野生动物保护法》《土地管理法》《水土保持法》《电力法》《煤炭法》《节约能源法》等。环境保护法方面主要包括的法律有：《海洋环境保护法》《水污染防治法》《国境卫生检疫法》《环境保护法》《大气污染防治法》《固体废物污染环境防治法》《环境噪声污染防治法》等。

资源利用的德治则是资源秩序的内在要求，环境保护意识不仅是一个名词，同时还是一个哲学的概念，是人类社会不断发展从而对环境和环境保护的一个认识水平和认识程度的提升，需要人类为保护环境不断调整自身经济活动和社会行为，本质上是协调人与环境、人与自然互相关系的实践活动的自觉性。也就是说，环境意识包括两个方面的含义：其一是人们对环境的认识水平，即环境价值观念，包含有心理、感受、感知、思维和情感等因素；其二是指人们保护环境行为的自觉程度。这两者相辅相成，缺一不可。

构筑能源和水资源消耗、建设用地总量和强度双控市场化运行的载体，即建立并维持能源和水资源消耗、建设用地总量和强度双控市场化健康运行的正常秩序，简称能源、水资源消耗和建设用地秩序。控制资源总量和强度，必须调控产生资源利用总量和强度的社会生产与消费方式所形成的资源经济秩序。

能源、水资源消耗和建设用地秩序是社会经济秩序的重要部分。经济秩序依靠治理功德整合之。这是经济秩序制度规范与道德自律融合路径，通过法治与德治的结合而实现的缘故。经济治理以资源有序流动维护经济安全稳定。管理主要涉及的是经济资源，治理除经济资源外，还动用政治和文化等资源。治理是高层次的全面管理。能源和水资源消耗、建设用地总量和强度双控市场化在经济秩序层面上展开，不但拓展了研究空间，而且也掘进了研究深度，更能全面揭示能源和水资源消耗、建设用地总量和强度双控市场化运行规律与机制。

2.2 资源耦合治理准则

2.2.1 现代经济学治理准则

归纳现代经济学、公共管理学和复杂性科学测度要素的数量变化有三条准则。

1. *在生产要素配置层次数量方程为所有要素投入任何项目所得相等*

西方学者对生产要素配置理论的研究可以分为微观和宏观两个层次。在微观方面，最具代表性的就是个人收入分配理论。意大利著名经济学家帕累托对此进行了详细的论述，并提出了“帕累托最优”的概念。帕累托探讨了家庭、个人等经济个体在收入分配中的地位，并进一步分析了其社会特征对收入分配的影响。但其研究忽视了生产要素的分配权利，而是着重于经济个体在分配后的相对地位的研究，旨在解释微观经济体中的不平等现象及改善。在此阶段个人收入分配理论得到了迅速的发展，在此基础上的内生决定论就是说明个人可以通过教育、培训等方法来提高个人收入，从而改变收入分配格局。在宏观方面，主要集中在制度研究和经济变量对收入分配差异的外生影响。主要理论有机会不平等理论和收入再分配理论等。机会不平等理论研究了市场分割状况下和制度上的歧视性设置对收入分配的影响。但由于对象主体的不同，作为发达国家主要研究的是现有制度下的资源配置歧视问题，而发展中国家研究内容主要为市场分割、发展不平衡、二元经济结构等。再分配理论则是研究政府如何通过税收和转移支付等方法实行收入的再分配，以达到社会公平的目的，但公平问题不仅包含了经济问题，还包含了有关公共效率、社会公平、贫富差距等社会伦理问题。

马克思主义经济学的配置理论在继承古典经济学理论的基础上，创造性地发现了剩余价值及其在各个阶级间分配的过程，形成了马克思主义分配理论体系。马克思主义强调了生产决定分配，分配反作用于生产，分配与交换和消费之间相互作用的关系。通过资本主义生产方式和其制度的结构分析，形成了劳动价值理论、剩余价值理论、工资理论、利润理论等组成的马克思主义资源配置理论体系，构成了资源配置的科学理论。马克思分析了工资和资本积累之间的关系，提出了资本主义积累的一般规律，指出由于资本主义生产过程中剥削劳动工人剩余价值的本质，所以随着经济的增长，资本家占有的剩余价值不断增加，将会造成严重的两极分化，并最终导致经济危机和社会动荡。马克思主义在批判资本主义的同时，也对未来社会的分配方式进行了科学预测，其核心思想是强调劳动者权利的平等性，后来列宁将这种分配方式直截了当地称为按劳分配。马克思在资本主义经济资源配置问题上进行了详尽而精辟的研究和阐述，不仅研究了资源配置的一般规律，而且研究了其实现的社会形式，形成了完整的资源配置理论。马克思在研究资本主义生产方式的过程中，将资本主义资源配置方式总结如下：以资本无限增殖为唯一目的，以按比例配置资本为外在形式，以价值规律为内在强制规律，以三大市场机制为外在调节形式。

生产要素配置层次数量方程为所有要素投入任何项目所得相等其实就是资源在生产过程中的合理配置，其前提要求就是要素在资源配置过程中可以自由流动，使得资源可以自发地流向资本产出比高的行业。由于资源投入的不断增加，行业的资本产出比下降，最终实现全行业的投入产出比相等，实现资源的最优配置。

2. 在交易要素流动层次计量方程为个人成本收益率等于社会公共成本收益率

生产要素流动在资源配置中的地位至关重要，生产要素在经济活动中的流动可以改变一个产业的要素结构，而产业要素结构是指一个国家的要素构成中，各类要素之间的相对比重，它由该产业的发展水平所决定。在市场经济中，尤其是自由贸易中生产所需的要素可以在不同产业和地区流动。一方面，由于要素在区域的稀缺性不同，要素价格存在差异，要素流动会改变各行业要素的稀缺性，而行业要素稀缺性又通过价格的变化表现出来。另一方面，行业要素均衡状态是暂时的，其差异性是永久存在的，这种差异会导致一国的要素结构不断变化，这就需要相应的投资活动满足这种需求的变化，但是需求结构存在差异，正是这种差异性刺激了更多投资活动的产生。

投资活动进一步可以分为私人投资与公共投资，在私人投资与公共投资活动中，公共投资与私人投资一般有两种划分方法：一种是按照投资的具体用途划分；另一种是按照投资资金的来源进行划分。按照投资的具体用途划分是指，将用于提供公共物品和服务的投资支出视为公共投资，而将用于公共物品和服务之外的投资支出视为私人投资。公共物品与服务可简称为公共用品，与之相对的是私用品，经济学上区分公共用品和私用品的关键在于消费该物品是否具有非竞争性和非排他性。公共用品的效用是为整个社会成员所共享的，其消费是非竞争性和非排他性的。非竞争性是指公共用品一旦被提供，消费该物品和服务的另一个人的额外资源成本为零；非排他性是指公共用品一旦被提供，要阻止任何人消费这种物品和服务，要么代价非常大，要么就是不可能。而私用品的效用是由个人所有和享用的，其消费则是竞争性的和排他性的。按照投资资金的来源划分是指，将资金来源于中央和地方政府的财政投资视为公共投资，而将资金来源于其余渠道的社会投资视为私人投资。这两种划分标准并非截然分开的，因为大部分公共用品是由中央和地方政府使用财政资金提供的，但是公共用品也有私人部门提供的，而私用品也有政府部门提供的。

3. 在行政管理层次量化方程为所有行为人的权力与责任相等

要求行为人的“权责一致”是民主与法治诉求的重要内容，政治权力与政治责任是相互依存的，政府责任可以理解为权力行使主体对权力授予者应履行的义务和承担的职责。因此，政府在拥有公共权力的同时，必须负有相应的责任。这一理论强调政府权责一致性和责任是政府的基础，而权力则是政府履行责任的工具，是先有政府责任然后才有政府权力。政府责任不仅意味着责任对权力行使目的的限制，还包含着责任要对权力的边界进行勘定。按这一逻辑构建政府责任与权力体系应该是先设定政府的责任，然后按照政府职责的实际需要配置相应的政府权力。建立在这一逻辑之上的责任政府遵循的是一种责任本位，政府首先是一个责任主体，是为了履行公共责任而设置的公共管理组织。政府权力则是政府履行责任需要配置的一种必要工具，而不是政府必然拥有的力量。从权力本位走向责任本位、从权责关系走向责权关系，是政府管理向民主政治的重大回归，是政府与公民关系从政府为中心走向公民为中心的重大进步。

责任政府的组织逻辑不仅要责任先置，还应该责任分置。决策、执行与监督是所有组织的三项基本活动，组织行为的专业化分离是人类分工在组织管理的反映，有利于管理水平的提高。将政府的责任按决策、执行与监督三项基本组织活动进行分置，适应政府管理专业化的特点，有利于政府更有效地履行责任，是责任政府保障有效履责的重要制度基础。在政府责任分置的基础上，政府相应地配置决策权、执行权与监督权。从权力本位到责任本位的发展，要求政府权力跟随责任分置而分离，决策、执行与监督的三责分置必然要求决策权、执行权与监督权三权分立，决策权、执行权与监督权的分离与制衡是政府责任分置的逻辑延伸。决策权、执行权与监督枚三权分立体制就成为责任政府三责分置的逻辑结果。但现实生活中社会不公的不断加剧以及成因中的公共政策因素，促使我们重视政府的社会责任问题。

2.2.2　道统经济学治理准则

2.2.2.1　资源利用治理理论基础

资源利用治理的中国哲学基础是四维框架体系之上的九宫八卦中的四维治理理论。

1. 四维治理

国家治理是一个四维架构的政府行为，如图 2-1 所示。

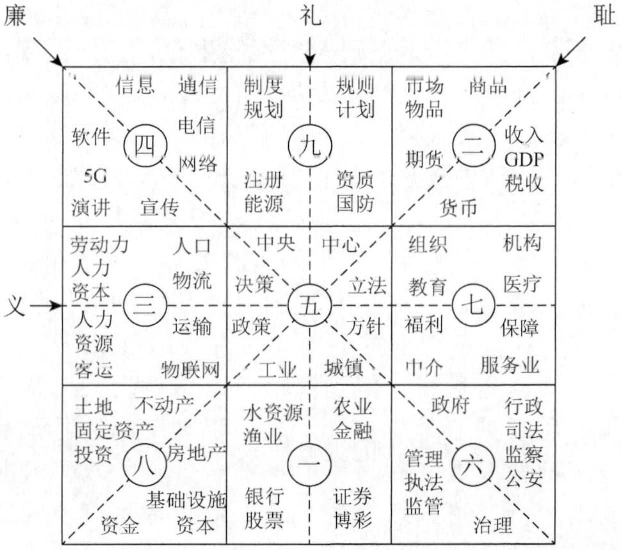

图 2-1　四维治理

《管子·牧民》曰：“国有四维。”四维是按九宫八卦建构的，是有形与无形的统一。有形是指国民经济构成与国家管理体系的结合形式，无形指的是国家和全民的意识形态，即礼、义、廉、耻（管子，2015）。

《周礼》（徐正英等，2014）将国民经济与职业分为九种："一曰三农，生九谷；二曰园圃，毓草木；三曰虞衡，作山泽之材；四曰薮牧，养蕃鸟兽；五曰百工，饬化八材；六曰商贾，阜通货贿；七曰嫔妇，化治丝枲；八曰臣妾，聚敛疏材；九曰闲民，无常识，转移执事。"经过三千多年的发展，国民经济构成越来越复杂，但基本架构没有发生本质性改变。

现代国民经济及治理仍分为九种：一为水资源、农业、渔业、金融、银行、证券、股票、博彩；二为市场、商品、物品、收入、期货、GDP、货币、税收；三为劳动力、人口、人力资本、人力资源、物流、运输、客运、物联网；四为信息、通信、软件、电信、5G、网络、演讲、宣传；五为中央、中心、决策、立法、政策、方针、工业、城镇；六为政府、行政、管理、执法、司法、监管、治理、监察、公安；七为组织、机构、教育、医疗、福利、保障、中介、服务业；八为土地、不动产、固定资产、房地产、基础设施、资本、投资、资金；九为制度、规则、规划、计划、资质、注册、能源、国防。

四维匀称、轻重平衡，伸缩同步、张弛有度。如果某一维加重或变轻，其他三维也随着加重或变轻。若某一维增长或缩短，其他三维也必须跟着增长或缩短。四维全面均衡，缺一不可。"一维绝则倾，二维绝则危，三维绝则覆，四维绝则灭"（管子，2015）。

农业是国民经济的基础，无它则人类不能生存，为此，我国古代十分重视农业，视农业为本。随着社会生产力发展，农产品种类和数量逐渐增加。保障人们基本生存的食物问题解决后，对非农产品的需要会不断增加，社会也会生产大量手工业品和工业品以满足人们日益增长的生活需求。人们的农产品收入需求弹性较低，而非农产品的收入需求弹性却很高，其变动趋势是：社会生产愈发展，非农产品发展空间愈大，占用的资源愈多，资金和劳动力等资源源源不断地从农业流向工商业，农业本身也因土地与劳动力比例增加而提高了效率。春秋时代，齐国在发展农业的同时，非常重视工商业的发展，因此，齐国在各诸侯国竞争中率先称霸。但到汉以后，历朝历代总认为工商业发展挤占了农业的资源，重农抑商思想盛行，采取限制工商业甚至执行打击工商业的政策，结果是工商业发展受到阻碍而不能有效吸收农民就业，农业失去土地规模效应而发展缓慢。更为严重的是，农业土地买卖及快速兼并，大批农民因失去土地而抛向社会，工商业又不发达，无地农民就成为无业游民，为社会动荡埋下了隐患。不定期的农民土地战争时有发生，周期性农民土地战争，形成改朝换代式的社会经济低水平陷阱。明中期，王阳明提出四民异业而同道理论，认为在"道"的面前，士、农、工、商完全处于平等地位，不存在地位的高低、职业的优劣之分。

各产业地位平等，但并不等于各产业配置资源相等。各产业配置资源多少要符合整体系统本质的要求。整体系统本质是其中央“道”的体现。王弼曰：“谷种，谷中央无谷也。无形无影，无逆无违，处卑不动，守静不衰，谷以之成而不见其形，此至物也。”（王弼，2011）

管子曰：“不见其形，不闻其声，而序其成，谓之道”，“以轻重御天下之道也，谓之数应”（管子，2015）。也就是说，道虽然无形，但我们可以测试其变动的先后次序，量其秩序的轻重配置对应的资源，如果其秩序重，配置较多的资源，如果秩序轻则配置较少的资源。此为产业结构功能匹配准则。

鬼谷子曰：“治名入产业，曰揵而内合。”陶弘景注：“理君臣之名，使上下有序；入贡赋之业，使远近无差。上下有序则职分明，远近无差，则徭役简，如此则为国之基日固。”（鬼谷子，2012）产业内合，即产业资源利用秩序下的结构功能匹配。

各产业功能与中央要求相匹配。在形式上，各产业分散于九个“宫”之中，中央的“五宫”支配周围八宫，类似于人的身体各部分都受大脑的支配一样。王阳明指出，人之行于大脑的动意，称为“未发之中”，怎么行或行到什么程度，都要根据行动目标与身体各部分功能，以实现一种匹配均衡，称为“已发之和”。“未发之中”与“已发之和”同时进行，一体合成。

易学归藏法能将产业资源利用功能匹配量化，而归藏法所用符号为八卦，八卦是一种模块化随机变动状态的表述（陈凯，2015），与现代经济函数变量对接，需要一系列的转换，目前许多细节仍处在初步探索之中。所幸的是易学归藏法的匹配准则可供现代化经济学借鉴，其基本内容为：强与强匹配更强；弱与弱匹配变强；强与弱匹配变弱。强弱与重轻相对应，强者重也，弱者轻也。世界万物皆以轻重量之，相关事物不管是有形的，还是无形的，只要时空合适，都可以据此准则成功匹配。

2. 改革创新

资源利用治理是将所治理的要素在一定条件下按一定规则从无序状态涨落凝聚成具有一定结构功能的形态演化过程，其本质是一种秩序的进化。我们称之为“改革创新”的过程，董仲舒称之为“更化”。《汉书》记有：“为政而不行，甚者必变而更化之，乃可理也。当更张而不更张，虽有良工不能善调也；当更化而不更化，虽有大贤不能善治也。故汉得天下以来，常欲善治而至今不可善治者，失之于当更化而不更化也。”（班固，2007）改革创新是推动社会经济不断进步的一种力量，是善治的基础，其本质是社会经济发展秩序的进化。改革创新（更化）引领善治过程如图 2-2 所示。图中文字无特定的物理学含义，仅是一种哲学关系的符号。改革创新引领善治具有以下五方面的特征。

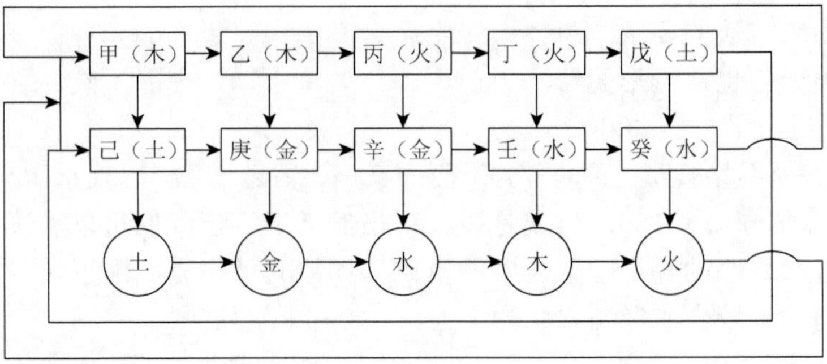

图 2-2　改革创新（更化）引领善治流程图

1）创新是社会经济发展的动力

世间万物运行遵循阴阳五行法则。假设一个系统有 10 种元素，分别为甲、乙、丙、丁、戊、己、庚、辛、壬、癸。不同的元素、结构和系统可分为“木”“火”“土”“金”“水”五类。每类都有阴有阳，要素间相互激励，不断进行着生化、合化和创新，通过五行转换，推动社会经济持续向前发展。

2）创新是全要素的

创新是全要素参与的五行演化。以甲、乙、丙、丁、戊、己、庚、辛、壬、癸十天干表示参与创新者的全部。如果缺少任何一种要素，创新流程必然会出现缺口，致使五行演进回路不能闭合，阻止创新持续进行。创新要激发成千上万中小企业和个体经济主体的创新活力。

3）创新是连贯的

创新沿着两条路径进行：一条是传承路线，即甲乙—丙丁—戊己—庚辛—壬癸，再由壬癸回转到甲乙，循环往复，运行不止；另一条路线是矛盾化解路线，东方“甲乙”木受西方“庚辛”金所克，东方“甲”木将“妹妹”“乙”木嫁于西方“庚”金，结为“夫妻”的“庚与乙”合化为“金”，敌我矛盾顿时化为家庭内部矛盾，进入平和的五行相生循环路线。类似“庚与乙”合化为“金”的，还有“甲与己”合化为“土”、“丙与辛”合化为“水”、“丁与壬”合化为“木”、“戊与癸”合化为“火”。创新要化解各种矛盾和困难，维护产业链的畅通无阻。

4）创新趋势是正向运行的

两条创新路线都是沿着五行进化的方向发展的。横向由甲到癸，纵向由甲己到戊癸，分别以土生金、金生水、水生木、木生火、火生土序列合化。创新不能逆行。老子曰：“执大象，天下往。”即世界万物，运行方向都是往前发展的。社会经济永远前进，不可能后退。创新要由数量扩张的高速增长向高质量发展转化运行。

5）创新驱动力是矢量合成的整合

创新驱动中的要素不仅有阴阳之分，而且变动具有方向性，创新的变量是矢量，其数值大小是在五行运行轴上的投影，两条五行运行轴是高度耦合的。创新要汇集产业升级、消费升级、城乡结构升级、贸易开发转型升级、数字经济升级、绿色转型升级、人力资本升级等高质量提升力，合成整体创新力。

3. 治理——一个培育有机体的发育成长过程

治理是一个培育有机体的发育成长过程，经历完整的 12 个阶段，即长生、沐浴、冠带、临官、帝旺、衰、病、死、墓（库）、绝、胎、养，再到长生，如此周而复始，进化不止。有机体发育成长过程见图 2-3。

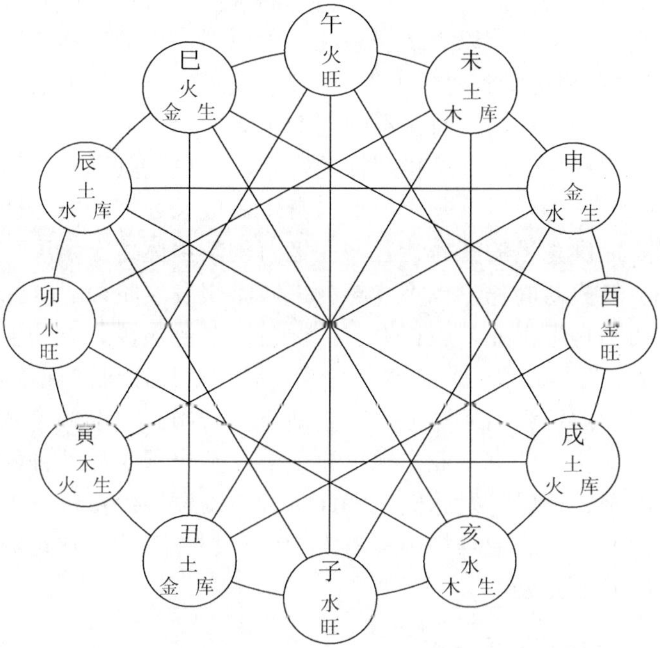

图 2-3　培育有机体发育成长过程

从图 2-3 中可以看出，有机体发育成长过程是一个全要素参与的能量聚焦、扩散、存储的不断涨落转换形态的相生、相冲、相化过程。从子到亥顺时针周而复始，永不休止。

制度规则，属火。以火为例：火在“寅”长生，在“卯”沐浴，在“辰”冠带，在“巳”临官，在“午”帝旺，在“未”衰，在“申”病，在“酉”死，在“戌”墓（库），在“亥”绝，在“子”胎，在“丑”养，循环一周回到“寅”再长生。火在最旺时受到对立面水的对等冲击，能量减少，但在“寅”和“戌”得到补充、积蓄而强化。火在正面受到消耗，又在侧翼受到资助。火不但可以联合同一生命周期中的质变点“寅”和“戌”的资源壮大自己；同时，火也可以利用水与“辰”和“申”而合化，以“贪合忘冲”之原理，分散并转移水对火的冲击力。当然，“午”火也受到“丑害”“卯破”“刑伤”的影响，但“午”火可与“未”合化，并会同“巳”而将不利因素化解。

政府行政，属金。以金为例：金在“巳”长生，在“午”沐浴，在“未”冠带，在“申”临官，在“酉”帝旺，在“戌”衰，在“亥”病，在“子”死，在“丑”墓（库），在“寅”绝，在“卯”胎，在“辰”养，循环一周回到“巳”再长生。金在最旺时受到对立面“卯”的迎面冲击，能量减少，但在“丑”和“巳”得到补充、积蓄而强化。金在正面受到消耗，又在侧翼受到资助。金不但可以联合同一生命周期中的质变点“丑”和“巳”的资源壮大自己；同时，金也可以利用“未”与“亥”的合化，以“贪合忘冲”之原理，分散转移“卯”木对金的冲击力。当然，“酉”金也受到“戌害”“子破”及“刑伤”的影响，但“酉”金可与“辰”合化，并会同“申”而将不利因素化解。

可见，创新发展总会遇到这样那样的困难，但只要其因时因地制宜，善于利用各种资源，化解各种矛盾，一定能使自身生命成长处在动态平衡的安全健康状态之中。创新要提供充足的营养让各产业亿万创新主体每个发展阶段发育成熟，延长旺盛期，不能拔苗助长，也不能超前进入将来发展阶段。譬如，社会经济中心的工业，其初始是手工业，虽在五宫，但占用资源极少，像初生枝芽内部，质地空虚。随着经济发展，人们收入水平提高，受工业品需求弹性持续增高的作用，不断吸收其他产业的资源而逐渐强大，置地充实，国家也会跟着强大起来。如果哪天制造业停止增长，中宫工业出现虚化现象，整个国家必然开始衰退，美国、日本、英国、法国、德国等发达国家为此例证。受发展经济学的误导，一些发展中国家（如巴西）认为产业结构中第三产业比重超过工业比重是规律，提前去工业化，结果国家未盛先衰。

4. 善治——治理的基本要求

善治是维护社会经济持续不断地向前发展，调动所有的要素，化解所有的矛盾，通过全面整合，实现公共利益不断提升的社会经济全面均衡。为此应该营造适合善治的环境、条件和保障措施。

1）激励创新

创新是由某种激励所致，而激励又是由满足一定需求而引发。利用供需平衡计算需求与供给的差距可得激励程度之大小。从激励到创新的中间环节所包含的各种关系和决定影响着创新，现代经济学委托代理理论方法较好地阐述了激励创新机制。但不是委托代理的家庭血缘关系、公有制集体关系、合作关系等众多的激励创新机制需要深入研究。应该建立多维多均衡模型，测度各种关系支配下的激励创新机制。

溢出效应包含着激励，也是创新的源泉。应建立空间溢出激励创新模型，量化各种溢出激励创新行为。

交易成本的降低意味着相对收益的增加，具有激励创新效应。基础设施、互联网和电子信息技术建设能有效地缩小经济差距，从而大幅度降低交易费用，提高经济效益，强化激励创新。应建立信息化激励创新模型，测度信息化激励创新行为。

2）全要素

善治是全要素参与的系统结构有秩序化运动，排除某一种要素，或固定某一要素静止不动，整个系统结构将被锁定，治理就会被终止。因此，应建立全要素函数模型，模拟其要素间的变量关系。

3）治理链

治理链是治理参与主体按系统创新目标要求形成的秩序链状结构，体现不同治理主体在整个治理过程中的衔接、合作和价值传递及利益输送关系。应建立创新链模型，贯通并量化治理主体之间的相位和结构功能关系。

4）治理发展趋势

治理发展趋势主要为学科融合、多技术集成、网络创新组织全球化、发明创造持续深化、治理链条纵横贯通、有形与无形合一、法制与德治结合，等等。治理发展趋势决定了资源的流向及其流动机理。应建立模型模拟资源流动机制。

5）整合

整合是根据系统一致性变动原理，通过维度耦合、结构调整和要素融合，实现其价值提升的一种并行治理方式。应建立模型量化整合创新机制。

6）治理本质

生产力本质是由稀缺生产要素决定的，治理本质是一个稀缺珍惜要素逐渐被充足通用要素替代的交易费用不断降低的过程。应建立模型模拟稀缺生产要素被替代的过程。

7）善治实现

善治能否实现，很大程度上取决于治理决策与执行者能否得道。即，治理者能否清楚社会经济发展运行规律，并以其规律设置一套行之有效的治理机制。在某种意义上说，治理就是建立社会经济持续稳定健康运行秩序。机制与秩序都是规律的体现。机制与秩序都是行为者默认并共同遵守的一系列原则、规范、规则和程序。机制与秩序是规律的两个面。机制内向，是阴面；而秩序外向，是阳面。规律、机制和秩序是一体的，可以通过秩序的量化去测度机制，从而把握规律。

2.2.2.2　社会经济发展运行规律

规律与机制研究自古以来都是学术界关注的主题。古代规律称为“道”，机制谓之“德”。老子的《道德经》为规律与机制研究的完美之作。

“言道以无形无名始成万物”（王弼，2011）。规律是无形的，它给出了世界所有事物产生、形成和发展的机理。虽然规律很难用语言文字加以描述，但人们可以用某种手段将其“复制”出来。复制“道”的过程称为“建德”，即建立机制。

老子曰：“建德若偷。”王弼注：“偷，匹也。建德者，因物自然，不在不施，故若偷匹。”（王弼，2011）道为阳，德为阴。阴受阳影。建德就是接受道的投影，即建德犹如复制道痕。道虽天方，但可聽（听）之，“聽”为“德”之假。有道是，“道隐无名。夫唯道，善贷且成”。

1. 生产力性质决定规律

马克思主义认为，在社会经济关系中，生产力决定生产关系，生产关系总和构成的经济基础决定上层建筑。那么，生产力又是由什么决定的呢？生产力是生产要素的组合。生产要素都具有不同程度的稀缺性。在不同稀缺程度的要素中，必有一种要素是最稀缺的，它决定了生产多少以及如何生产，生产力的性质最终由最稀缺的生产要素所决定。在物质生活资料稀缺的世界中，物质生活资料生产起着决定性的作用。谁拥有最稀缺生产要素，谁就可以取得社会经济生活中的控制权，从而获得政治上的统治权。最稀缺生产要素的所有者就是这个历史阶段中社会的统治者。围绕最稀缺生产要素所形成的生产关系，体现了社会经济性状的本质。

生产能力本质由最稀缺生产要素的性质所决定，最早揭示这一规律的是中国的易学八卦。八卦是由三种要素组成的模块，模块的性质由较稀缺爻的性质所决定，如元素爻“⚊”为阳、“⚋”为阴，那么系统模块☶、☱、☵、☲、☳、☴的性质分别为阳、阴、阳、阴、阳、阴。取此象为离卦，分别是艮、兑、坎、离、震、巽。

经济形态是经济性质状态，是经济结构实质的表现，是经济结构演进的结果。结构演进的动力是需求的变动，推力是技术进步，基本条件为资源流动，而其实现途径则为要素替代。结构是要素的组合。结构演进是要素配置优化。优化是要素替代过程。要素替代在生产过程中是以廉价的要素代替昂贵的要素，即以稀缺性低的要素代替稀缺性高的要素。在总的历史发展进程中都表现为各个历史阶段中最稀缺生产要素的更替。整个人类文明史的各个阶段因其最稀缺的生产要素不同，而表现出不同的生产力及社会经济形态。综观人类各历史阶段的社会经济，无一不是以当时最稀缺生产要素的性质所决定。

1）劳动部分稀缺性

在旧石器时代的中晚期，随着人口的增加及物质生活资料的稀缺，人们开始栽培作物和驯养牲畜来补充采集和狩猎食物的不足，原始农业的出现标志着人类通过生产活动来满足物质生活需要的开始。原始农业生产中，土地和简陋的生产工具（石器）不稀缺，只有劳动表现为一定程度的稀缺。人类的生计，一方面仍依赖于自然，一方面依靠生产劳动。劳动的部分稀缺性为这个历史阶段的基本特点。

2）劳动保护能力稀缺性

当人类基本上能依靠自己的劳动来维持生计时，劳动成为稀缺的要素，但不是最稀缺的要素，此时最稀缺的要素是劳动与劳动成果保护的能力。因为战争掠夺是当时的一种正常的经济行为，战利品不仅有生活物品，而且包括劳动力（奴隶）。劳动和劳动成果掠夺的能力是武装，而武装具有明显的规模效应和外部性。武装集团保护和掠夺效率远大于个体和弱小团体。武装集团头目早期可以是部落首领、酋长、领主，后来是国王以及分封下的诸侯。武装集团具有的控制力能够保护劳动和劳动成果不被掠夺。劳动和劳动成果保护能力这一稀缺生产要素的拥有者——国王或领主，成为该社会的统治者。这个历史阶段包括整个奴隶制社会。

随着国家封建制度的产生和发展，劳动保护能力逐渐集中到中央集权的皇帝手中。皇帝提供了保护农民及其农业的劳动生产等公共物品，作为回报，农民就需要向统治者献贡、劳役或赋税。以劳动保护为宗旨的按人丁征收的税是土地税的7～9倍。这说明了这一时期土地虽然稀缺，但不是最稀缺，而最稀缺生产要素仍为劳动及其成果保护能力。这一历史时期包括欧洲的中世纪以前非奴隶制的大部分社会，也包括中国西周前至秦朝，李建德（2000）认为，这一时期应延伸至汉，直至以后的唐、宋。

3）土地的稀缺性

中国秦、汉至唐、宋是由劳动保护能力稀缺性社会向土地稀缺性社会过渡时期。随着农业生产技术进步和农产品增多，人口逐渐增加，劳动力相对增长速度加快。相对于劳动边际产出，土地的边际产出日益提高。这必将导致土地真正成为最稀缺的生产要素。与此相对应，土地可以自由买卖、农产品可自由交易和农民可自由迁移形成了封建私有制，相对明晰的产权激发了农民生产积极性，劳动投入增加刺激了人口增长，人均资源的下降提高了土地的稀缺性。尽管新王朝均田政策可一定程度降低土地稀缺性，但封建强权豪夺和超经济强制却加速了土地集中，又增加了土地的稀缺性。劳动剩余征集的标准逐步从人丁向田亩转变，意味着从劳动与劳动保护的稀缺性相结合向劳动与土地的稀缺性结合转化。唐初尚能实行均田，说明土地还不是十分稀缺。但唐朝所实行的人丁税与土地税并举的两税法是由劳动保护稀缺向土地稀缺的过渡。明代的一条鞭法的新税制，实行了赋役合并，以田为纲，以银代役，摊丁人田的征税法，从一个方面说明了土地已成为最稀缺的生产要素。

土地为最稀缺生产要素的社会经济较劳动保护为最稀缺生产要素的社会经济表现出如下特征。

（1）人身依附性减弱。在劳动保护为最稀缺生产要素的社会中，劳动者人身完全依附于统治者，而在土地为最稀缺生产要素的社会中，劳动者不再依附于统治者，而是依赖于土地生产要素，劳动者生命权得到法律保护，主人或官户不能随意杀害奴仆和客户。

（2）合约关系建立并得以发展。在宋之后，在全部垦田中，国有土地占 5%左右，自耕农的小土地占 30%左右，而出租土地的地主的土地占 60%～70%。土地与农民之间的关系最具代表性的是租佃关系。地主将自己的土地租给佃客耕种，土地的数量、地租的多少，统统记载在契约之上，为两方共同遵守。不同生产要素所有者的关系用契约的形式予以确定。地租以实物租为主，以分成租（对分制租为主）和定额租分配产品。在经济较发达的地方如以太湖流域为中心的两浙地区，货币定额地租占多数，而且佃客可以将自己租佃的土地佃种权通过买卖而转让，“田骨”与“田皮”、“田底权”与“田面权”划分得十分清楚。

（3）生产要素自由流动。土地自由买卖、农产品自由交易和劳动者自由迁移，既是经济较发达的标志，又是经济得以持续发展的条件。要素自由流动和身份弱化下的生产契约关系的发展，使中国成为当时世界上最富强的国家。

4）资本的稀缺性

封建生产方式创造了更高的生产率，有可能供养更多的人口。而人口的增长形成了更大的物质生活资料的需求，并由此产生了对更高生产力的压力或要求。为提高生产率而分工专业化，有关的技术改进和发明创造受到重视，生产工艺和工具不断得到革新和改进。生产资料的重要性愈来愈突出，其稀缺性也愈加显露。

随着需求的增加，市场的发育，社会分工的细化，日益复杂的生产工具和日益复杂的生产方式被逐渐发明出来。这意味着在生产过程中所需要的生产资料日益增加。能够拥有先进生产技术和生产资料的人，在居民中的分布也就逐步下降。通俗地讲，这犹如简单工具人人拥有，而复杂工具只有少数人才有的状况。换言之，生产资料的稀缺性日益增加。蒸汽机这一动力机的发明，彻底改变了人畜为动力的低下生产力的状态。一场工业革命全面开始，内燃机、发电机和电动机的相继出现，成百上千倍地提高了生产率，凝结在机械中的资本边际生产力远远大于劳动的边际生产力，资本无可争议地成了生产过程中最稀缺的生产要素。

随着工业革命的完成，生产也完成了向资本主义生产的过渡。资本要素的所有者是资本家。资本家通过生产过程获得了控制剩余的权力，而且实际上得到了其中的大部分。与在任何一种私有制生产方式中一样，资本家成为这种生产方式中在政治上的统治者。

5）知识的稀缺性

与大机器生产方式相适应的资本主义经济形式，从自由竞争到垄断，资本始终是最稀缺生产要素。伴随科学技术的不断进步，生产过程中知识含量逐步增多，资本的边际报酬开始降低。随着信息时代的来临，知识作为一种生产要素的边际产出愈来愈高，逐渐成为最稀缺生产要素，社会也将进入知识为最稀缺生产要素的时代。知识成为一种独立的生产要素是与现代企业发展密切相关的。在企业组织出现以前，用来指导生产活动的是经验。经验不能等同于知识，知识是已经上升为理论认识的经验。

业主在企业经营管理中需要应用知识，而且是系统知识，如投资、信贷、会计、统计、交易、市场、产品营销等，但这些知识还不是一个独立的生产要素，它渗透在资本之中，人格化于资本家身上。知识是资本的一种存在形式。凡是拥有资本的人，一般都能受到良好教育而获得知识。凡是有知识的人，大都是有钱的并拥有一定资本的人。经营管理知识是资本家的必备条件。资本所有者在社会中的分布与经营管理才能在社会中的分布，不会出现大的分离。具有一定专业知识的管理职员与一般员工无本质区分，只是按要素契约行事的劳动者，其技术与管理方面的知识从属于劳动要素，尚未成为一种独立的要素。企业中技术与管理人员还没有形成一个社会的独立阶级。

在现代企业中，分工愈来愈细，专业化和自动化程度愈来愈高，管理层次愈来愈多，经营网络关系愈来愈复杂，对经营管理才能的要求也大大提高。这样的专门化知识并不是接受过一般的教育就能获得的，也不是拥有了投资知识就能拥有的。管理知识从资本运营知识中分化独立出来，并且与资本运营知识中仍然由资本所有者拥有的投资知识形成高度互补的关系。这时，除非企业家家族的成员本身受过职业经理人的训练，不然他们就很难在高阶层管理中发挥重要作用。由于家族式企业的利润通常总能保证其成员能有一笔很大的个人收入，因此这些家族成员也就缺乏经济刺激，懒得在经理职位晋升的阶梯上多花时间了。即使资本家的子弟个个奋发图强，精通业务，也很难充实到所有要控制的岗位。况且，现代企业为股份制公司，股东分散，企业所有者只能委托职业经理人来经营管理企业。形成企业所有权与经营权的分离。这本质上反映了管理知识作为一种新的独立要素在生产过程中的出现，其基础是资本分布与经营才能的分布的不一致，以及拥有投资知识的人与拥有管理知识的人的分布的不一致。知识作为独立生产要素的标志，是职业经理人成为社会的一个阶层并完全市场化以及知识产业化。

知识成为独立的生产要素拓展了教育的功能。教育由原来的政治功能转变为经济功能。企业职工在职培训成为企业制度的一种安排。知识不仅以独立的要素分享企业剩余，而且知识生产的场所终于超越了非营利组织范围，不仅老的以知识为最终产品形态的企业，如律师事务所、会计师事务所等得到了更大的发展，而且一类新企业，如各种发展研究所、广告公司、咨询公司、产品设计事务所等纷纷涌现。它们主要依赖知识投入，其产出同样是知识。知识要素独立于机器大生产而获得了具有剩余性质的收益。与此相对应，在产业资产中技术入股、专利入股逐渐普遍。在这些场合，知识具有了资本的形态，而且成为全社会的需求与供给行为。一个以知识要素的重要性逐步替代资本要素重要性的新的历史时代开始了。

要素替代发生在历史各个发展阶段，从各时期稀缺生产要素的更替中，可以观察到社会经济形态的演进轨迹。

6）各历史发展阶段更替过程中最稀缺生产要素的替代

每个历史阶段的社会经济结构所表现出的特性，最终是由当时最稀缺的生产要素所决定的。最稀缺生产要素量的多少和质的高低决定了生产力的大小和性质，最稀缺生产要素的所有权关系决定了社会经济制度，最稀缺生产要素的替代过程就是社会变迁和结构演进过程。

劳动保护能力稀缺生产要素替代劳动稀缺生产要素表明社会由原始的人与自然关系结构转化为奴隶制的人与自然和人与人两重关系结构，即由单边简单结构进化为双边复杂结构。

最稀缺生产要素知识对资本的替代、资本对土地的替代、土地对劳动保护能力的替代显示了奴隶社会到封建社会、封建社会到资本社会、资本社会到未来社会的演进过程。

奴隶制社会为二极结构，一极为劳动的提供者奴隶，另一极为劳动的保护者奴隶主。土地、劳动者和劳动场所固定，要素配置结构无弹性，经济行为军事化，生产效率低下，经济活动无活力。这种结构必然向具有多层次弹性和活力的封建结构演进。

封建私有制下的经济是多层次的。土地、农产品自由买卖以及劳动力自由迁移提高了资源配置效率，形成不同规模层次的农业经济实体。封建社会是二层的，下层由农民组成，上层由官僚、官商和士绅组成。上层社会通过地租、高利贷和各种超经济强制搜刮下层社会的劳动剩余以供其奢侈消费。封建经济的政治等级化结构抑制产业和商品经济发展，必然被资本主义的地位平等的市场经济结构所替代。

资本主义经济和现代经济已构成巨大复杂的系统结构。专业化和社会化程度愈来愈高，资本已渗透到每个经济环节。但资本的利润率都在下降，经济增长逐渐依靠科技进步，知识逐步成为一个独立要素发挥作用，横向经济联系强化，社会经济逐渐呈现出多元网络结构。

7）各社会发展阶段最稀缺生产要素的替代

每个社会阶段有各自不同的最稀缺生产要素，最稀缺生产要素决定了生产可能性曲线的位置。换言之，最稀缺生产要素决定了“蛋糕”的大小。为了将“蛋糕”做大，就必须增加最稀缺生产要素，或用丰富的要素替代稀缺生产要素，以各种措施降低最稀缺生产要素的稀缺性。

在劳动为最稀缺生产要素的社会里，为了增加劳动而增加人口，为了替代劳动力而驯养家畜，开垦荒地改进工具，广种薄收等，从而改变了劳动力与自然资源的配置结构。在劳动保护能力稀缺的社会里，暴力是这种稀缺生产要素的表现形式，发挥规模效应是其特征之一，降低内耗、集中全力对外是提高劳动保护能力的主要手段。由此，国家出现，奴隶逐步得到解放而成为农民，而且可以自由迁移，土地和农产品自由买卖，资源配置结构得到一定程度的优化。

在土地为最稀缺生产要素的社会里，土地关系是社会经济关系的核心。垦荒扩大耕地面积是增加土地要素的主要方式。抑制土地集中是降低土地稀缺性的主要措施。官僚地主强取豪夺，兼并土地，往往使抑制土地集中的政策流于形式。土地兼并愈来愈强，失地农民愈来愈多。当无地农民积聚到一定程度时，农民战争爆发。农民战争实际上是土地战争，是土地稀缺性发展到极端的产物。农民战争的结果是改朝换代，土地得以一定程度上的均化，土地稀缺性降低。而后是下一个土地兼并—农民战争—土地均化的循环。土地稀缺引发可替代性要素劳动力的发展。为提高产量必须增加投入，而土地稀缺，只能增加劳动投入，对劳动力需求的增加刺激了人口的高增长。人口增长造成对土地需求的增加，从而加大了土地稀缺性。土地稀缺性引起劳动替代投入过量，造成劳动边际报酬递减，以至为零。农业劳动力价格走低，廉价的劳动力为工业化提供了条件，大量农业劳动力与土地分离而与资本结合，经济结构进化，国民经济转型。

在资本稀缺的社会里，资本积累机制是经济增长的轴心。为增加资本，出现了股份制的社会融资形式，并在此基础上形成了股份制公司，现代企业涌现。增加劳动投入，用劳动替代资本是降低资本稀缺性的措施之一。劳动力包含质和量两个方面：以劳动力量的增加来替代资本表现在劳动密集型经济中；以劳动力质的增加来替代资本表现在技术密集型经济中。

随着文化教育的普及与提高，科技进步，特别是信息技术的迅速发展，劳动者素质不断提高，凝结在劳动者素质中的知识成分比例也逐渐提高，劳动边际报酬也随之提高，当知识相对价格高于资本时，知识就成为最稀缺的要素。社会为增加知识要素而努力，并且以资本替代方式来降低知识的稀缺性，那将是一个知识普及的过程（陈凯，2009）。

2. 创新推动社会经济发展规律

1）创新理念

提起“创新”，一般都会引用西方人称作“创新理论之父”的约瑟夫·熊彼特的说法，认为创新是企业家为垄断利润而发起的“创造性破坏”（creative destruction），把一种未曾有过的关于生产要素引进生产体系中去，以实现对生产要素或生产条件的“新组合”，表现为一种新的“生产函数”。

熊彼特的创新理论主要包含两部分内容：①最大限度地获取超额利润是创新不竭的动力，创新是经济利益驱动的结果。创新者能从创新中获得私人收益（private benefit），对个人而言私人收益是效用，对企业而言是利润，而政府支持创新是由于创新的外部性和创新带来的社会收益。②创新是新的技术取代旧的技术。由于这是一种破坏性的过程，对既得利益者造成威胁，创新体系也随着旧均衡的破坏、新均衡的产生而变迁。

“创新理论之父”无论从时间上说，还是以理论的系统性讲，真的轮不上熊彼特，应该是 2000 多年前中国的董仲舒。熊彼特的创新理论是物理功利性的，而董仲舒的创新理论不仅赋有物理功利性，而且具有生物再生性。

董仲舒更化论的基础是生物推陈出新的系统进化。创新激励要素有阳必有阴，如果阳者是有形的物质利益，那么阴者则是无形的精神仁义。利与义兼容，两者任何一方都不可偏废。“天之生人也，使人生义与利。利以养其体，义以养其心。心不得义，不能乐；体不得利，不能安。义者，心之养也；利者，体之养也。体莫贵于心，故养莫重于义”。虽“民之皆趋利而不趋义”，但“义之养生人大于利”，故治理者要“重仁廉而轻财利，躬亲职此于上而万民听，生善于下矣。故曰：先王见教之可以化民也”（董仲舒，2012）。

董仲舒认为创新犹如春天草木之生长，是一个传承、再长、发育和成长过程。“天道积聚众精以为光，圣人积聚众善以为功。故日月之明，非一精之光也；圣人致太平，非一善之功也。明所从生，不可为源；善所从出，不可为端，量势立权，因事制义。故圣人之为天下兴利也，其犹春气之生草也，各因其生小大，而量其多少；其为天下除害也，若川渎之写于海也，各顺其势倾侧而制于南北；故异孔而同归，殊施而钧德，其趣于兴利除害一也。是以兴利之要，在于致之，不在于多少；除害之要，在于去之，不在于南北”。“生育养长，成而更生，终而复始，其事所以利活民者无已。天虽不言，其欲赡足之意可见也。古之圣人见天意之厚于人也，故南面而君天下，必以兼利之”（董仲舒，2012）。

创新是新陈代谢的更化，即新要素、新结构和新系统对旧要素、旧结构和旧系统的替代。新，意味着稀缺，稀缺肯定价格高，价格高就昂贵。生产要素价格高，产品成本也高，利润就低。为了降低成本，人们在生产过程中，尽量用非稀缺的廉价要素替代稀缺的昂贵要素，进行要素功能转换及要素重新组合，这个过程称为技术进步及技术创新。可见，创新不是要素，而是要素的新组合。换言之，创新不是“东西”，而是“南北”，即创新不是有形的物品，而是无形的手段，它是替代机制作用下的要素不断改变其组合形态的演进过程。

社会经济发展是生产力性质改变的结果，即稀缺生产要素替代的过程，而稀缺生产要素替代又是一个创新过程，所以创新是推动社会经济发展的动力之一。创新驱动主要沿着技术、知识、组织和社会四种路径进行。

2）技术创新

技术创新始于技术与经济相结合。亚当·斯密（2010）在其《国富论》中就曾提出了分工可以提高劳动生产率的思想，分工的结果是带来生产的专业化，从而为创新打造基础。发明和技术变革增强了生产力，是创造国民财富的主要驱动力量。

马克思（2004）也认识到了劳动分工和技术进步之间的内在联系。他在《资本论》第一卷“资本的生产过程”第四篇“相对剩余价值的生产”中论证后得出：劳动的专业化分工是机器产生的前提。

技术被视为人类为达到特定的目的而设计出的方式方法，这种方式主要包括与其有关的知识、过程和人工产品的部分要素（霍尔等，2017）。技术创新就是对前述方式方法的改进。

技术创新是将竞争能力转化为竞争优势的传导机制与循环运动。它更强调以需求和应用为导向，以企业为主体，通过管理和组织创新，挖掘潜力，培育新技术，生产新产品。在科研机构和政府部门协同参与，改善企业外部创新环境。

技术创新是企业获取有别于竞争者垄断优势的有效途径。从投入产出的视角看，企业内部的制度安排需要致力于激发研发人员的创新活力和能动性，并积极寻求与外部创新资源的对接与联合。围绕企业发展目标和技术创新活动的全过程，开展持续稳定的合作。因此，从这个意义上讲，技术创新是企业主动适应环境变化的理性选择，企业是技术创新活动的主要设计者和推进者。

技术创新的关键在于，技术创新能力的传导不同于一般的辐射与平流，而是需要有介质接触才能进行能量、动力与信息的传导。所以，将技术创新能力转化为竞争优势，所需要的传导机制是技术创新活动的投入产出的过程。也正是这一过程的循环运动，驱动经济社会不断向前发展（杨东方，2012）。

技术创新是一个全要素参与的创新链组合传导过程，创新链由基础科学-应用科学-实验技术-共性技术-应用技术-专有技术-商业应用连接而成。创新链的每一个环节都承载传递着创新驱动的能力与质量，成功的技术创新活动离不开各个环节之间的有机结合与结构功能匹配。企业与研究机构、高校科研力量的相互协调配合，将技术创新成果转化为生产力。参与技术创新活动的各个主体不仅要合作、促进、提高，还要协调、有序、均衡地发展。沿着技术创新的研究开发链，贯通每一环节，高质量、高效率地运行，推动科学发现、基础研究，向原理样机、应用实验、应用开发研究转化，继而进入中试阶段或转化为生产性技术的应用转化研究，最终实现创新技术或新产品生产技术的产业化和商业化。技术创新大致可分为以下四个连续的实践环节（李凌，2018）。

第一环节：科学发现与基础研究。推进知识高效流动的"知识分配力"，是影响创新能力和创新绩效的重要因素。基础研究本质上是知识再生产、知识共生产的过程，知识流动的状况不但影响基础研究的能力和水平，也影响基础研究成果的高效应用（李正风等，2012）。基础科学研究（基础研究）是指认识自然现象、揭示自然规律，获取新知识、新原理、新方法的研究活动（金银哲，2011）。

第二环节：原理样机或应用实验、应用开发研究。原理样机是还没有应用功能的仅供使用的模型，试验样机虽然是有实际功能的机器，但尚需通过试验进行对应用技术的开发研究。原理样机或应用实验等应用开发研究，是连接基础研究和应用转化研究的中间环节，这一中间环节如果不通，再好的创新知识和高新技术理论，也难以走出"空中楼阁"，成为支撑产业升级和经济发展的新动力（李凌，2018）。

第三环节：中试或转化为生产性技术的应用转化研究。中试是中间性试验的简称，是科技成果向生产力转化的必要环节之一，中试的成败对于创新成果产业化的成败至关重要。有研究表明，科技成果经过中试的，产业化成功率可达 80%；而未经过中试的，产业化成功率不足 30%。因此，要实现科技成果转化与产业化，需要建立旨在进行中间性试验的专业试验基地，通过必要的资金、装备条件和技术支持，对科技成果进行成熟化处理和工业化考验的应用转化研究（曾莉，2010）。

第四环节：产业化和商品化。新技术产业化就是高新技术通过研究、开发、应用、扩散而不断形成产业的过程。它以高技术研究成果为起点，以市场为终点，经过技术开发、产品开发、生产能力开发和市场开发四个不同特征阶段，使知识形态的科研成果转化为物质财富，其最终目的是高新技术产品打入市场，获得高经济效益。高新技术产业化的各阶段相互联系、相互依存，构成了依次递进的线路，使高技术沿着产业链不断向商业化应用端延伸和扩展。新技术商业化则是使新技术充分实现其价值的有效手段，一项创新技术只有实现了商业化，才能真正体现出它对企业和社会的价值，最终促进经济社会的快速发展（李凌，2018）。

3）知识创新

知识创新是指在世界上首次发现、发明、创造、应用某种显著性变化的原理、结构、功能、性质、方法，或首次引入应用知识要素和知识载体的一种新组合（张风等，2005）。

知识创新的载体主要是人力资本。人力资本是通过教育和培训投资形成的无形的知识技能。20 世纪 50 年代末 60 年代初，美国著名经济学家西奥多·舒尔茨（Theodore Schultz）和加里·贝克尔（Gary Becker）认为，美国社会经济发展的巨大变化及其内在动力是人力资本，它是推动国家社会经济变迁与革新的主导力量。这一理论把人力资本视作推动经济发展的源泉，把知识创造引入传统的增长理论，突破了传统经济学中物质资本积累、边际生产力递减无法支撑经济长期增长的局限性。而且在企业资本构成方面，物质资本与人力资本一起构成企业的生产力系统，其中居主导地位的是以知识、技术、信息和能力等为主要内容的人力资本，而不是土地、厂房、物质资料及资金等有形的物质资本。市场经济环境下，在企业的成长、竞争与发展过程中，人力资本的影响力已经逐渐超过了物质资本的影响力，成为企业发展的首要资本，是现代经济发展极其重要的内生变量和决定性要素之一（李凌，2018）。

人力资本在高技术产业的发展中主要通过内部效应和外部效应促进经济增长，而高技术产业本身就有着高智力、知识密集等特点，所以高技术产业中的人力资本具有创造性、异质性、高流动性、低替代性、难以监督性等特殊性（李凌，2018）。

（1）创造性。高技术产业中的人力资本是创造性的人力资本，他们可以不断地改变研发方式、管理方式等来不断改变生产效率，从而促进产业的持续发展。

（2）异质性。高技术产业中的人力资本在拥有知识、技术、能力获得基本报酬的同时，更多的是通过技术创新、经营创新及决策管理创新来实现人力资本的边际报酬递增。这种异质性的人力资本在不断提高自身创新能力，更好地促进技术进一步转化为现实的生产力。

（3）高流动性。高技术产业中的人力资本素质相对较高，而高素质的人才资源就意味着人才流动的高可能性。

（4）低替代性。高技术产业中的人力资本在大部分情况下都是不可替代的，因为在高技术产业中的许多人才都有着特殊的才华，他们的特殊创意可能会造就一个新的产业。高技术产业中的人力资本具有很高的资产专用性，难以替代并且有着较高替代成本。

（5）难以监督性。高技术产业发展中，企业家和研发人员都面临着巨大的研发风险和经营风险，一旦失败，较难确定外部环境因素影响与内部人员主观失误造成损失的比重。此外，高技术产业中大部分是复杂的非程序性脑力劳动，所以对人力资本的效率难以准确计量，从而形成监督困难。

根据高技术产业中的人力资本的上述特征，采取相关政策措施，通过教育、研发和培训等多种渠道，提升人力资本存量，为高涨的知识创新活动及知识经济的兴起奠定扎实的基础。

知识创新主要采用外力推动、契约平台和生态演替三种推进模式（龚玉玲等，2010）。

（1）外力推动模式。外力包括知识创新市场需求和支撑条件。社会化生产和人民生活水平不断提高对知识的广泛需要是知识创新的直接动力。知识创新提高了生产力水平、提升了劳动效率、降低了劳动成本、减小了劳动强度，知识创新提高了人类的生活质量并扩展了人们的活动空间。供给和需求都是创新成功的重要决定因素，而市场需求和条件支持是创新成功的基础。

（2）契约平台模式。知识创新如以规范且稳定的方式操作，就形成一种契约平台模式。它是在科研计划管理机构相关条件支持的前提下，以国家、区域、系统、单位等课题或项目的形式予以约定，做出一种硬性创新规定；或是机构、企业、单位、个人等根据自身或约定用户发展的需要部署创新计划，这类科研计划都是以有关合同条款为架构，按照契约的内容进行知识创新，且创新内容、创新标准、创新效果、完成时间、消耗资金等在契约中都有约定，是一种强制性知识创新。

（3）生态演替模式。知识创新过程的长期性和不确定性，决定了知识创新不是一种由发明到扩散的简单线性模式，而是一种交互的学习过程，是不同主体和组织相互作用的产物。知识创新主体是一个由企业、科研机构、教育部门、中介服务机构、供应商和客户等组成的复合体，知识创新离不开其他知识主体的协作。知识创新活动是一种动态的、相互反馈的非线性过程，也是一种连续性的互动过程。一般知识创新的栖息地，是由大学、研究机构、风险投资机构、高新技术产业、高质量劳动力等多种要素共同构成某种复杂的、动态的、相互依存的演进关系的集群，遵循生态学的进化原则，适者生存、优胜劣汰。这是社会竞争的必然，也是生态演替的要求。

以上三种知识创新模式既是相对独立的，也是相互联系的。外力推动型的知识创新模式是一切知识创新的前提和基础，如果没有市场需要和条件支持，一切知识创新就失去了存在价值。但该模式结构松散，效率低下，缺乏制度保障和竞争环境。契约平台型的知识创新模式具有目标明确、规则规范、拥有一定的强制性等优势，但该模式在指令性计划和职业创新的主导下，有过度实行知识产权保护的嫌疑，缺乏更深入的竞争和活力，往往容易导致知识保护主义。生态演替型的知识创新模式是以外力推动型和契约平台型的知识创新为基础，按照生态系统的竞争法则运行，能者上、庸者下，既尊重社会知识需求需要，又具有一定的契约规范，还能够引入市场化机制，激发创新活力。在克服了前两种创新模式不足的同时，生态演替型的知识创新模式使知识创新更优质高效，更具有生命力与可持续性。

4）组织创新

组织创新是近代西方世界兴起的主要原因。诺斯等（2014）认为，“有效率的经济组织是经济增长的关键，一个有效率的经济组织在西欧的发展正是西方兴起的原因所在”，因为“有效率的组织需要在制度上做出安排和确立所有权以便造成一种刺激，将个人的经济努力变成私人收益率接近社会收益率的活动”，而且化解了风险，稳定了资本（包括人力资本）积累扩张过程。如 16～17 世纪，荷兰“商业组织中的新因素在于对公众利用有利的商业机会的方法所进行的创新，这一方法比早先德国和意大利的大而集中的家族公司所拥有的方法更加灵活变通。股份公司和代理商就是重要的好例子。例如在暂时性的组合中，入股的资金入伙使许多小商人可以提供资助远洋航行所必需的大量资金，并使所含的严重风险得到分担。付出一定佣金利用其他市场上的同行商人进行买卖，也使小商人得以参与本地市场以外的贸易。这些组织技术为小商人提供了参与重大冒险事业和横贯大陆贸易的手段。尽管大体上商人仍组织成家庭经济或小伙伴关系，但他们的方法已比较复杂了。他们不仅对交易的可能性消息灵通，而且善于利用它们。商人的人力资本在这一时期增长惊人。正规商业学校已成为一种公认的做法。复式簿记技术已被广泛传授，并成为标准的会计惯例”。

现实世界中任何复杂的生产过程一般都包括了资本、劳动力、土地、专业知识和其他投入的所有者之间的很多交易，而这些交易是存在费用的。如果所有生产都必须通过市场关系进行，那么对某种物品的生产感兴趣的生产组织者，必须知道与他所进入的交易相关的无数价格，因此，他面临着收集和评价信息的大量费用；另外，他在为每个交易准备、协商以及缔结各种契约性安排时，还需要耗费巨额成本。理性生产组织者总是希望找到一种方式将这些交易费用最小化。而被称为非市场契约性安排的“企业”这种经济组织可以通过交易内在化消除或极大地减少交易费用，因为企业一个契约取代了市场一系列契约。“在企业这一契约中，要素为获取一定报酬（可以是固定的也可以是浮动的），同意在一定限度内服从企业家的指挥。这一契约的本质在于它只能限定企业家的权力范围。它只能在该范围内指挥其他的生产要素”（Coase，1937）。因此，企业成为产业中主要的经济组织。

企业是成本核算单位，随着企业规模不断扩大，管理成本也会增加。当管理成本大于规模效应后，企业规模扩张停止。就企业规模而言，小有小的优势，大有大的难处。农民经济组织的农户，由于家庭血缘关系，其管理成本近乎等于零。仅凭这一点，农户就可以在现代企业激烈竞争漩涡中生存。由于农户限制规模效应的发挥，常常被现代经济发展规划列入优化淘汰的对象，一些经济发展管理者也习惯用管理企业的方法管理农户。但农户不是小型企业，因为：①农户劳动不计成本，也无工资成本与利润概念；再小的企业，劳动必须计入成本，并进行成本与利润核算。②农户说的是“生计”；企业讲的是“利润”。③农户成员关系是血缘亲情关系；企业劳资关系是雇主与雇员的雇佣关系（马克思称为剥削与被剥削的关系）。④农户几乎没有监督费用；企业必然有监督成本。⑤再小的企业也是法人，有工商营业执照，投资仅负有限责任；农户都是自然人，无工商营业执照，投资承担无限责任。⑥农户自己支配的生产要素与企业的生产要素具有本质的差别，企业的生产要素只发挥经济高效功能；农户的土地、劳动力和资金不仅具有经济高效功能，而且承担着家庭社会福利保障功能。在广大的农村地区，福利保障尚未实现社会化，农户的生产要素经济高效功能性很低，任何圈地连片集中规模开发，都会激化矛盾导致无序的更低效率。农业经济组织创新及其规模经营的推进速度要与农村福利社会化进展速度相协调。

成本最小化和效率最大化是决定组织规模的潜在基础。如果大组织比小组织、合作组织比单个组织、联合组织比独立组织的总价值要高，那么组织规模就会扩大；反之，规模就会缩小。

5）体系创新

技术、知识和组织创新的系统化延展，就形成了创新体系，其不断进化就形成了体系创新。体系创新是集成化的技术、知识和组织创新，它的推动和运行，需要科学发现、基础研究、应用实验开发中试、应用转化研究，直到首次商业化运行的相关机构组成一个协作系统。比较好的选择是由政府、企业、高校、科研机构、智库、教育培训、科技推广和中介之间相互作用形成的多层次隶属关系平台，规划、引领和调控一系列创新的高效运行。

创新体系是一个各创新主体构成的责、权、利空间分布格局，依据一套规划协调各利益主体的行为，配置各方的资源。创新主体建立需要与经济社会发展的阶段水平相一致，不同的经济发展阶段水平需要定位不同功能的创新主体与之相对应。创新是一个持续不断的上升过程，如果创新主体的功能与社会发展阶段不相一致，那么，创新体系就不能很好地发挥作用。

创新体系是耦合系统，其本质内涵是高效整合：①技术、知识和组织要与市场整合。技术创新成功的标志是技术发明的首次商业化，技术创新成果必须使其发明者获得商业上的成功，满足社会和市场的需求。②创新链的整合。技术创新强调研究要与项目设计部门、发展部门、生产制造部门与营销部门的有效整合。③创新项目内外整合。随着科技不断向综合化方向发展，创新所需要的技术和知识越来越多，创新项目建立以知识为基础的联系网络成为信息化时代的显著特征，创新项目必须有效利用内部和外部资源。④发展共享经济匹配创新资源。许多创新产品具有公共品性质，其资源也多为公共资源。资源需要根据条块差异做到合理的结构功能匹配。

随着共享经济、服务经济和数字技术的高速发展，特别是互联网和信息技术的普及与应用，产业链在空间和时间维度上压缩，国际贸易和跨国投资借助互联网的力量消除了时空差异。互联网具备无限的虚拟容量，能大幅度降低信息不对称，极大地降低了社会经济生活的交易成本，加之网络外部性作用，从而将传统的边际投入收益递减转化为收益递增。通过一系列的创新深刻影响生产、交换、分配和消费各个环节，互联网使传统经济活动不可能做到的大量新的科教文化和商业实践成为可能，并使体系创新急速向扁平化和平台化方向转变和发展。

扁平化主要表现为资源纵向流动渠道大量缩减，传统价值链分裂会产生新兴业态，如研发设计、采购、生产制造、销售、售后服务，以及与之耦合的政府科研项目审批、验收、人力资源的管理、财务审计管理、法律监管等，分离析出第三方设计和制造机构及代理公司、第三方物流企业、猎头公司、专业咨询公司、会计师事务所、法律事务所等。另外，数字技术和信息化打破传统产业边界固定化及其相互间的分立，使不同产业部门融合，生产交换产品与服务，引领资源在更大范围内合理配置，开拓出新市场及巨大利润空间，形成新兴业态。

网络平台是一种与现实耦合的虚拟空间，该空间可以引领或促成双方以及多家客户之间的交易。基于平台竞争机制形成的资源利用结构形态称为平台经济。平台提供者为供求双方提供信息空间、促成市场交易、降低交易费用、提升交易效率。平台经济促进产业融合，产业结构组团式优化。基于数字技术和互联网平台的大规模需求导向的集成交易，必将引领要素资源更大范围的高效配置，进而催生更多新产品和新服务。发挥供求双边市场效应，使消费者网络结构功能与生产者网络结构功能更加匹配，支持金融、财务、法律、物流、技术、人力等资源优化配置和合理流动，体现高质量发展的本质要求。

6）社会创新

“技术-经济”与“社会-制度”是系统耦合的，技术经济决定快速发展必然引起社会制度的变革。技术、知识、组织和体系创新一定会产生社会创新。社会创新是资源的空间载体、空间配置和空间流动的创新，通过制度、组织和文化等路径而实现。

土地既是重要的资源，也是资源的载体。有关土地的制度是社会制度的基础，是社会创新的始发者。中国土地制度的变迁过程说明了这一点。

周朝土地分封公有，经济效率低，但国家易控制。春秋时期，齐国管仲对之进行“均地分力”改革，即国有土地实行使用权平均分配的“联产承包责任制”，极大地调动了农民的生产积极性，加之国有民营市场经济的发展，齐国随之称霸。

管仲治理下的齐国称霸后，各国纷纷效仿，改革土地井田制，如“初税亩”“作丘赋”“尽地力之教”，等等。秦国商鞅（约公元前 395～公元前 338 年）则对井田制进行改革，开阡陌，吸引各国人来秦开荒种地，谁开垦的荒地属谁所有，而且可以交易，土地私有并市场化以及“六废六立”（废宗法，废井田，废封建，废礼乐，废世袭，废末利；立小户，立税赋，立郡县，立刑律，立军功，立本业）的配套改革彻底解放了秦国生产力，秦国率先崛起并统一全国，这种制度延续两千多年未有根本性的改变。

土地可以市场化，但买卖的应该是使用权，土地所有权当属国家，不能出卖。秦后土地完全私有市场化形成单一产权结构，政府失去控制它的把手，结果形成如下格局：①土地买卖引发土地兼并，土地落入官僚地主手中，大批农民失去土地，破产被抛向社会；②由于工商业不发达，失地农民难以就业，落草为寇，或成为农民土地战争义军；③官僚地主收地租兼放高利贷，其利远高于产业利润，产业实体发展无动力，土地小规模出租，小农经济成常态；④小农积蓄资金置买土地，并非扩大经营而是出租土地收取租金耗散于科举应考，以及家庭生活消费，土地规模效应失效；⑤工农业细小化导致产业资本积累扩大机制失灵，使中国资本主义一直处于萌芽状态，难以有质的突破。

现在我国执行土地公有制下的国家批租多层次实体使用制度。虽然有些学者认为这种制度存在产权不清、寻租空间大的诸多弊端，但在赋予土地使用者 70 年使用并可延期的权利下充分调动了土地使用者投入的积极性，同时土地最终所有权归国家节省了巨额土地征收中的交易费用。显然，利远大于弊。当然，还是要继续通过土地法规建设和阳光操作，以及反腐败行动，最大限度地压缩寻租空间。

在土地制度基础上发展起来的劳动、资本、企业、产业，以及金融、期货、股票、交换、分配、消费、利率、汇率、税率等构成一个庞大的规则系统。社会上任何一种创新活动都植根于这个广阔的制度框架中，创新是一个规划结构调整的过程。社会创新不是某一个人或某一团体单打独斗就可实现的，是社会全要素集体的共同努力创造出公平、合理规划、规范和文化认知，支撑新的领域向前发展。

网络化滋生了大量的交易平台，社会创新得到了新的载体——创新空间，社会创新活动在创新空间内发生、转移、扩散、成长、整合，极大地提升了社会创新的发展速度。

3. 社会经济无害而安平泰发展规律

社会经济发展规律成千上万条，最深刻的莫过于老子的社会经济无害而安平泰发展规律。老子曰："执大象，天下往，往而不害安平泰。"（王弼，2011）也就是说，宏观上观察，社会经济永远往前发展，如果发展过程中不出现严重的分化现象，那么社会就会平安和健康。

纵向考察社会经济发展，从优到劣依次可分为"元""亨""利""贞""悔""吝""害""凶"。"害"表明阴阳分离、分崩离析、两极分化，状态接近"凶"。除去"害"及其两边"吝"和"凶"，"元""亨""利""贞"都是安平泰的状态。"悔"是由"坏"变"好"的临界点，为"渐吉"（陈凯，2015）。

阴阳阖之为"元"，是人们追求的团圆、和谐和统一状态。"阖家幸福"是中国人相互祝福的最佳用语。正是这种阖之吉、分之害的理念，促成了中华民族大统一的格局。纵观中国几千年的变迁史，天下合久必分，分久必合，但大统一的时间远大于分裂的时间。当然，中华 56 个民族维持在一个大家庭中，除去大统一大吉利的理念之外，还有其独特的社会经济结构和行之有效的去害的治理措施。

1）大统一的超稳定结构

如图 2-1 所示，国家社会经济及治理被纳入一个“九宫八卦”之中，中央调动周围八宫的资源，使其整体及各部分组成的结构与功能相匹配，维持大统一的格局动态平衡。

建筑物得以保持一体是有混凝土的黏合，社会各部分统一靠通信“黏合”（维纳，1978）。中国大统一格局的黏合主要是靠儒生（金观涛等，2011）。

儒生又称士，位居九宫，排在士、农、工、商之首，是社会精英。古代中国知识分子主要出身于富裕农民家庭，从小饱读诗书，熟习儒家经典，大部分通过科举或其他途径被选拔为国家官员，小部分为乡村绅士，是民间自治组织的领袖。

儒生政治观点、意识形态和人伦首先与社会主体取向同一，社会流动性大，组织能力强，能耦合意识形态结构、政治治理结构和社会经济结构，将国家一体化意识形态融入每个人的日常生活中。

2）抑制两极分化

无害就是社会无两极分化。在《论语·季民第十六》中孔子指出：“闻有国有家者，不患寡而患不均，不患贫而患不安。盖均无贫，和无寡，安无倾。”（孟子等，2016）历史上，每个王朝初期自耕农占的比例较大，由于土地自由买卖，官僚地主集租、税、费和高利贷于一体，通过各种手段兼并土地，将自耕农的土地化为己有。大量自耕农失去土地成为无业游民。两极分化加剧，社会失去安平泰。历代国君都采取措施抑制土地兼并：①下令取缔土地买卖。如唐高宗曾发布“禁买卖世业分出”，玄宗下令“天下百姓口分永业田，频有处分，不许买卖典贴”，“若有违犯，科谴敕罪”。②均田。如北魏孝文帝太和九年（公元 485 年）颁布均田令，对不同性别的成年百姓和奴婢、耕地都做了详尽的受田规定。③对土地财产增税。如汉武帝实行算缗制度，让地主自报财产，按其值的 10%征税。如地主不肯如实上报资产，隐瞒、转移等，知情者可告发。被告者，如查证属实，财产全部没收，本人充军一年，被没收财产一半分告发者。但封建君主作为地主阶级的代表，抑制土地兼并的法令往往“雷声大，雨点小”。当社会两极分化达到不可调和时，社会不得不以农民土地战争的形式进行强制除害措施。

3）遏制分裂

周天子统一天下，分封诸侯，最终国家分裂。汉高祖分封皇亲国戚和有功之臣为“列侯”和“诸侯王”，结果导致吴楚七国之乱。鉴于历史教训，公元 631 年唐太宗拟实行一种宗室勋贵的世袭州刺史制度，即刻遭众儒臣上书谏阻，未能实施。明清建朝初期分封藩王，都出现藩王之乱。因此，国家应在独立萌芽阶段就开始遏制分裂，从人力资源上消减分裂势力。

限制人身依附关系的发展不仅可以促进市场经济主体独立人格的建立，而且可以抑制地主佃户的农奴化，削弱皇室、贵族、豪门望族和大地主的雇工、奴婢、仆役的私产化倾向。秦汉时代已不允许对奴婢动用私刑，杀奴的权力已收归国家掌握。秦律规定：小隶臣“非疾死者，以其诊书告官论文”。汉代，已禁止报官杀奴，奴婢“犯法”要由国家处置。西汉董仲舒建议除去主人杀奴之威。西汉末年，王莽之子杀奴婢，王莽追其自杀。宋代法律已严禁私设公堂，“私第处罚”。北宋国家保护客户在生产上的权益不受抑勒，佃户有退佃的权利，如果主人非理阻拦，可以向官府起诉（宋会要，1957）。

军事割据是对国家统一的最大威胁，中国历代皇帝牢牢掌握着军队的指挥权和统率权，带兵的武官只有军队的管理权，调动军队的“虎符”一半在皇帝手中，另一半在将领手中，只有当两块虎符合二为一时才能调动军队，而且军队实战也是在皇帝亲信的“监军”监督下执行。除镇守边疆的将领外，内地将领“前后命帅，皆用儒臣”（刘昫，1975）。

2.2.2.3　治理机制

1. 顺势而为

“欲粟者务时，欲治者因世（势）”（桓宽，2017），王夫之（2013）在《宋论》中曰：“顺必然之势者，理也；理之自然者，天也。”又曰：“天者，理而已矣；理者，势之顺而已矣。”董仲舒（2012）指出：“故为治，逆之则乱，顺之则治。”社会经济之治理，顺势而为。

1）治理之势

古代国家治理中的“势”，某种含义类似于现代语言中的“政权”。我们强调权力在人民，古代则强调权力在君主。如《管子》曰：“明主之治天下也，威势独在于主而不与臣共，法政独制于主而不从臣出”。“明主之治天下也，凡人君之所以为君者，势也，故人君失势，由臣制之矣；势在下，则君制于臣矣；势在上，则君制于臣矣”。“权势者，人主之所独守也，故人主失守则危”（管子，2015）。

商鞅（2011）对“势”的意义做了进一步的解释：“凡知道者，势、数也，故先王不慎强而恃其势，不恃其信而恃其数。今夫飞蓬遇飘风而行千里，乘风之辄；探渊者知千仞之深，悬绳之数也。故托其势者，虽远必至；守其数者，虽深必得。”

韩非（2010）对势的解释较为详细，他认为：“柄者，杀生之制也。势者，胜众之资也。”也就是说，势为生杀大权和控制群众的资本。

韩非认为国家治理任贤不如任势。“民者固服于势，寡能怀于义。”“上古竞于道德，中世逐于智谋，当今争于气力。”国内民众服从于权势，国家之间只承认实力。韩非谈到治理时，强调依势压服，但否定儒家的以理服人的思想有失偏颇。

治理要守自然之道，法、术、势兼备，名正言顺。《韩非子·功名》曰：

明君之所以立功成名者四：一曰天时，二曰人心，三曰技能，四曰势位。非天时，虽十尧不能冬生一穗；逆人心，虽贲、育不能尽人力。故得天时则不务而自生，得人心，则不趣而自劝；因技能则不急而自疾；得势位则不推进而名成。若水之流，若船之浮。守自然之道，行毋穷之令，故曰明主。

夫有材而无势，虽贤不能制不肖。故立尺材于高山之上，下则临千仞之谷，材非长也，位高也。桀为天子，能制天下，非贤也，势重也；尧为匹夫，不能正三家，非不肖也，位卑也。千钧得船则浮，锱铢失船则沉，非千钧轻锱铢重也，有势之与无势也。故短之临高也以位，不肖之制贤也以势。人主者，天下一力以共载之，故安；众同心以共立之，故尊。人臣守所长，尽所能，故忠。以尊主御忠臣，则长乐生而功名成。名实相持而成，形影相应而立，故臣主同欲而异使。人主之患在莫之应，故曰，一手独拍，虽疾无声。人臣之忧在不得一，故曰，右手画圆，左手画方，不能两成。故曰，至治之国，君若桴，臣若鼓，技若车，事若马。故人有余力易于应，而技有余巧便于事。立功者不足于力，亲近者不足于信，成名者不足于势。近者不亲，而远者不结，则名不称实者也。圣人德若尧、舜，行若伯夷，而位不载于世，则功不立，名不遂。故古之能致功名者，众人助之以力，近者结之以成，远者誉之以名，尊者载之以势。如此，故太山之功长立于国家，而日月之名久著于天地。此尧之所以南面而守名，舜之所以北面而效功也。

韩非认为治理应符合天道。天道从众。“为治者用众而舍寡”。遁天道不是被动适应，而当主动为之。商鞅、慎到、申不害三人分别提倡重法、重势、重术，韩非综合了他们的思想，提出了法、术和势整合的理论。用现代语言概括，法是规范，术是司法的手段，势是执法的资本。“抱法处势则治，背法去势则乱。”“无威严之势，赏罚之法，虽尧舜不能以为治。”

韩非遵循规律的法、术、势整合方法是国家治理理论的重要组成部分，其精华仍有借鉴的现实意义。秦国用该理论先后征服了六国，实现了国家的统一。不过该理论也强化了秦的强权政治的暴力化倾向，毁灭了先秦时代思想领域的竞争与繁荣，破坏了经济均衡秩序，从而导致秦的灭亡。但秦的政治治理体系并未消亡，而是被后续王朝所传承。

2）势中之序

势多指发展趋势。发展趋势是发展规律的表达，也是发展秩序的体现。

秩序指的是系统要素的时空动态有序化排列，社会经济秩序是资源利用时空关系的合成演化形式，即社会经济运行规律的程式化的体现过程。“道无方，以位物于有方”。“道无体，以成事之有体”（王夫之，2013）。秩序是经济社会运行机制的表现形式，是行为主体规范，既有底线，又有规矩。《论语·为政》孟子（2016）中，子曰：“道（规律）之以德（机制），齐之以礼（秩序），有耻（底线）且格（规矩）。”

秩序变动主要因素有要素异质性、要素相位和时空扩缩。哈耶克（2000）指出：“秩序的重要性和价值会随着构成因素多样性的发展而增加，而更大的秩序又会提高多样性的价值，由此使人类合作秩序的发展变得无限广阔。”

（1）市场经济秩序扩展。

市场经济秩序是从生产领域开始的，马克思等（1979）指出：“在再生产的行为本身中，不但客观条件改变着，而且生产者也改变着，炼出新的品质，通过生产而发展和改造着自身，造成新的力量和新的观念，造成新的交往方式，新的需要和新的语言。”中国经济改革是从农业联产承包开始的，而后承包制扩展到乡镇企业、城市工业，以及各种经济组织。契约现象成为人们日常生活中最普遍、最基本的现象，它不仅成为构建新型社会关系和社会组织的一种可供借用的理论资源，而且在人们的思想上产生了新的范式，用以解释人们普遍接触的各种契约关系。与此同时，各种旨在维护市场主体权益和降低市场交易成本的社会中介组织开始出现，现代扩展性市场经济开始发育成长，进而整个社会结构、政治制度、文化体系乃至社会行为主体精神世界都发生持续性的深刻变革，各种现代性因素错综复杂的互动关系，共同构成了人类文明秩序的扩展进程。市场主体的发育壮大，促进了社会个体权利意识、平等意识、法律意识和民主意识的觉醒，造就了新的社会行为主体。市场经济体系的发育，不仅改变了经济生活的节奏，而且重塑了整个社会生活规则。随着市场逻辑向社会生活各个领域的全面渗透，市场体系及其与之相适应、相补充的政治制度、社会结构和文化体系共同构成了一个庞大的市场社会生活秩序（何显明，2008）。

（2）国家治理面临新挑战。

随着市场化改革的深入，社会资源配置方式的深刻变迁，更是极大地促进了社会生活秩序的结构性变迁。从社会个体的生存方式、思维方式和价值观念到社会关系的构成规则，从社会组织的行为逻辑到各级政府的角色定位及其合法性基础，从经济、社会体制到国家与社会关系等，莫不正在经历着一场历史性的变革。国家传统治理体系面临新变化（何显明，2008）。

第一，市场化进程中社会个体权利意识出现历史性觉醒，民众对自身合法权益的执着捍卫，表明法律意识、平等意识、民主意识日益增强，将会以各种方式拒斥公权力的任意扩张，自上而下的强制行为将面临越来越大的社会阻力。老百姓不仅不会奉献自己的合法权益，而且还可能公然质疑政府行为的合法性和合理性。政府未经人民赋予的严格界定的权力边界及其自身确立的行为准则，将会因此面临前所未有的质疑和挑战。

第二，市场化进程中社会资源的日益分散，导致政府再也无法通过垄断社会资源来控制社会成员，维护封闭的社会秩序。在计划经济时代，国家（政府）的权威性及其实现的“统一思想、统一意志、统一行动、统一步调”的社会控制，如行政指令、红头文件、政治动员以及意识形态宣传等，是建立在国家垄断所有社会资源，社会成员的生存与发展完全依附于国家的基础之上的。市场化进程中社会个体和社会组织资源获取和利益实现的渠道、方式的日益多元化，从根本上改变了社会成员不得不完全依附于国家的局面。于是，国家与社会个体和组织的关系不再是传统的命令服从关系，而是嵌入了大量横向的契约性关系和博弈性行为。在市场主体依赖地方政府获取某些稀缺资源，并利用权力的庇护关系规避政治和政策的任意干涉的同时，地方政府也依赖私营企业解决当地的就业问题，加快地方经济的发展。在激烈的区域发展竞争面前，通过经济增长绩效、社会治理绩效来争取地方民众特别是地方精英的支持，已经成为地方政府巩固自己权威的重要途径。过去那些成效显著的社会控制机制，实施成本日益提高，而实际效果却日渐式微。因此治理资源需要进行重新挖掘，治理方式、治理手段同样需要创新。

第三，市场化进程中社会大流动的开放性格局，导致国家（政府）无法借助以往的城乡分割以及严格的户籍管理体制，对社会秩序进行静态的网格状管理。市场体系的扩展，社会多层次、全方位的开放，必然带来各种社会资源和生产要素在越来越大的空间范围的自由流动，带来社会成员日益频繁的机械流动和有机流动。原先依赖森严的户籍制度实施的社会福利匹配管理遇到了严峻的挑战。同时，随着市场体系不断突破地域性的限制，经济区域与行政区域的重合性日益降低，传统的等级制的行政体制弊端也日益明显地暴露出来。

第四，社会利益结构的日益分化，导致各级政府越来越难以以全民利益或公共利益的天然代表身份进行公共决策和利益整合。竞争机制是市场机制的核心。社会资源的稀缺性决定了只要我们承认了社会个体的自主选择权利，社会成员对稀缺性资源的竞争就无法避免。有竞争，就会有成功和失败，就会有社会利益格局的分化。依法享有各项民主权利，享有市场主体自主选择权利的社会成员，根据自身的价值偏好努力实现个人收益的最大化，由此导致社会利益不断分化，并在这种分化过程中形成各种利益矛盾和利益冲突，这是现代开放社会的生活常态。在社会利益高度分化的背景下，社会阶层分化达到一定的复杂程度时，社会往往很难形成某种一致的选择，或对事物进行一致的优劣排序。政府如何从利益的直接分配者转变为社会利益冲突的协调者，通过建立有效的公共选择机制，避免社会两极分化和社会阶层矛盾激化冲突，实现多元利益主体共存双赢，就成为公共决策面临的一个新的重大课题。

第五，市场机制在社会资源配置中的基础性地位的奠定，使得政府角色的重塑、政府功能的再造问题变得日益紧迫。一方面，市场主体的充分发育及其在私人物品供给方面所发挥的主导作用，要求政府必须加快退出竞争性领域；另一方面，市场失灵现象的广泛存在，以及公众日益增长的公共服务需求，又要求政府切实承担起公共物品供给的职责。于是，政府角色的转型就成为市场化进程中公共管理体系改革的主题。

第六，市场体系扩展所导致的中国经济日益广泛、深入地融入世界经济一体化进程，以及外来资本大量涌入中国，并渗入各种经济社会生活过程之中，也使各级政府的管理模式和行为方式遇到了前所未有的挑战。一方面，各级政府都面临着“入世”带来的按国际规则办事的考验；另一方面，经济、文化及政治的全球化，又要求各级政府能够有效地应对世界文明的示范效应所引起的公众对政府行为的种种可能超前的期待。

第七，市场化进程所交织的社会结构转型与体制转轨的社会大变革，使各级政府应对社会风险的能力面临巨大的挑战。从某种意义上说，转型期中国社会面临的潜在的社会风险挑战是空前的。这里既有西方某些国家“民主模式渗透与颠覆”风险，也有“全球化高科技风险、生态风险和社会风险”（贝克，2018），更有中国特有的社会转型与体制转轨交织，以及现代化时序错位、发展战略失误带来的特殊风险，还有国家人口和疆域的超大规模对各种风险的放大作用。而在社会生活秩序已经发生重大变迁的背景下，政府既无法单方面应对各种突如其来的风险，又无法像以往那样通过垄断社会资源来实现全民动员，因此迫切需要建立适应新的社会生活秩序的公共事务管理模式。

（3）民主治理讨论。

市场经济体制改革必然引发政治体制改革，走向宪政的学术研究一度进入高潮（蔡定剑等，2011）。问题不在于要不要进行政治体制改革，焦点也不是搞不搞宪政，关键点是建立什么样的政治体制，以及宪政的具体内容是什么。中国政府已经明确表态：全面推进依法治国必须走对路。要从中国国情和实际出发，走适合自己的法治道路，决不能照搬别国模式和做法，决不能走西方“宪政”“三权鼎立”“司法独立”的路子。宪政研究顶层受阻后，进入较低层次的治理理论研究。

比较成熟的国家治理理论出自古代中国，但现在学术界治理理论则引自西方。有关“治理”概念的理解和运用分歧较大，但并不影响在一些基本问题上的讨论，其中也不乏形成许多共识。

第一，治理行为主体。传统治理主体被认为是一元的，即以政府或公共机构为唯一权威主体，而现代意义上的治理是多元的。“现代意义上的治理将打破传统的以政府或公共机构为唯一权威主体的模式，参与公共事务治理的既可以是公共机构，也可以是私人机构，或公共机构和私人机构的合作。多元性的治理主体通过相互沟通、相互合作，共同形成一种多中心、互动式、开放型的治理结构”（何显明，2008）。“各国政府并不完全垄断一切合法的权力，政府之外，社会上还有一些其他机构和单位负责维持秩序，参加经济和社会调节”（塞纳克伦斯，2000）。确切地说，“治理是政治国家与公民社会的合作、政府与非政府的合作、公共机构与私人机构的合作、强制与自愿的合作”（俞可平，2002）。治理主体再增加，也不会降低政府作为治理核心的主导作用。越是多元，越需要整合，政府统帅的角色会越强。

治理一定是科学理性高效地运用国家权力来实施的治理，而不是西方政治学理解的弱国家、去中心、反权威的管理。公共权威的多元化和社会治理结构良序发展，以及多维政策协同，是把国家作为治理核心才有意义。

第二，治理运行模式。“从权力运作向度和方式来看，现代意义上的治理将改变传统的单向度的自上而下权力运作模式，建立起一种上下互动、权力双向运行的管理模式，通过合作、协商、伙伴关系等方式实施对公共事务的有效管理”（何显明，2008）。俞可平（2016）认为，自上而下权力运作是“统治”，现代国家治理的本质是民主治理。“治理的概念是，它所要创造的结构或秩序不能由外部强加；它发挥作用，是要依靠多种进行统治的以及互相发生影响的行为者的互动”（斯托克，1999）。权力运作方式的这种改革，意味着从等级行政向复合行政的转变。参与治理的行为主体在此不再形成一种等级式的隶属关系，而是结成一种平等的合作关系或伙伴关系，它们通过多元互动，找到共同的利益和目标。由此，“参与”“谈判”“协商”成为治理的三大关键词（唐贤兴，2000）。将中国传统治理模式称作“单向度的自上而下权力运作”是一种误解，中国四维治理模式，强调纵向与横向的均衡、上下关系的和谐、左右结构功能的匹配。中国传统治理模式有坚实的哲学基础，《周易》中的“连山易”和“归藏易”就是分别量化社会经济纵向和横向关系的（陈凯，2015）。

第三，协商民主（deliberative democracy）。当今西方政治思想学者（博曼等，2006）根据政治选举之后公共事务治理存在的问题，提出通过完善治理过程的民主程序，建立公民广泛参与的民主协商机制，通过自由平等的对话来消除冲突，保证公共理性和普遍利益的实现，扩大公共政策的合法性基础，从而有效地回应多元文化和多元社会的不同利益诉求，增进政治话语的相互理解。国内学者（陈家刚，2007）认为，协商民主的核心概念是协商或公共协商，强调对话、讨论、辩论、审议与共识。协商民主既可以理解为一种公民广泛的直接参与的治理形式，也可以理解为一种每个参与者能够自由表达、愿意倾听并考虑相反的观点的公共政策的民主决策机制。协商民主不是对占据西方主流地位的代议制民主的代替，而是对它的补充。它试图将协商从一种政治手段上升为多样化的制度安排，把协商主体从精英扩展到广大公民，促使现代民主从注重选举，转向关注政治与行政的微观具体过程。

西方学者协商民主的民主治理理论是在西方现有的宪政体制和代议制民主的政治框架下，优化社会治理结构和公共选择机制的理论尝试。它们不是对西方现有治理模式的制度框架的否定，而是试图从运行机制或微观机制上对此进行补充和完善。作为正在致力于民主政治建设的转型国家，有着根本不同的政治前提和制度环境。忽视这一前提，单纯用民主治理和协商民主理论来阐释中国政府创新实践，有可能造成对这一创新实践的内生逻辑的严重误读，以多中心治理和协商民主来展望、设定政府创新实践的前景，甚至以此作为中国行政体制改革和民主政治发展的主题，则可能陷入政治发展的误区。创新协商民主的制度形式，从微观政治或治理层面丰富民主参与的渠道，当然有着重要的现实意义，但是我们却不能因为它容易为既有政治制度框架容纳而过度拔高协商民主的功能，甚至视之为民主政治建设的主体工程。否则，极易造成对根本性问题的遮蔽。同样，推进政府与民间组织及公民的合作治理，如果忽视了对政府权限、职责的严格界定，则可能演变成政府权限没有得到有效限制，其职责却因多元治理而被进一步模糊的糟糕局面（何显明，2008）。

在西方主导的民主治理语境中，西方民主治理标榜为具有普世价值的绝对优秀治理模式，而中国社会主义民主治理被认为是“集权统治”或“集中治理”的终将被代替的落后治理模式。其实，作为社会经济发展规律及其运行机制的管理方式的西方“民主治理”与中国“集中治理”无优劣之分，只有适用与否之别。民主体现在政府行政的全过程，西方全民初选出的领导人，在其大位到手后，再无实质性约束，其决策不走民主程序，极易被超大资本集团所控制，与人民根本利益背道而驰。这种先民主后独裁的决策过程，无科学性而言，更容易脱离客观规律；而中国社会主义民主，在初选领导人时进行了严格的民主程序，如组织部门的多层次民众打分评价、财务部门的审计、纪检部门廉政考查、业务部门的绩效考核、精英阶层的协商推荐、党政联席会议的民主讨论、人民代表大会或职工代表大会的投票表决，确保优秀人才进入领导层。基层领导和村委会则实行村民一人一票全民选举，保证基础政权牢牢掌握在人民手中。中国各级领导层都由一个委员会组成，每一个行政决策，事先须经充分的科学论证，形成决议后投票表决通过，才能形成政策执行。中国政体实行全过程民主集中制，在民主与集中间取得均衡。既保证充分的民主，又避免了可能产生的偏差。

3）治理导向

新时代的国家治理体系和治理能力现代化，中国已经明确表示，决不能走西方“宪政”“三权鼎立”“司法独立”的路子，而是在中国特色社会主义制度框架内对治理资源的充分发掘与利用，降低交易费用，由中国共产党领导人民建设，实现社会主义现代化。

（1）国家治理现代化的文化意蕴。

任何一种制度形态都有与之相匹配的文化基础，中国文化有无限的包容性，能容纳不同地域各种异质性文化而和谐共荣。中国包容性文化有坚实的哲学基础。如图 2-2，看似水（壬）火（丙）互不相容的东西，其实是可以化为一体的。壬水与丙火势不两立，壬水（阳）欲将敌方丙火（阳）灭之。但处在下风的火不想与上风的水正面冲突，于是丙将其“妹妹”丁“嫁”给壬，丁（阴）壬（阳）结为“夫妻”，合化为木，木生火，双方成为秦晋而耦合一体；又比如图 2-3，北方的子水，正面受到南方午火的冲煞，子水不但可以整合同一生命周期中的质变点辰（水、库）和申（水、长生）“三合”得以补充、积蓄而增强自己的力量，同时子也可以找午火的亲密战友寅和戌去与午火进行合作，以“贪合忘冲”之原理，分散转移火对水的冲击力，化解矛盾，组成一个利益相关的网络系统。受此理念的影响，人民都在自家府门前两侧，立上一对石狮子（寅虎的同类），以此化解一切迎面冲来的煞气。中国文化“以人为本”（管子，2015），其他一切都是“末”，是手段，可用易学原理变通融合。

西方自由主义公民型的政治文化，中国拿来并非替代自己集中统一文化，而是选择性吸收其精华补充完善自己的治理方式方法，形成中国特有的民主集中制文化。社会主义国家并不反对民主，认为民主是现代化治理模式的本质与核心，“人民主权”和“人民当家作主”以及“确保人民真正享有管理国家和社会的主人权利”一直是中国政治文化的根本价值指向。习近平总书记也强调：“一个国家选择什么样的国家制度和国家治理体系，是由这个国家的历史文化、社会性质、经济发展水平决定的。”党的十九大报告也郑重提出“以人民为中心”的发展思想，要“健全人民当家作主制度体系，发展社会主义民主政治”，“要体现人民意志、保障人民权益、激发人民创造活力，用制度体系保障人民当家作主”。

西方政治文化中共和主义对公民美德、责任、参与、国家认同等价值理念与中国传统政治文化资源中的“共和”理想多有契合，也与当代中国的社会主义核心价值观及在其指引下的国家治理理念相吻合。党的十九大报告提出，“培育和践行社会主义核心价值观”，“广泛开展理想信念教育，深化中国特色社会主义和中国梦宣传教育，弘扬民族精神和时代精神，加强爱国主义、集体主义、社会主义教育，引导人们树立正确的历史观、民族观、国家观、文化观。深入实施公民道德建设工程，推进社会公德、职业道德、家庭美德、个人品德建设，激励人们向上向善、孝老爱亲，忠于祖国、忠于人民”。

（2）把握民主与集中的平衡关系。

中国国家治理采用民主与集中制，结合中国传统治理的精华与现代国家治理的文明成果，形成相对西方民主更为优越的中国特色社会主义制度体系。这种实体民主在国家与社会治理过程中要能得到有效的运转，必须战胜并克服一系列的挑战和困境，不断调整姿态，时刻把握民主与集中的平衡关系。

弱化管控型思维。《论语·泰伯第八》说道：“子曰：民可使由之，不可使知之。”（孟子等，2016）在古代，从政为民之“父母官”，是封建官僚的自我期允。国家管理为“牧民”，人民是被管控和教化的对象。新中国成立后，人民当家作主。但行政管理“代民做主”的思维仍然根深蒂固。随着改革开放的推进和市场经济的开启，我国的民主集中制度逐渐深入，民众公民意识逐渐增强和成熟，对民主的需求也越来越强烈，进而与管控型思维之间的张力越来越大，固化了的思维模式成为中国民主政治发展的最大障碍。去除管控型思维定势成为必然，民主决策成为法定的程序。

强化程序性民主。实体民主与程序民主是民主政治建设的两个基本维度。实体民主侧重强调民主的价值性内涵和目标性设定，具有一定的抽象性和概括性，程序民主则更为注重民主的过程、规则、机制和策略，具有一定的具体性和应用性。我国以国体、政体和基本政治制度确立的主权在民的原则和人民当家作主的地位，为民主发展确定了最终价值和理想追求，但有时过分注重结果正义而忽视程序正义，甚至认为在最终价值追求的过程中可以代民作主，为一些机会主义者压制民意、滥用权力提供了制度空间；程序民主体现在治理领域，是对国家政治制度的具体运作和程序设定，以过程化、规则化、程序化确保人民主权的实现。一定程度上而言，“没有程序，就没有现代文明的政治秩序；没有程序理性，就没有现代文明的政治秩序的理想境界”（朱海英，2004）。我们要十分重视民主的具体实施过程，在立法、决策、执行、司法、监督、选举、管理、公开等各个领域确定民主程序并纳入法律体系，建立并完善程序性的保障机制，实现民主程序的细致化和可操作化。

（3）重在创新及提高治理质量。

政府治理能力的衡量标准不仅是经济增长与维持稳定局面方面，其重心考察的是对国家核心制度与基本制度的执行与创新能力，以及治理质量的提高。随着中国经济的发展，转型期的矛盾会越来越凸显和扩大，社会对政府治理效果标准会越来越高，发展主义思路、经济绩效导向的评价、强力维持稳定的措施等已不足以满足人民对国家治理预期的要求，只有通过国家治理制度不断创新才能使国家摆脱转型期的困境，保持经济新常态下的国家有序化发展。

在新时代的国家治理中，我们应该贯彻党的十九大报告倡导的新发展理念，更加注重治理的体制机制创新，提高治理质量，实现政府治理能力由经济发展向制度创新和治理质量提升的转变。首先改变我国政府官员的晋升机制，由以 GDP 经济绩效为中心转向对善治绩效的衡量；进一步建立健全政治绩效的测评指标体系，把民生、民主和人民福祉提高能力和法治建设能力作为硬性指标，并加大民意在民主测评中的分量；鼓励地方制度创新，加大对官方或民间智库为政府治理创新奖和社会治理创新奖评定的支持力度，继续坚持以组织为主体的奖项评定的同时，增设个人创新奖项，对在国家治理领域具有创新性精神和创新性措施的个人进行奖励。同时要努力寻求政府与智库组织的合作机制，对由智库评定的创新组织或个人予以官方确认，构建创新及提高治理质量的激励机制（罗大蒙，2018）。

（4）支持地方政府创新实践。

支持地方政府创新实践，促进传统治理模式向现代治理模式变迁，能以较少的成本实践治理预期发生机理和演进逻辑。地方政府创新是适应市场化进程所引致的经济社会生活秩序变迁对公共事务管理模式挑战的产物，是政府转型与民主政治发展双重历史主题在政府角色及其行为模式变迁上的反映。它适应了中国民主政治发展和政治行政体制改革微观先行的政治逻辑，反映了地方政府作为国家政治意志的代理人和地方公共事务治理主体，通过创新政府运行机制，将体制内资源和体制外资源、传统控制机制与现代治理技术有机整合在一起，努力提升公共事务治理的有效性，以缓解传统治理模式危机的努力（何显明，2008）。

2. *无为而治*

“无为而治”是《道德经》最为鲜明的主张。从字面上讲，“无为”就是无所事事，什么都不做，无所作为。关于老子“无为”而治的思想，一般理解是一种“不作为”的主张，表现的是一种消极无为的政治态度，或者对万物的发展不加干预，任其发展，放任自流。但认真体悟《道德经》，不难发现，这样理解“无为而治”甚为偏颇。其实，“无为而治”是指无形的治理、遵道的治理和道化万物的治理。

1）无形的治理

治理是统筹运作系统化、层次化和程式化规律及机制的整合。社会经济组织活动是有形的，而其规律是无形的。基于社会经济发展规律基础上的社会经济组织活动治理机制应该是无形治理与有形治理的结合。

《道德经》开章写道：“道，可道，非常道；名，可名，非常名；无，名天地之始；有，名万物之母。故常无，欲以观其妙；常有，欲以观其徼。此两者，同出而异名，同谓之玄。玄之又玄，众妙之门。”这一章翻译成现代语言是在讲：世界是物质的，物质存在粒子性和波动性两种状态（同出而异名），当在牛顿力学科学层次上观察对象时，物质呈粒子态，它是有形的，有关信息是显性的，如经济活动中的有形资源、企业、法规条例、国家机器等，我们可以对它定义（可名）用以观其徼（状态、模式、结构、边界、终结、结果）；当在量子物理科学层次上观察对象时，物质呈现波的性状，有关信息是隐性的，如意识形态、人文精神、教化思想、道德理念等，对这种非常状态，我们用以观其妙（趋势、频率、概率、联系、程序、过程)；物质处在常态（有，粒子态)，我们可以对其描述、分析和测度（可名)，揭示其规律（可道)；物质处于非常态（无，量子态)，其机理是一种非常道，我们只能利用现有技术将其隐性信息转换为显性信息，将非常道转换为常道。在这种信息传递、变通、转换（玄之又玄）中，重在把握转换的机制与要领（门)，这种信息转换的法门就是周易八卦（陈凯，2015)。

人的行为受其思想所支配。对人的治理实际上是对其思想的引导、感召和同化。“王者乘势，圣人乘幼，与物皆宜”（管子，2015)。作为国家领导者，要树立、维护和推行自己国家和民族的意识形态、价值体系和行为规则。

社会主义核心价值观基本内容包括富强、民主、文明、和谐、自由、平等、公正、法治、爱国、敬业、诚信、友善。这24个字的社会主义核心价值观分三个层次。富强、民主、文明、和谐是国家层面的价值目标，自由、平等、公正、法治是社会层面的价值取向，爱国、敬业、诚信、友善是公民个人层面的价值准则。

《管子·乘马》曰：“无为者帝，为而无以为者王，为而不贵者霸，不自以为所贵，则君道也。贵而不过度，则臣道也。”（管子，2015）“无为而治”是精神领袖所为，能做到者，可成为国家最高领导人。政府各部门为政而不为政务所累，显得无可操劳的，是把握住了社会经济发展规律和治理机制的称职官员。为官平易近人、谦虚谨慎、廉洁奉公，不超越应守的规范。

2）遵道的治理

“无为而治”的“无为”是指凡事要“顺天之时，随地之性，因人之心”，不能凭主观愿望和想象行事，无主观臆断的作为，无人为之为，是一切遵循客观规律的行为。只有按照事物发展的规律办事，因势利导，善于把不利条件转化为有利条件，才能成功。“无为”就是科学地、合理地、客观务实地作为，也就是言行实事求是，与时俱进，不走极端，也不消极，而是积极地遵循规律的作为。

（1）有所为与有所不为。

“无为而治”的治理思想的第一层含义是在决策上应“有所为，有所不为”，即要求管理者在“小事”上有所不为，在“大事”上有所为。只有在“小事”上有所不为，然后才能在“大事”上有所作为。汉代学者刘向指出：“将治大者不治小，成大功者不小苛。”

在现代企业的管理中，任何一个管理者都会遇到两类事情：一类是事关企业全局和长远利益的大事；另一类是相对次要的琐碎的小事。随着经济的快速发展，各种企业的规模都在迅速地扩大，部门层次增多，即使是精明能干、智慧超群的企业家，也无法事无巨细，事事“有为”。因为任何一个管理人员的能力、体力、时间都是有限的，而不是法力无边的“神”，所以一个高层的管理人员应做到在小事上“有所不为”，而在大事上“有所为”。

（2）顺自然而为。

“无为”并不是其表面的含义，并非禁止人们的一切行动，而是要求人们顺应自然地有所作为和行动。“自然”是“道”的本性，因此，由“道”产生自然界的万事万物也是“自然而然”，并非人为如此。

“人法地，地法天，天法道，道法自然”即认为宇宙万物都是以“自然”为本性的。这里所说的“自然”，并不是指存在于人类之外的自然界，而是指“道”和由它派生的宇宙万物“本性如此”的自然存在。在社会经济治理中，只要不违背客观经济规律，不任凭主观想象发号施令，就能获得社会经济的成功。

（3）上无为而下有为。

在国家治理体系中，要想在自己职位上“无为而治”，就应该不要过度干涉下属的具体事务，让称职的下属“有所作为”。例如，在宋朝，宋仁宗深知“无为之道”，认识到“君无为”要以“臣有为”为先决条件，否则，“无为而治”的理想是难以实现的。有一次，大臣向他请教如何实现“无为而治”。他说：如果君主手下有得力的群臣，代替君主操劳政事，又不存私心，人君就可以“无为而治”了。这里，谈到高层管理者要实现“无为而治”的条件，就是要有聪明能干且为人正直的得力助手。这样高层管理者才能实践“无为而治”的管理理想，抽出更多的时间思考政府、企业、组织的未来和长远利益。

（4）限制管理者乱为的权力。

老子强调“无为而治”，并不是无的放矢地空发议论，而是因为当时的统治者滥用权力，祸害百姓。他揭露当时的社会现实说：“民之难治，以其上之有为，是以难治。”当官的滥用权力，胡作非为。这是造成许多社会祸害的根源。“始制有名，名亦既有，夫亦将知止，知止可以不殆。”本来管理者和民众都能质朴自然是最好的，但后来有了官职（始制有名），既然有了官职，那就必须限制他们的权力（知止），限制了他们的权力，才可以避免危险（不殆）。限制管理者的权力，本来就是“无为而治”的题中应有之义。管理者的权力范围越小，无为而治的范围也就越大；反之，社会能够无为而治的范围越大，需要管理者“有为”去治理的范围也就越小。在一定程度上限制政府的权力，才能充分发挥社会自我管理的功能。

3）道化万物的治理

老子曰：“我无为，而民自化；我好静，而民自正；我无事，而民自富；我无欲，而民自朴。”领导者学习老子的无为而治，那么民众就会自然化育；领导者喜欢清静，民众就自然纯正无私；领导者对民众不横加干涉、扰乱，民众就自然会富足常乐；领导者自己没有贪欲，民众就自然会淳朴不贪。

做到“无为而治”，治理者选择正确的价值取向引导民众，上善若水，循序渐进，潜移默化。“不尚贤，使民不争；不贵难得之货，使民不为盗，不见可欲，使民心不乱。是以圣人之治，虚其心，实其腹，弱其志，强其骨。常使民无知无欲，使夫知者不敢为也。为无为，则无不治。”圣人之治，应是使民众经常保持平常心态，让他们衣食无忧，削弱他们争强好胜的志向，使他们身强力壮。常使民众返朴守淳，不生妄想，使那些自以为聪明的人也不敢轻举妄动。这样，对国家社会的管理就不需要特别的举措，天下也能治理得很好。反过来说，社会上为什么人人争权夺利，盗抢成风，人心不稳？根本原因是管理者厚此薄彼，贪得无厌，不顾民众的死活。如果是这样，不论制定出多少严厉的惩罚措施，社会的混乱也是不可避免的。

道化万物，在于变通。把握变通法则，可以化治理行为于无形。如征税，民众一般为被动接受，如果国家税收有道，则人们将缴税变为积极主动的自觉行为。《管子·地数》记述了化征税无形的典故：

桓公问于管子曰：“吾欲守国财而毋税于天下，而外因天下，可乎？”管子对曰：“可。夫水激而流渠，令疾而物重。先王理其号令之徐疾，内守国财而外因天下矣。”桓公问于管子曰：“其行事奈何？”管子对曰：“夫昔者武王有巨桥之粟贵籴之数。”桓公曰：“为之奈何？”管子对曰：“武王立重泉之戍，令曰：民自有百鼓之粟者不行。民举所最粟，以避重泉之戍，而国谷二什倍，巨桥之粟亦二什倍。武王以巨桥之粟二什倍而市缯帛，军五岁毋籍衣于民。以巨桥之粟二什倍而衡黄金百万，终身无籍于民。”

2.3 资源耦合治理的维度

2.3.1 资源耦合治理的能源维度

1. 能源的定义

能源是能向自然界提供能量转化的物质，同时也是人类活动的物质基础，能源亦称能量资源或能源资源。能源是指可以产生各种能量（如热量、电能、光能和机械能等）的资源的统称，包括煤炭、原油、天然气、煤层气、水能、核能、风能、太阳能、地热能、生物质能等一次能源和电力、热力、成品油等二次能源，以及其他新能源和可再生能源。根据能源的来源不同可以将能源分为三类：第一类是来自地球外部天体的能源（主要是太阳能）。来自地球外部天体的能源是除太阳直接辐射外，地球上风能、水能、生物能和矿物能等能源的产生基础。人类所需能量的绝大部分都直接或间接地来自太阳。各种植物通过光合作用把太阳能转变成化学能在植物体内储存下来。煤炭、石油、天然气等化石燃料是由古代埋在地下的动植物经过漫长的地质年代形成的。它们实质上是由古代生物固定下来的太阳能。此外，水能、风能、波浪能、海流能等也都是由太阳能转换来的。第二类是地球本身蕴藏的能量。通常指与地球内部的热能有关的能源或与原子核反应有关的能源，如核能、地热能等。温泉和火山爆发喷出的岩浆就是地热的表现。第三类是地球和其他天体相互作用而产生的能量，如月球引力作用产生的潮汐能。

2. 我国能源结构现状

我国 2016 年全年能源消费总量 43.6 亿 t 标准煤，比 2015 年增长 1.4%。煤炭消费量下降 4.7%，原油消费量增长 5.5%，天然气消费量增长 8%，电力消费量增长 5%。煤炭消费量占能源消费总量的 62%，比 2015 年下降 2%；水电、风电、核电、天然气等清洁能源消费量占能源消费总量的 19.7%，同比上升 1.7%。2016 年全国万元 GDP 能耗下降 5%。工业企业吨铜综合能耗下降 9.45%，吨钢综合能耗下降 0.08%，单位烧碱综合能耗下降 2.08%，吨水泥综合能耗下降 1.81%，每千瓦时火力发电标准煤耗下降 0.97%。几年来我国能源结构调整和节能环保成果很大，但中国目前的能源结构仍然存在以下问题。

（1）富煤、贫油、少气是我国天然的资源禀赋。我国水能资源、煤炭资源、石油资源和天然气资源分别居世界第 1 位、第 2 位、第 12 位和第 24 位。目前我国已探明的煤炭资源储量较为丰富，我国煤炭资源总量为 5.6 万亿 t，其中已探明储量为 1 万亿 t，占世界总储量的 11%，石油、天然气资源储量较低，需要依赖大规模进口，油页岩、煤层气等非常规化石能源储量潜力较大。由于我国石油、天然气资源短缺，煤炭因其巨大的储存量使其成为消耗的主要能源，在 21 世纪的前 30 年内，煤炭在我国一次能源结构中仍将占主导地位。与此同时，中国还拥有较为丰富的可再生能源资源。新能源利用率低，发展潜力大。

（2）人均占有能源资源量较低，且分布不均。中国是世界人口数量最多的国家，虽然我国能源绝对储量较为丰富，但人均能源资源占有量相比世界平均水平来说较低。煤炭资源作为我国储量最为丰富的能源物质，人均占有量却只有世界平均水平的一半左右，我国世界储量最为丰富的水能资源，人均资源占有量也低于世界平均水平。而且我国耕地人均水平较低，这一情况也阻碍了生物能源的发展。此外，中国能源资源的分布不均衡，中国北部和西部省份多为净能源输出省份，东中部省份都为净能源输入省份，能源消费集中的东中部地区大部分是能源资源稀缺的地区，大量的煤炭资源集中于华北和西北等地区，而水能资源主要分布在西南地区，石油、天然气资源主要分布在东部、中部、西部地区和部分海域。可见我国能源资源丰富地区与能源消费集中地区的分布重合度较低，使得能源需要在不同的地区间进行长距离运输。

（3）我国能源利用效率低、新能源与清洁能源的使用占总能源消耗量比例小，目前的能源结构使环境污染加重。中国能源效率低与以煤炭为主的能源结构有密切关系。一方面以煤为燃料的能源转换效率相较于石油和天然气较低，而且煤炭资源在全国范围内的分布不均，使得煤炭资源输送到东中部地区需要消耗大量资源，给我国铁路运输系统带来巨大的压力。另一方面，我国风能、太阳能、地热能、海洋能、生物质能源蕴藏丰富，但并没有得到充分开发利用。目前，由于经济的高速发展和煤炭在能源消耗中的主体地位，使得我国空气污染较为严重，目前我国二氧化碳的排放总量仅次于美国，居世界第二位，二氧化硫的排放量居世界第一位，而其中二氧化碳排放量的70%、二氧化硫排放量的90%和氮氧化物排放量的 66.7%均来自煤炭资源消费。我国由于二氧化硫排放引起的酸雨污染已扩展到全国面积的30%左右，据有关研究成果显示，酸雨造成的经济损失已接近当年 GDP 的 2%。在一些人口密集、经济发达和机动车保有量大的城市，已经发现有发生光化学污染的趋势，尤其是在北京、广州、上海等特大城市已经监测到了光化学污染的发生。

（4）中国能源市场体系有待完善，很多能源的价格都还保持官定价格或者在政府管制下的浮动价格，能源价格机制未能完全反映资源稀缺程度、供求关系和环境成本。煤炭消费数量庞大的另一个原因是煤炭价格较低，一方面是因为煤炭资源数量庞大，而另一方面就是由于煤炭资源定价并未包含煤炭开采和使用对环境破坏的成本。因此，中国的能源市场有待于进一步完善，需要通过市场和税收等手段促进市场体系的完善，通过市场价格这一把手提高能源利用效率。

3. 影响能源消耗的主要因素

（1）人口因素。人口因素是影响能源消耗总量的重要因素之一，人口规模的不断增长会导致能源消耗总量的持续增加。历史数据显示，人口增长与能源消耗规模增长是同步的。人口增长会增加食物、住房、交通等多方面的需求，为不断满足新增人口生存需求，就会进一步带动能源消费行业的发展，从而导致能源消耗总量的上升。

（2）经济增长。经济增长通常是指一个国家产出水平的持续增加，经济增长率的高低不但体现了一个国家或地区在一定时期内经济总量的增长速度，而且也是衡量一个国家或地区总体经济实力增长速度的重要标志。综合来看，经济增长对能源消耗的影响主要体现在能源需求空间不断被扩展。经济增长是能源需求增长的直接动力，经济增长为能源产业提供了更广阔的市场空间，而市场需求是能源产业生产水平和规模提升的主要驱动力。人类经济发展史上的几次飞跃式发展所带来的主要能源消费方式的革命性变化就是经济增长对能源产业影响的重要标志，而促成每次主导能源更替的动因则是经济增长所带来的巨大的能源需求，其本质就是越来越大的能源需求与能源供给的矛盾关系。

（3）产业结构。产业结构是一个国家或地区在一定时期内三次产业之间的比例关系，反映了资本、技术、劳动力以及资源等生产要素在各个产业间的配置机构，产业结构很大程度上决定了生产资料的消耗方式。

（4）技术进步。从广义上讲，技术进步是指技术所涵盖的所有形式的知识的积累与进步。狭义上来看，技术进步体现在以下几个方面：首先是进行生产活动中科学技术的应用所形成生产效率的提高与改进；其次是人类知识水平和科技水平的不断积累；最后还有劳动力整体素质的改善。技术进步对能源消耗总量降低的作用巨大，先进的能源开发和技术利用能够有效提升能源利用效率，先进技术的应用可以有效改善能源消耗结构。

（5）基础设施建设和城市化进程。在城市化加速发展的阶段，经济社会的发展对能源消耗存在很强的依赖性。城市化对能源消耗的影响主要体现在对生产性能源消耗和生活性能源消耗的影响两个方面，具体可以概括为基础设施建设对能源的拉动，以及居民生活用能的增加及优质化。基础设施建设和城市化有效带动了工业尤其是重工业的迅速扩张，重工业的不断发展需要投入更多的能源，而重工业的能源消耗也成为能源需求最主要的增长源。同时，城市化也进一步带动了交通运输业的发展，城市汽车保有量的不断上升使得化石燃料的需求不断增加。

2.3.2　资源耦合治理的水资源维度

1. 水资源定义

根据世界气象组织和联合国教科文组织有关水资源的定义，水资源是指可利用或有可能被利用的水源，这个水源应具有足够的数量和合适的质量，并满足某一地方在一段时间内具体利用的需求。根据全国科学技术名词审定委员会公布的水利科技名词中有关水资源的定义，水资源是指地球上具有一定数量和可用质量，并且能从自然界获得补充并可资利用的水。广义的水资源是指水圈内水的总量，而狭义的水资源则是指能够为人类直接利用的淡水资源。水资源是基础自然资源，是生态环境的控制性要素；同时又是战略性经济资源，为综合国力的有机组成部分。自 1989 年世界环境与发展委员会提出“水资源正取代石油而成为在全世界引起危机”的主要问题后，对水资源当前和未来状况的研究成为生态系统服务领域研究的重点内容。

2. 我国水资源现状

我国是世界上水资源较为丰富的国家之一，年水资源总量大概为 2.8 万亿 t，居世界第六位，但人均水量不足 2400m^3，仅为世界人均水量的 1/4，世界排名第 110 位，被联合国列为 13 个贫水国家之一，在全国 600 多个城市中，有 400 多个城市供水不足，100 多个城市严重缺水，每年缺水 60 多亿 m^3。与此同时我国水资源浪费现象较为严重，根据数据显示，我国工业产品用水量一般比发达国家高出5～10倍，发达国家水的重复利用率一般都在70%以上，而我国只为20%～30%。更为严重的是，由于多年的粗放型发展使我国水域受到了不同程度的污染，近50%的重点城镇水源不符合饮用水的标准。我国持续的水资源短缺，迫使一些城市大量开采地下水，结果导致地下水位下降、海水倒灌和城市地面沉降，这样的水资源形势，特别是在北方城市中十分严峻，已经成为影响我国城市可持续发展的重要因素。

（1）水资源地区分布不均。我国曾先后进行了两次水资源评价，第一次运用的是1956～1979年的资料，第二次运用了1956～2000年资料系列。水利部公布的2013年水资源公报显示，我国水资源总量约为2.8万亿m^3，占全球水资源的6%，其中地表水资源为2.68万亿m^3，地下水资源为8081亿m^3，地表水与地下水资源量重复计算量为7194亿m^3。我国多年平均年降水总量约6万亿m^3，水资源总量占降水总量的44.6%。我国水资源分布和降水量由东南沿海向西北内陆逐次递减，如长江流域和长江以南耕地只占全国的36%，而水资源量却占全国的80%；黄淮海三大流域的水资源量只占全国的8%，可耕地面积却占全国的40%。同时，年降水量分配不匀，旱涝灾害频繁，我国大部分地区年内连续4个月降水量占全年的70%以上。

（2）水资源短缺严重。我国是一个干旱缺水严重的国家。可利用的淡水资源有限，加上水资源浪费、污染以及气候变暖、降水减少等原因，加剧了水资源短缺的危机。按照国际标准，人均水资源低于3000m^3为轻度缺水，低于2000m^3为中度缺水，低于1000m^3为重度缺水，低于500m^3为极度缺水。照此，目前我国有16个省（自治区、直辖市）重度缺水，6个省（自治区、直辖市）极度缺水；全国三分之二的城市供水不足，六分之一的城市严重缺水。京津冀人均水资源仅为286m^3，为全国人均的1/8，世界人均的1/32，远低于国际公认的人均500m^3的“极度缺水”标准。水资源短缺可以分为资源性缺水、工程性缺水、水质性缺水和管理性缺水等四种类型。资源性缺水是指当地水资源总量少，不能适应经济发展的需要，造成水资源供需矛盾加剧，如华北地区、西北地区、辽河流域、辽东半岛、胶东半岛等地区属于资源性缺水。

（3）水资源利用开发空间有限。虽然我国水资源总量不少，但这些水资源并不都是可以利用的，由于受经济技术条件的限制，一些水资源暂时无法开发利用；另外，资源利用时要考虑生态环境因素，如果开发利用过度，会对生态环境造成一定影响，甚至导致生态环境的崩溃。我国年用水量整体呈现递增趋势，用水结构也发生了很大变化，农业用水比例逐年下降，而工业和生活以及生态用水所占比例逐年上升。按照国际经验，一个国家用水量超过其水资源的20%，就很可能会发生水资源危机。根据最近几年的水资源状况分析，我国已接近水资源危机的边缘。水利部的资料也显示，我国用水总量正逐步接近国务院确定的2020年用水总量控制目标，开发空间十分有限，目前年均缺水量高达 500 多亿 m^3。随着产业布局和经济结构调整、技术进步与产业优化升级、用水管理和节水水平的提高，我国水资源利用效率明显提高，万元 GDP 用水量为 $109m^3$，与 1997 年相比下降了 82.2%以上。

（4）水资源浪费现象严重。尽管我国水资源短缺的形势严峻，但由于水资源的低效利用、跑冒滴漏等浪费现象十分严重，利用效益远远低于国际平均水平，如万美元 GDP 用水量是以色列的 8.9 倍、美国的 2.7 倍、日本的 7.1 倍，工业用水带来的效益是欧美国家以及日本等的将近 1/20。农业用水的效益差距就更加明显，我国灌区平均水利用系数仅为 0.53 左右，节水仍有较大空间。。

3. 影响水资源消耗的主要因素

（1）人类活动对水资源的影响。人类智慧的不断积累和科学技术的进步，使全球环境在其自然演变的过程中，人类活动这一因素逐渐加强了对地球环境的影响，从而使地球环境要素之一的水资源在其本来就受自然界气候以及其他要素变化所导致的天然变化之外，也受到人类活动影响。水资源在接受人类直接干预，而引起的水资源局部变化，以及因人类活动引起的全球性变化，特别是全球气候变化所导致的水资源变化。

（2）农业对水资源的影响。随着农业人口增加、技术进步和农业经济发展，农业活动必然对自然产生一定的影响。农业灌溉和排水直接改变局部的水文循环状态。乡镇企业的兴起和农业科学技术的推广，加大了地下水资源的开采利用。如北方沿海地带，由于地下淡水水位下降，造成海水入侵，使大批机井报废，每年减少地下水储蓄量 1 亿 m^3 以上，减少灌溉面积 4 万多 hm^2，使上百万人口饮水困难。造成地下水水位持续下降的原因不仅是农业用水，也有工业和城镇生活用水，但是农业用水占份额 80%以上，因此农业活动对水资源的影响较大。

（3）工业和城市化对水资源的影响。随着工业化、城市化的发展，工业用水和城市生活用水增长很快，如 1980 年全国工业和城镇用水量为 525 亿 m^3，约占总水量的 11.9%，而至 1990 年全国工业和城镇用水量就达 1286 亿 m^3，是 1980 年的 2.5 倍，而 1996 年则达 1852 亿 m^3，是 1980 年的 3.5 倍。

我国工业当前处于工业化阶段，工业增长方式基本上仍处于粗放型扩大再生产状态，资源消耗大、环境污染严重。在 1982 年进行的全国酸雨普查中，全国平均酸雨频率为 44.5%，酸雨污染水体水质。1996 年调查显示全国酸雨污染普遍加重，分布区域有所扩展，我国近 1/3 地区受到酸雨不同程度的危害，也影响到不少地区水资源的质量。除污水外，工业排放废气及烟尘是造成酸雨的主要原因。

（4）水利工程及湖泊围垦对水资源的影响。新修水利工程的目的是防洪减灾及开发利用水资源的水利功能，但是也会对水资源产生一定影响。我国大量修建水利水电工程，其中很多是用水、蓄水工程，改变了河流水文的天然情势。洪枯、季节径流分配有了变化，这种改变在一定程度上增加了河流水资源的可利用程度，但也因对河流水文、情势的改变，影响天然水沙关系。在一些河段特别是黄河下游，河道淤积加重，降低了河槽调蓄能力，部分河道出现萎缩，一些河段的洪峰折减系数有所降低。湖泊围垦虽然增加了一些耕地，但是使湖泊水面积变小，1949 年至 20 世纪 90 年代我国湖泊总面积缩小了 133 万 hm^2，湖泊数量已由 2800 多个减少到 2350 个，损失淡水资源蓄存能力为 350 亿 m^3。我国第一大淡水湖鄱阳湖在 20 世纪 50 年代初湖面面积有 5050km^2，但因围湖造田，到 20 世纪 80 年代初湖面面积只有 2934km^2，减少了 42%；第二大淡水湖洞庭湖在 1949 年湖面面积约为 4350km^2，由于长江流沙的淤积及蓄洪垦殖政策，到 1980 年湖面面积已减少到 2690km^2，为 1949 年的 68%。这些都导致流域中淡水蓄存能力的减少，直接影响了水资源。

2.3.3 资源耦合治理的建设用地维度

1. 建设用地的含义

建设用地指的是通过工程的手段，使人类生活生产方面的物质建设能获得足够操作场所和建筑空间等一系列社会经济活动所需提供的土地。建设用地包括城乡建设、工业建筑、交通、军事，水利、市政基础设施等各项用地。建设用地与农业用地在土地利用的相互关系上存在着显著的、本质上的区别。建设用地利用的结果是以土地非生态附着物，如建筑群、道路、桥梁等存在于实地。农业用地利用的结果是形成农产品，它依赖于土地的肥力，直接从耕作的土层中培育出来，它对土壤、气候、灌溉等条件有严格要求。所以土壤肥力很低的土地难以作为农业用地，但可以作为建设用地。

2. 建设用地的特性

1）建设用地的位置固定性

建设用地是不能移动的，具有位置的固定性。尽管从严格意义上讲，地球表层也存在因各种自然原因而产生的移动变化，但对于整个地球和人类大生产活动来说实在是微不足道，既没有实质意义，也不能从根本上改变建设用地位置的固定性的特性。建设用地位置的固定性，既给我们人类提供了利用各种建设用地的可能性和生存发展的基础，也限制了人类利用建设用地的区域性。

2）建设用地的区位差异性

建设用地存在着区位差异。地球上任意两块不同位置的建设用地，无论是土壤的自然性质，还是经济性质，都存在着差异。我们无法找到两块自然和经济性质完全相同的建设用地。建设用地的这种差异性和建设用地位置的固定性导致了建设用地价值和价格的差异、建设用地适用性和利用成本的差异，并时时警示人类珍惜并科学合理地利用每一块建设用地。

3）建设用地的总量有限性

人类创造了建设用地，使人类轻而易举地享用到建设用地带给我们的一切，也使很多人以为建设用地无限。事实上，建设用地总量是有限的，既不能增加也不能用其他物质所代替，人类更不能无限创造建设用地。建设用地有限，这一特性要求人类必须科学利用建设用地，努力提高建设用地的产出效益，以有限的建设用地创造更多的物质财富，满足人类日益增长的物质需求。

4）建设用地的利用可持续性

建设用地与其他生产资料存在着一个显著差异，即只要按照自然规律，科学合理地利用建设用地，不断改善和增加其公众利益溢出效应，建设用地就可以持续利用并不断提高产出率，而其他生产资料在使用过程中都会由新变旧，都会受到磨损，直到报废。当然，建设用地的持续利用是有一定条件的。如果人类不科学合理地开发利用建设用地，也会造成建设用地生态系统的破坏，使建设用地生产能力下降，受到大自然的惩罚。

5）建设用地的供给稀缺性

建设用地存在着差异性，且位置固定、数量有限，人们利用建设用地时又都要选择位置较优的建设用地，因而会导致这类位置优或土质好的建设用地需求大于供给的现象，这种供不应求的现象即是建设用地经济供给的稀缺性。建设用地供给的稀缺，又会造成需求这类建设用地的各部门、各单位之间的竞争，并在建设用地所有、占有、使用上进行垄断，客观上又迫使人们节约建设用地、集约用地。

6）建设用地的非生态利用性

建设用地以土地的非生态附着物为主要利用方式，土地对建设来说发挥着地基和场所的作用，这一特性决定了在选用建设用地时，主要是考虑土地的非生态因素，而与土地肥力等生态因素则没有多大关系。因而应把质量最好的土地优先用于农业。

7）建设用地逆转的相对困难性

从农业用地变为建设用地较为容易，而从建设用地重新变为农业用地则较为困难。例如，将一块农业用地修建成飞机场，所涉及的只是一个工程量问题，但若把一个废弃的飞机场重新改为农田，需要清除所有的沥青、石子、水泥等，有时还包括一些特殊的有毒物质，因此，要把废旧地变成农田是相当困难的。我们显然不能由于这种特性而放弃对废旧地的复耕，但需要注意的是要谨慎地审批建设用地，要占用农业用地时，必须要经过充分的论证。

3. 我国建设用地现状

1）土地总量大，人均土地少

我国土地面积总量较大，占世界土地总面积的 7.2%，居世界第 3 位；我国的耕地占世界耕地总面积的 9.5%，居世界第 4 位；林地占世界林地面积的 5.5%，居世界第 5 位；牧草地占世界牧草地的 7.8%，居世界第 2 位。但是，目前我国有 14 亿人口，居世界第 1 位。因此，我国土地资源的人均占有量同世界 28 个人口、土地大国相比较低，应该说我国是人均土地资源比较紧缺的国家之一。人口众多、人均土地少这一基本国情将长期制约我国社会和国民经济的发展，妥善处理人口增长、经济发展和土地紧缺的矛盾是我国面临的巨大挑战。这是我国决定要用世界上最严格的措施来管理土地和保护耕地的决策依据，也是制定“十分珍惜、合理利用土地和切实保护耕地”基本国策的出发点。

2）山地、丘陵多，平原少

我国土地的 46.4%为山地，20%为丘陵，山地和丘陵占全国土地的 2/3，而平原（含高原）仅占 1/3。我国山地的 64.8%和丘陵的 56.2%分布在西部 10 个省份，占西部总面积的 72.9%，其中仅山地就占 53.1%。山地最多的是贵州、云南和川渝地区，分别占该地区总面积的 80.8%、80.3%和 72%，山地面积超过 50%的还有山西、浙江、福建、江西、湖南、湖北、广西、西藏、陕西、甘肃 10 个省（自治区）。也就是说，全国有近一半的省份，山地面积超过辖区面积的 50%，而平地超过辖区面积 50%的只有上海、天津、江苏、安徽、河南、内蒙古 6 个省（自治区、直辖市）。

3）土地和水资源地区分布不相匹配

我国水资源总量不算少，年均降水总量为 61015 亿 m^3，年均水资源总量亦达 27460.3 亿 m^3，但每平方千米年均降水总量和水资源总量分别只有 64 万 m^3 和 28.9 万 m^3，人均年降水量 4986m^3，总体来说我国人均和单位面积的降水量和水资源量偏少。按单位土地面积占有年均降水量和水资源总量计算，由东部向西部递减明显：东部地区土地面积仅占全国土地面积的 13.9%，而年均降水量和水资源量则分别占全国的 25.2%和 27%，单位面积的年均降水量和水资源量分别是全国平均量的 181.9%和 194.9%；中部地区土地面积占全国土地面积的 29.6%，年均降水量和水资源量分别是全国的 30.1%和 25.2%，单位面积年均降水量和水资源量分别是全国平均量的 101.6%和 85.2%；西部地区土地面积占全国土地面积的 56.5%，年均降水量和水资源量仅占全国的 44.7%和 47.7%，单位面积年均降水量和水资源量仅为全国平均数的 79.1%和 84.8%。所以水资源在地区间的分布明显不均衡，东部是地少水多，西部是地多水少，加之蒸发量的差距，西部地区干旱缺水严重。天然降水是水的主要来源，我国气候虽然有雨热同期的优点，作物生长期降水量在全国大部分地区达到全年降水量的 80%～90%，对土地的农业利用极为有利，但天然降水量和土地资源的分布不相匹配，又在较大程度上影响了土地的有效利用。因此我们需要按照地区特点，因地制宜、充分合理地利用有限的土地和水资源来保障城乡经济发展和人民生活需要。

4）土地利用的地域差异明显

受自然和社会经济环境的影响，我国土地利用结构、比重、程度和效益在东、中、西部之间的地域差异明显。东部人口约为 5 亿，占全国人口的 41.2%，土地面积占全国土地面积的 13.9%，其耕地、园地、林地、居民点、交通用地、水域占东部地区土地面积的比例分别为 28.0%、4.2%、37.1%、6.9%、1.5%和 8.9%，这 6 大类已利用土地占全区土地的比例远高于中西部地区，牧草地仅占全国牧草地面积的 0.8%，远低于中西部地区。土地垦殖率和建设用地率高达 28.0%和 10.1%。耕地单产高，以全国 28.4%的耕地生产占全国 37.6%的粮食，但人均耕地只有 0.07hm^2，粮食不能自给的 8 个省（自治区、直辖市）都在本区。单位土地和农地的 GDP 也最高，分别是中西部地区的 3 倍、10.3 倍和 4.4 倍、16.7 倍。中部 9 省（自治区）有 3.3 亿人口，占全国人口的 35.7%，土地面积占全国土地面积的 29.6%，本地区 7 大类已利用土地（耕地、园地、林地、牧草地、居民点、交通用地、水域）占全区土地的比例均居东西部地区之上，其中，耕地、林地、居民点和交通用地约占全国同类土地的 40%左右。土地和农地利用率及森林覆盖率均高于东西部地区，为全国之首。本区是全国农、林生产基地，吉林、黑龙江等产粮大省都在本区。土地垦殖率、建设用地率、单位面积土地、农地以及人均 GDP 均居东西部之间。

西部 10 省（自治区、直辖市）人口只有全国的 23.1%，土地面积占全国总面积的 56.5%，耕地、园地、林地、居民点、交通用地、水域占全区土地的比例分别为 6.9%、0.4%、16.2%、1.0%、0.3%和 3.1%，远小于东中部地区。但牧草地、未利用土地占全国同类土地的比例则居全国之首。未利用土地比重达 36.5%，但其中难利用的沙漠、戈壁、高寒荒漠等占 69.2%。单位面积土地、农地以及人均 GDP 分别只及全国平均水平的 25%、38%和 61%。

5）耕地开垦过度，后备资源少

我国耕地开发历史在 5000 年以上。目前耕地面积已占全国土地调查面积的 13.7%，比世界平均数 10.2%多 3.5 个百分点，而现有耕地有相当一部分是属于过度开垦，地面坡度在 25°以上的耕地全国达 606.5 万 hm^2，10°～25°的耕地尚有 1246.6 万 hm^2，也就是说地面坡度在 15° 以上的耕地全国有 1853.1 万 hm^2，占全国耕地总面积的 14.3%。15°以上的耕地占耕地总面积的比例在贵州为 59.3%，陕西为 50.1%，云南为 45.8%。除上述耕地的大部分需要退耕还林、还草以外，在湖田地区，亦有过度围湖开垦，严重影响泄洪、蓄洪的状况，也需要退耕还湖。

耕地减少过快。改革开放以来，我国经济一直保持着高速增长的势头，但这种高速增长主要靠外延扩展用地，以占用大量耕地为代价取得。据国家统计局的统计，全国耕地净减数在“六五”期间为 235.3 万 hm^2，平均每年减少 47.1 万 hm^2；“七五”期间为 99.1 万 hm^2，平均每年减少 24.6 万 hm^2；“八五”期间为 70.2 万 hm^2，平均每年减少 14.1 万 hm^2。也就是说从 1981 年到 1995 年的 15 年间，我国共减少耕地 404.6 万 hm^2，平均每年 27 万 hm^2。1996～2007 年我国耕地面积净减少 833 万 hm^2，耕地减少的速度大大加快。2010～2019 年我国耕地面积净减少 1.13 亿亩。

我国耕地后备资源少，这是应该重点关注的问题。世界耕地后备资源的总量约为现有耕地总量的 120%，而我国只有 6%。据调查，我国尚有可供开发利用的后备土地资源为 6666.6 万 hm^2，其中耕地后备资源总量约为 1333.3 万 hm^2，按成垦率为 60%计算，全部开垦出来，也只能增加 800 万 hm^2 耕地。这些后备土地资源的 80%分布在东北、西北和西南的开垦条件差的地方，相当部分是“有水才有农”，没有水源保证是无法开垦的。因此，实现耕地总量动态平衡的任务非常艰巨。

6）建设用地利用粗放、浪费严重

近年我国各项建设用地扩展快、占用耕地多，利用粗放、浪费土地的情况十分严重。从 1997 年至 2004 年，我国年均新增建设用地达到 0.38 万 km^2，平均每年占用耕地 0.203 万 km^2。目前，我国城市人均用地面积已经达到 133m^2，超过国家规定标准近 1/3，而世界上发达国家人均城市用地是 82.4m^2，远远低于我国平均水平。城市用地盲目扩张，土地利用率低。1990～2004 年，中国城镇建设用地由 1.3 万 km^2 扩大到近 3.4 万 km^2，城市用地规模弹性系数（城市用地增长率/城市人口增长率）为 2.28，已远高于 1.12 的合理水平。

2004 年通过 400 个城市的调查，城市建成区闲置土地占建成区面积的 1/4，到 2004 年年底全国规划面积共有闲置土地、空闲地和批而未供的土地 0.267 万 km^2，相当于城镇建设用地总量的 7.8%。农村的非农建设同样也存在严重浪费现象，空心村和一户多宅等浪费土地的现象普遍存在。2004 年全国村庄建设用地 16.5 万 km^2，按当年农业人口计算，人均村庄用地 218m^2，高出国家定额最高值（150m^2/人）45.3%。

此外，还有开发区的盲目建设导致的浪费。据国土资源部统计，到 2004 年 8 月，全国各地共有各类开发区 6800 多个，圈地达 3.86 万 km^2，已经超过了当时全国城镇用地面积的总和。2003 年数据显示，43%的开发区土地闲置，土地浪费严重，其中全国省级开发区 900 多个，国家批准规划了近 2.00 万 km^2 耕地，而已经开发的仅占规划总面积的 13.5%，近 1.73 万 km^2 耕地闲置。

7）土地资源生态环境恶化

新中国成立以来，我国在保护生态环境上做了很多工作，对土地生态环境与国民经济和社会发展都产生了一定的积极作用。但过度开垦、超载过牧、森林过伐、工业污染等对土地资源的破坏超过了治理的速度，导致很多地区自然生态环境恶化。

在水土流失治理方面，全国虽然累计治理了 67 万 km^2，但仍有 367 万 km^2 的面积待治理，约占土地总面积的 38.6%，此外每年平均要新增 1 万 km^2 的水土流失面积。分布在西北、东北和华北的内蒙古、晋、冀等 11 个省（自治区）的沙化土地面积不断扩大，累计已达到 262 万 km^2，且每年还以 0.25 万 km^2 的速度在增加。

我国 50 年累计造林近 6000 万 hm^2，森林覆盖率为 16.7%（按郁闭度等于或大于 0.3 计算；若按 0.2 计算，则可达 18.3%），但是造林速度比不上砍林速度快，特别是天然林遭到严重破坏，加剧了自然灾害的产生并造成巨大损失。牧草地长期超载过牧也是一个严重问题。投资少、建设治理不力导致产草率低，目前改良草地和人工草地面积仅为 332.5 万 hm^2，不到牧草地面积的 1.25%，而草地退化、沙化和碱化面积已达 1.35 亿 hm^2，每年还以 200 万 hm^2 的速度在增加。

湖泊水面减少是我国生态恶化的重要因素之一，因自然气候变化和人工围垦原因，全国湖泊水面比 1949 年年初减少约 1400 万 hm^2，仅鄱阳和洞庭两湖的水面比 50 年前就缩小了 969 万 hm^2。

耕地生态是我国土地生态建设中的重要方面。但是我国耕地除受城市、工业、化肥、农药污染外，由于陡坡土地开垦过度，耕地的水土流失、沙化问题也相当突出，耕地面积占全国土地面积的 13.7%，而耕地水土流失面积约占全国水土流失面积的 33.3%，耕地每年的土壤流失量是全国土壤流失总量的 66.7%，工业“三废”和农药污染耕地 2187 万 hm^2，所以耕地的生态问题远比其他土地的生态问题要严重。

2.3.4　资源耦合治理的双控市场化维度

1. 能源的双控市场化

1）能源双控市场化的总体要求和目标

（1）总体要求。全面贯彻党的十八大和十八届三中、四中、五中、六中全会精神，深入学习贯彻习近平总书记系列重要讲话精神，认真落实党中央、国务院决策部署，紧紧围绕“五位一体”总体布局和“四个全面”战略布局，牢固树立创新、协调、绿色、开放、共享的发展理念，落实节约资源和保护环境基本国策，以提高能源利用效率和改善生态环境质量为目标，以推进供给侧结构性改革和实施创新驱动发展战略为动力，坚持政府主导、企业主体、市场驱动、社会参与，加快建设资源节约型、环境友好型社会，确保完成“十三五”节能减排约束性目标，保障人民群众健康和经济社会可持续发展，促进经济转型升级，实现经济发展与环境改善双赢，为建设生态文明提供有力支撑。

（2）主要目标。2017 年 1 月 5 日国务院发布了《“十三五”节能减排综合工作方案》，该方案指出，到 2020 年，全国万元 GDP 能耗比 2015 年下降 15%，能源消费总量控制在 50 亿 t 标准煤以内。全国化学需氧量、氨氮、二氧化硫、氮氧化物排放总量分别控制在 2001 万 t、207 万 t、1580 万 t、1574 万 t 以内，比 2015 年分别下降 10%、10%、15%和 15%。全国挥发性有机物排放总量比 2015 年下降 10%以上。

该方案从十一个方面明确了推进节能减排工作的具体措施。一是优化产业和能源结构，促进传统产业转型升级，加快发展新兴产业，降低煤炭消费比重。二是加强重点领域节能，提升工业、建筑、交通、商贸、农村、公共机构和重点用能单位能效水平。三是深化主要污染物减排，改变单纯按行政区域为单元分解控制总量指标的方式，通过实施排污许可制，建立健全企事业单位总量控制制度，控制重点流域和工业、农业、生活、移动源污染物排放。四是大力发展循环经济，推动园区循环化改造，加强城市废弃物处理和大宗固体废弃物综合利用。五是实施节能、循环经济、主要大气污染物和主要水污染物减排等重点工程。六是强化节能减排技术支撑和服务体系建设，推进区域、城镇、园区、用能单位等系统用能和节能。七是完善支持节能减排的价格收费、财税激励、绿色金融等政策。八是建立和完善节能减排市场化机制，推行合同能源管理、绿色标识认证、环境污染第三方治理、电力需求侧管理。九是落实节能减排目标责任，强化评价考核。十是健全节能环保法律法规标准，严格监督检查，提高管理服务水平。十一是动员全社会参与节能减排，推行绿色消费，强化社会监督。

该方案将“十三五”能源消费总量和强度控制目标分解到各省（自治区、直辖市），提出了主要行业和部门节能目标，明确了“十三五”各地区化学需氧量、氨氮、二氧化硫、氮氧化物和重点地区挥发性有机物排放总量控制计划。各地区、各部门要充分认识做好“十三五”节能减排工作的重要性和紧迫性，加强组织领导，明确目标责任，狠抓贯彻落实，强化考核问责，确保完成节能减排目标。

2）能源消耗总量和强度控制

随着中国经济的快速发展，中国能源消耗量呈现快速增长的趋势。我国能源消耗总量从 2000 年的 14.6 亿 t 标准煤增长至 2016 年的 43.6 亿 t 标准煤，全国能源消费总量年均增长率高达 7.08%。

近年来我国能源消耗比重变化不大，其中能源消耗比重最大的是煤炭，能耗比重一直在 60%以上。其次所占比重较大的能源是石油，比重由 2000 年的 21%降低到 2009 年的 18%。天然气和水电、核电、风电所占比重偏低，能耗比重均在 10%以下，可见我国新能源及可再生能源比重偏低，但比重呈逐年递增的趋势。总体说来，我国的能源消耗结构不平衡，与世界能源结构相比，存在着一定差距。我国的能源消费主要集中在煤炭这一种能源上，其次才是石油，且两者比例相差悬殊。而在世界能源消费结构中，石油、天然气和煤是三种最主要的能源消费品种，三者所占比重大致相当。根据我国能源规划，至 2020 年，努力使煤炭所占比重下降至 60%左右，这个任务依然十分艰巨。因此，必须坚持能源作为经济发展的战略重点，尽快提升天然气、电以及新能源在能耗结构中的比重，为全面建成小康社会提供经济、清洁、可靠、安全的能源保障，以能源的可持续发展和有效利用支持中国经济社会的可持续发展。

经济发展离不开能源资源的投入，经济发达省市对能源需求量相对较大。在我国，能源消耗主要集中在经济发达的东南沿海地区。但从我国探明储量的区域分布看，能源大多分布在北方。其中煤炭集中在华北和西北地区，仅山西一省就占全国探明储量的 1/3；石油资源集中在华北、东北和西北地区；水力资源集中分布在西南地区。然而我国东南沿海地区能源相对贫乏，尽管目前加大了对东部沿海地区能源的开发力度，但随着经济的不断增长，东部地区的能源开发仍然无法满足经济发展对能源的需求。总体说来，我国能源资源分布与消耗区的分布很不一致，诸如长江三角洲、珠江三角洲等能源集中消费区均离北方和西部主要能源基地一两千公里以上，即使在能源富裕的东北与华北，主要消费区如辽中南、京津唐，由于能源消耗量十分集中，也需要由黑龙江、山西、内蒙古远途输入能源。因此，我国能源由北而南和由西而东的大量运输将是长期存在的基本态势。

从各种经济成本的角度考虑，能源运输的花费是巨大的。毋庸置疑，能源开采与消费不对等的情况，对我国各地区的经济发展和人民生活水平的提高产生了重大影响。

能源消耗强度是表示能源利用效率的量，即单位 GDP 所消耗能源的数量。影响能源消耗强度的因素有很多，主要包括技术进步、结构调整、能源消耗结构和地区差异等。但国内外研究结果均显示，技术进步与结构调整是影响能源消耗强度的最主要的原因。

（1）技术进步能够提高能源利用效率。首先是进行生产活动中科学技术的应用所形成生产效率的提高与改进，其次是人类知识水平和科技水平的不断积累，最后还有劳动力整体素质的改善。技术进步对能源消耗总量降低的作用巨大，将极大地提高能源的利用效率，从而降低能源强度。

（2）产业的结构调整对能源消耗强度的影响主要是因为各行业的能源消耗密度不同，如果能源消耗强度较高的行业在经济中的比重较高或增长速度较快时，能源消耗的强度就会增加。

3）能源的双控市场化方法

（1）加强区域能源战略合作，发挥区域资源优势，加强各省份在能源领域的战略合作。在区域经济发展过程中，能源消耗的近邻效应显著存在，区域经济体之间存在明显的相互作用，相邻地区之间能源消耗水平趋于缩小。要降低全国能源消耗，实现资源优势与市场的结合，促进经济社会的共同发展，需要进一步增强和拓宽各省份在能源领域里的战略合作，考虑区域间优势互补因素，积极鼓励区域能源产销合作。加快实现能源行业跨区域合作，实现能源规模化、集约化、网络化经营，以此带动资源要素的汇聚，推动各能源生产要素在地区间、行业间自由与优化配置，突破行政区域界限，削减地区间和企业联合的障碍。

（2）政府部门需要对能源发展进行总体统筹规划，合理配置资源，引导行业合作，为区域能源的发展提供广阔的市场空间。各省份应当根据自身的交通条件、自然资源禀赋与地理位置等因素对自身发展进行统筹规划，突出自身能源优势，强化地方节能考核，实现能源消耗总量控制目标。尽管目前我国工业化、城市化的进程不断加快，能源需求大，节能较为困难。但通过加快建立能源消耗总量控制目标分解落实机制，把总量控制目标分解落实到地方政府，加大考核和监督力度，实行目标责任制管理和评价考核制度，可以进一步深化环保节能在各个基层的改革。

（3）依靠自主创新实现能源的技术进步，通过将政策重点倾斜在研究和采用有利于能源开发、利用的新技术，不断发展替代技术、利用可再生能源，从而推动我国创新性能源技术进步。通过能源领域的基础研究、前沿技术研究和社会公益性科技研究，开发一批对能源产业发展具有重要作用的共性、关键性、前瞻性技术，使我国在能源重点产品和重点工艺、重大技术装备等领域上取得技术突破，促进能源产业的技术升级和结构优化。运用多种鼓励手段，促进科技成果向现实生产力的转换。建立科学节能专项基金，大力支持节能科学研究。其次，以企业为中心，形成产学研相结合的技术创新体系。对节能技术研发经费不足的企业的贷款，政府要给予一定的低息、贴息，对于创新程度高、预期节约能源作用明显的项目可以考虑提供无偿资金投入。同时，政府应该积极培育完善的技术交易市场，活跃企业的技术交易活动，拓宽节能技术的商业化途径，提高企业进行节能技术开发的积极性。走科技进步与可持续发展相结合的道路。技术进步对我国的能源消耗具有双重作用：一方面，技术进步大大提高了能源效率，可以减少能源的相对消耗，另一方面，技术进步在降低能源密度。

（4）鼓励国民经济主要行业向低能耗、高附加值方向发展。首先，要在源头上保证新准入的项目是朝着低能耗的方向发展的。对各行业的固定资产投资项目要进行严格把关，对各行业的各个项目，制定一整套科学规范的节能标准，实行标准的节能评估审核，能耗水平超出节能标准的项目，不得予以审批、核准。特别要注意优化利用外资结构，对于外商投资的高能耗项目要从严审批。同时，对于已经建设并投产的项目，可以由国家有关部门通过税收、法律等多种手段对其耗能情况实行监督和管理，引导这些项目走向低能耗、低污染的生产道路。其次，提倡大力发展高附加值产业，依靠科技进步、产品设计魅力等来提高产品价值，而不是一味地发展劳动密集型、能源密集型产业。提高第三产业比重，推动第三产业结构升级，积极发展第三产业不仅可以促进经济增长，而且可以降低单位 GDP 的能源消耗。因此，要使能源得到合理的利用，要坚持优化和完善第三产业内部结构，不断优化拓展现代服务业，遵循现代生产专业化分工和现代服务市场化配置的产业发展规律，围绕提高产业效率、培育新型业态，重点发展以现代物流、金融保险、商业服务为主的生产性服务。通过第三产业的全面发展形成与社会生产力发展水平相适应的产业规模和合理结构，从而进一步提高国民经济整体素质，使单位 GDP 的能源消耗水平进一步得到控制。优化第二产业结构，提升产业核心竞争力，三大产业的能源消耗强度有很大的不同，相对于第一产业和第三产业，第二产业的能源消耗强度要大得多，而我国第二产业占三次产业的能源消耗比重一直保持在 40%以上。要提高能源的使用效率，控制能源消耗的过快增长，需要适当降低第二产业比重，同时加快推动第二产业结构和产品结构的调整。

（5）调整能源使用结构，引导全民消费观念更新。在一次能源的构成中，煤炭占 89.3%，长期以来我国能源消费构成中，一直以煤炭消费为主体。根据现在的国际形势来看，世界能源消费对石油、天然气等优质能源消费增加迅速，这为我国调整能源结构提供了良好的市场基础和舆论导向。控制煤炭消耗量和出口量，提高煤炭利用效率，一方面，随着国内煤炭需求的急剧增长，国内煤炭可供量呈不足趋势。另一方面，我国焦炭出口量占世界第 1 位，占世界出口量的 50%以上。由于焦炭产量的快速增长，主要炼焦煤种的资源消耗量不断增加，加上浪费及炼焦设备与技术的落后，稀缺煤种的消耗速度在不断加快。目前，我国常规能源储量有限、开采难度很大，新型能源、可再生能源却拥有得天独厚的资源优势。我们应该大力开发利用新型能源、可再生能源，提高我国人均新型能源、可再生能源消耗量，解决好我国经济增长道路上的能源瓶颈矛盾，实现经济的可持续发展。目前，我国对于风能、潮汐能、太阳能等可再生能源的技术和产业化研究严重落后于发达国家，因此，需要不断加强技术学习和技术引进，一方面要加大对可再生能源技术的研发，另一方面要建立专门的机构对可再生能源的利用和开发做好统一规划，加强可再生能源开发必需的基础设施建设。加大节能宣传力度，引导全民消费观念更新，倡导“安全、清洁、高效”的消费模式。加大节能宣传力度，将节能宣传纳入重大主题宣传活动，通过电视、广播、报纸、网络等媒体，加强对节能重要意义和有关政策措施的宣传。组织开展节能宣传周活动，在企业、机关、学校、社区等单位深入开展“节能减排全民行动”，大力倡导低碳节能生活方式和消费方式，提高市民群众珍惜能源、保护环境的节能意识。将节能教育纳入国民教育体系，强化全民节约资源和环境保护意识。建立节能教育培训基地，全面提高节能管理人员、重点用能单位以及节能服务单位的节能管理和服务水平，倡导“安全、清洁、高效”的能源消费模式。

（6）把握产业发展方向，促进产业结构调整。经济结构的优劣是一个国家和地区经济发展质量与水平的重要标志。产业结构受能源利用状态的影响较大，构建控制能源消耗总量的长效机制，实现可持续发展。第一，建立有利于降低能源消耗的价格机制，理顺资源产品价格关系，能源价格市场化，发挥市场机制中价格对能源供求的调节功能，充分体现能源的价值。无论是从我国能源供给状况，还是从提高能源效率的角度，我国的能源价格都需要进一步调整。第二，合理的能源价格不仅要反映能源商品的供需关系，而且要合理地体现能源产品之间的替代性和互补性。第三，基于能源资源的稀缺性，要适度提高我国能源资源的使用税，征收能源消费税。第四，完善能源产品的成本核算，要收取能源产品的环境治理费用。通过深化资源性产品价格改革，逐步理顺煤、电、油、气、水、矿产等资源产品价格关系，形成客观反映资源稀缺性和供需关系的价格机制。第五，建立能源消耗总量预警机制，加强对高耗能地区的预警调控，节能具有公共事务的性质，在推进市场化改革过程中，完全依靠市场手段不能有效地实现能源消耗总量的降低，需要加强政府对节能工作的管理。通过建立能源消耗总量预警机制，对能源消耗增长过快的省份实行预警调控。重点要加强对能耗总量大、单位能耗高的省份以及高耗能行业、企业和产品进行监控，确保节能目标的实现。各有关部门要定期分析当地重点企业节能降耗进展情况，及时预测节能降耗主要指标的完成情况。建立有利于节能的激励机制，大力支持中西部地区的节能降耗工作。

2. 水资源的双控市场化

1）水资源双控市场化的总体要求和目标

根据《中华人民共和国国民经济和社会发展第十三个五年规划纲要》和《2016 年政府工作报告》要求，为加快推进生态文明建设，推动形成绿色发展方式和生活方式，进一步控制水资源消耗，实施水资源消耗总量和强度双控行动。

（1）总体要求。全面贯彻党的十八大和十八届三中、四中、五中全会精神，深入学习贯彻习近平总书记系列重要讲话精神，紧紧围绕统筹推进“五位一体”总体布局和协调推进“四个全面”战略布局，牢固树立创新、协调、绿色、开放、共享的发展理念，认真落实党中央、国务院决策部署，坚持节水优先、空间均衡、系统治理、两手发力，切实落实最严格水资源管理制度，控制水资源消耗总量，强化水资源承载能力刚性约束，促进经济发展方式和用水方式转变；控制水资源消耗强度，全面推进节水型社会建设，把节约用水贯穿于经济社会发展和生态文明建设全过程，为全面建成小康社会提供水安全保障。坚持双控与转变经济发展方式相结合。以水定需，量水而行，因水制宜，促进人口经济与资源环境相均衡，以水资源利用效率和效益的全面提升推动经济增长和转型升级。坚持政府主导与市场调节相结合。为此，水利部将以加快落实最严格水资源管理制度和《水污染防治行动计划》为主线，以供给侧结构性改革为导向，以水资源优化配置为抓手，加快节水型社会和水生态文明建设，稳步推进水资源领域改革。

（2）主要目标。到 2020 年，水资源消耗总量和强度双控管理制度基本完善，双控措施有效落实，双控目标全面完成，初步实现城镇发展规模、人口规模、产业结构和布局等经济社会发展要素与水资源协调发展。各流域、各区域用水总量得到有效控制，地下水开发利用得到有效管控，严重超采区超采量得到有效退减，全国年用水总量控制在 6700 亿 m^3 以内。万元 GDP 用水量、万元工业增加值用水量分别比 2015 年降低 23%和 20%；农业亩均灌溉用水量显著下降，农田灌溉水有效利用系数提高到 0.55 以上。加快完成 53 条跨省重要江河流域水量分配，各省（自治区、直辖市）要有序推进本行政区内跨市、县江河流域水量分配，把用水总量控制指标落实到流域和水源。

2）水资源消耗总量和强度控制

这里的水资源消耗总量可以理解为《水资源术语》（GB/T 30943—2014）中的用水消耗量，即“在输水、用水过程中消耗掉而不能回归至地表水体和地下含水层的水量”，而不包括非用水消耗量。有两种界定方式，一种是以水资源消耗环节的总消耗水量与取、供、用三个环节的损失水量之和作为水资源消耗总量，反映经济体从环境获取水量后到真正使用过程中所有损失和消耗的水量，是一种广义的水资源消耗。其中，取水损失、供水损失和用水损失可分别定义为从环境提取过程的损失、从取水水源到供水设施及加工过程的损失、从供水设施到用水户之间的损失。另一种则仅包括消耗环节中的消耗水量，即最终消耗于人们生活、经济生产和生态维持的水量。可表示为：消耗量＝用水量–排放量。其中，用水量应为扣除用水损失之后的水量，而我国水资源公报中的用水量包括了用水损失水量。在水资源消耗总量中，包括净消耗水量和消耗损失水量。净消耗水量是人类生存、经济生产、生态系统维持所需水量，这部分水量一般难以降低，但在不同区域、不同产业也存在削减的空间；而消耗损失水量是用水户在使用过程中的损失，是由于节水意识薄弱、节水技术水平较低、消耗损失难以控制所产生的水量，应该加强控制。水资源消耗量是反映区域水资源开发利用程度和效率最为有效的指标，我国《水资源公报编制规程》（GB/T 23598—2009）给出的估算方法是：在用水统计、典型调查和专项试验等工作的基础上，按照用户分类和耗水率（耗水量占用水量的百分比）的差异进行归类估算。一般认为，在用水总量一定的条件下，可通过提高用水重复利用率、压缩用水过程中的消耗损失、降低废污水排放率等途径，提高水资源的利用效率；或设法降低水资源消耗水量（包括净消耗和消耗损失）以减少用水总量。与用水量不同，消耗量在直接监测计量上尚无现实可用的解决方案。世界银行提出的 ET（蒸腾蒸发量）管理概念，正是针对水资源消耗总量而采用的分析技术和提出的管理措施。我国在全球环境基金和世界银行的资助下，正在积极推动水资源消耗重要标志性指标 ET 的技术探讨与政策制度的研究，并取得了可喜的成果，也期待能够早日直接用于水资源管理实践。

2016 年，国家统计局发布的《2016 年国民经济和社会发展统计公报》显示，我国全年水资源总量为 30150 亿 m^3。全年平均降水量为 730mm。全国监测的 614 座大型水库蓄水总量为 3409 亿 m^3，比上年末蓄水量略有减少。全年总用水量为 6150 亿 m^3，比上年增长 0.8%。我国最严格水资源管理制度建立了“三条红线”控制目标，其中“用水总量控制红线”正是基于上述用水环节制定的各地区各行业用水量上限值。国家发展和改革委员会的指南明确了水资源消耗总量和强度双控行动是以用水总量为控制目标，符合国务院颁布的《国务院关于实行最严格水资源管理制度的意见》中明确的监控对象。水资源取供用耗排各环节的水量均应以此目标为基础，强化水资源约束性指标管理，除对用水总量的监测统计、管理控制外，其他各环节的相关措施也是必不可少的，从而形成“一个目标、多种手段”的管理控制合力。但是，基于目前水资源管理及相关信息的统计核算制度，直接对水资源消耗总量的监控缺少可靠的信息基础、有效的技术方法和可行的制度保障等，难以直接对水资源消耗量进行监控，其在监测计量与统计核算上仍缺少科学依据和技术手段，成为水资源管理中的短板。然而，在行政管理层面上，无论如何理解和界定水资源消耗总量，其分析计算方法应是统一的、固定的和连续的。在制定实施方案时，应充分了解和认识到水资源消耗总量与取水总量、供水总量、用水总量在概念上存在的差异，建立水资源消耗总量与用水总量之间的数量关系。既要厘清两者之间的关系与差别，也要避免纠缠于概念和方法的异同；既要在理论上开展技术方法的研究探讨，也要在方法上提出切实可行的实施步骤，以使水资源消耗总量和强度双控行动得以有效实施。当前，我国水资源管理正在面临前所未有的挑战，无论是中央决策部门从生态文明建设战略高度提出的工作任务，还是水资源问题愈加突出所产生的“逼迫”效应，水资源精细化管理已经提到议事日程上。

水资源消耗基础信息的统计核算是水资源取供用耗排过程中唯一缺少监测计量手段的环节，是提高水资源管理效率的短板。在水资源管理工作中，最严格水资源管理制度需要对分行业的水资源用水总量进行全面合理的统计分析，水资源消耗总量和强度双控行动需要建立水资源消耗总量与用水总量的数量关系，水资源资产负债表编制直接建立水资源取水总量和排放总量与环境中的水资源资产之间的联系，以及县域水资源承载能力监测预警及评价、水效领跑者行动、节水合同管理、水权制度建设、水资源资产确权、地下水压采计划等实质性管理措施及制度建设，都提出了对水资源取供用耗排过程各个环节的基础信息要求。因此，水资源管理面临的挑战也是提升水资源管理水平的良好时机，需要在现有工作的基础上，进一步提高基础信息的获取能力和途径，加强水资源消耗环节的科学研究、技术应用及试点试验，弥补对水资源消耗环节中的监测计量与统计核算的不足，促进水资源消耗总量和强度双控行动的有效实施。

3）水资源双控市场化方法

（1）健全指标体系。严格总量指标管理，在国务院确定的2020年各省（自治区、直辖市）用水总量控制目标基础上，健全省、市、县三级行政区域用水总量控制指标体系。2016年年底前，各省（自治区、直辖市）要完成所辖市、县用水总量控制指标分解。推进江河流域水量分配，加快完成53条跨省重要江河流域水量分配，各省（自治区、直辖市）要有序推进本行政区内跨市、县江河流域水量分配，把用水总量控制指标落实到流域和水源。

严格强度指标管理，把万元GDP用水量、万元工业增加值用水量和农田灌溉水有效利用系数逐级分解到各省、市、县，明确区域强度控制要求。2016年年底前，各省（自治区、直辖市）要力争完成所辖市、县用水强度控制指标分解。到2020年，建立覆盖主要农作物、工业产品和生活服务行业的先进用水定额体系，定额实行动态修订。严格用水定额和计划管理，强化行业和产品用水强度控制。

（2）强化目标考核和责任追究。全面实施最严格水资源管理制度考核，逐级建立用水总量和强度控制目标责任制，完善考核评价体系，突出双控要求。对严重缺水地区，突出节水考核要求。考核结果作为干部主管部门对政府领导班子和相关领导干部综合考核评价的重要依据。建立用水总量和强度双控责任追究制，严格责任追究，对落实不力的地方，采取约谈、通报等措施予以督促；对盲目决策和渎职、失职造成水资源浪费、水环境破坏等不良后果的相关责任人，依法依纪追究责任。加快建立国家水资源督察制度，加强对各地用水总量和强度控制目标完成情况督察，确保政策措施落到实处。

（3）强化水资源承载能力刚性约束。各省（自治区、直辖市）要以县域为单元开展水资源承载能力评价，建立预警体系，发布预警信息，强化水资源承载能力对经济社会发展的刚性约束。2016年完成京津冀三省（直辖市）和试点地区以县域为单元的水资源承载能力评价。建立健全规划和建设项目水资源论证制度，完善规划水资源论证相关政策措施。各省（自治区、直辖市）政府要重点推进重大产业布局和各类开发区规划水资源论证，严格建设项目水资源论证和取水许可管理，从严核定许可水量，对取用水总量已达到或超过控制指标的地区暂停审批新增取水。

（4）全面推进各行业节水。大力推进农业、工业、城镇节水，建设节水型社会，编制实施节水规划。强化农业节水，加快重大农业节水工程建设，到2020年完成大型灌区续建配套和节水改造任务，加快实施区域规模化高效节水灌溉工程，积极推广喷灌、微灌、集雨补灌、水田控制灌溉和水肥一体化等高效节水技术，开展灌区现代化改造试点，全国节水灌溉工程面积达到 7 亿亩左右。强化工业节水，完善国家鼓励和淘汰的用水技术、工艺、产品和设备目录，重点开展火电、钢铁、石化、化工、印染、造纸、食品等高耗水工业行业节水技术改造，大力推广工业水循环利用，推进节水型企业、节水型工业园区建设。到 2020 年，高耗水行业达到先进定额标准。强化城镇节水，加快推进城镇供水管网改造，推动供水管网独立分区计量管理，加快推广普及生活节水器具，推进学校、医院、宾馆、餐饮、洗浴等重点行业节水技术改造，全面开展节水型公共机构、居民小区建设。到 2020 年，地级及以上缺水城市全部达到国家节水型城市标准要求，公共供水管网漏损率控制在 10%以内。

（5）加快地下水超采区综合治理。实行地下水取用水总量和水位控制，编制实施全国地下水利用与保护规划。2017 年年底前完成地下水禁采区、限采区和地面沉降控制区范围划定，编制完成地面沉降区、海水入侵区地下水压采方案。以华北地区为重点，推进地下水超采区综合治理，加快实施《南水北调东中线一期工程受水区地下水压采总体方案》。地方各级政府要依法规范机井建设管理，限期关闭未经批准的和公共供水管网覆盖范围内的自备水井。加快实施国家地下水监测工程，完善地下水监测网络，实现对地下水动态有效监测。

（6）统筹配置和有序利用水资源。合理有序使用地表水、控制使用地下水、积极利用非常规水，进一步做好流域和区域水资源统筹调配，减少水资源消耗，逐步降低过度开发河流和地区的开发利用强度，退减被挤占的生态用水。加快完善流域和重点区域水资源配置，强化水资源统一调度，统筹协调生活、生产、生态用水。大力推进非常规水源利用，将非常规水源纳入区域水资源统一配置。

（7）稳步推进水权制度建设。加快明晰区域和取用水户初始水权，稳步推进确权登记，建立健全水权初始分配制度。2017 年年底前完成在内蒙古、江西、河南、湖北、广东、甘肃、宁夏 7 个省（自治区）开展的水权试点工作。总结试点经验，研究进一步扩大试点范围，推进区域间、流域间、流域上下游、行业间、用水户间等多种形式的水权交易，因地制宜探索水权交易的方式，统筹推进水权交易平台建设。

（8）加快理顺价格税费。深入贯彻落实《国务院办公厅关于推进农业水价综合改革的意见》（国办发〔2016〕2 号），建立健全农业水价形成机制，建立精准补贴和节水奖励机制，农田水利工程设施完善的地区通过 3～5 年努力率先完成改革目标。合理制定、调整城镇供水价格，全面推行居民阶梯水价和非居民用水超定额超计划累进加价制度。切实加强水资源费征收管理，确保应收尽收。积极推进水资源税费改革。

（9）提升水资源计量监控能力。加快推进国家水资源监控能力建设（2016～2018 年）项目，2018 年年底前对年取水量 50 万 m^3 以上的工业取水户、100 万 m^3 以上的公共供水取水户和大型灌区及部分中型灌区首先实现在线监控。完善中央、流域和省水资源管理系统三级平台建设，健全水资源计量体系。加快推进省、市、县各级水资源监控能力建设，实现信息共享、互联互通和业务协同。结合大中型灌区建设与节水配套改造、小型农田水利设施建设，完善灌溉用水计量设施，提高农业灌溉用水定额管理和科学计量水平。

（10）加强重点用水单位监督管理。建立健全国家、省、市级重点监控用水单位名录，强化取用水计量监控，完善取用水统计和核查体系，建立健全用水统计台账。对重点用水单位的主要用水设备、工艺和水消耗情况及用水效率等进行监控管理。引导重点用水单位建立健全节水管理制度，实施节水技术改造，提高其内部节水管理水平。

（11）加快推进技术与机制创新。实施国家重点研发计划水资源高效开发利用专项，大力推进综合节水、非常规水源开发利用、水资源信息监测、水资源计量器具在线校准等关键技术攻关，加快研发水资源高效利用成套技术设备。建设节水技术推广服务平台，加强先进实用技术示范和应用，支持节水产品设备制造企业做大做强，尽快形成一批实用高效、有应用前景的科技成果。开展水效领跑者引领行动，定期公布用水产品、用水企业、灌区等领域的水效领跑者名单和指标，带动全社会提高用水效率。培育一批专业化节水服务企业，加大节水技术集成推广，推动开展合同节水示范应用，通过第三方服务模式重点推进农业高效节水灌溉和公共机构、高耗水行业等领域的节水技术改造。

（12）加强组织领导。各省（自治区、直辖市）政府对本地区水资源消耗总量和强度双控工作负总责，要抓紧制定落实方案，明确具体措施和任务分工，创新工作机制，确保双控目标完成。国务院有关部门按照职能分工，加强指导、支持和监督管理。水利部、发展改革委将切实加强统筹协调，会同有关部门共同推进各项工作任务落实。

（13）创新支持方式。地方各级政府要积极筹措资金，落实相关优惠政策，支持重大节水工程建设、节水型社会建设、取用水计量监控等工作任务的落实。要积极探索合同节水管理等新模式，利用政府和社会资本合作（PPP）模式等，鼓励社会资本进入节水等领域。

（14）夯实管理基础。积极推进水资源管理法治化进程，加快出台节约用水条例、地下水管理条例，制定和完善取水许可、水效标识管理等方面的规章制度。完善水资源高效利用技术标准体系，加快节水技术和管理标准制修订工作。加强基层水资源管理能力建设，健全管理队伍，加大培训力度，提高水资源管理与社会服务能力。

（15）强化公众参与。广泛深入开展基本水情宣传教育，强化社会舆论监督，进一步增强全社会水忧患意识和水资源节约保护意识，形成节约用水、合理用水的良好风尚。大力推进水资源管理科学决策和民主决策，完善公众参与机制，地方各级政府要依法公开水资源信息，及时发布水资源管理政策，进一步提高决策透明度，健全听证等公众参与制度。

3. 建设用地的双控市场化

《国土资源“十三五”规划纲要》确定了土地、矿产、地质、海洋、测绘5领域18项主要指标，更加突出资源保护，体现资源利用节约集约，为经济社会发展提供资源保障，突出生态文明建设和民生。在节约集约用地要求下，面对“去库存”任务，“十三五”时期全国新增建设用地将比“十二五”减少约669万亩。为确保18亿亩耕地红线，“十三五”期间设立的约束性指标包括：全国适宜稳定利用的耕地保有量在18.65亿亩以上，基本农田保护面积在15.46亿亩以上，确保建成高标准农田8亿亩、力争10亿亩。而与“十二五”相比，新增建设用地总量将收紧，控制在3256万亩。

《国土资源“十三五”规划纲要》提出，将实行建设用地总量和强度双控措施，逐步减少新增建设用地计划，控制单位GDP建设用地强度。这也是我国首次在国家规划中把建设用地总量和单位生产总值建设用地强度作为约束性指标。在建设用地总量收紧的情况下，未来建设用地将更多依靠存量。《国土资源“十三五”规划纲要》提出，要盘活存量建设用地，提高存量建设用地供地比重。严格核定各类城镇新增用地，有效管控新城新区和开发区无序扩张。

对于大城市而言，建设用地规模管控将更加严格。发展改革委公布的长江三角洲城市群发展规划显示，目前存在的问题是城市建设无序蔓延，空间利用效率不高。要严控特大城市和大城市的建设用地规模，上海则要实现建设用地规模减量化。此前，国土资源部部长在全国国土资源工作会议上也曾表示，对特大城市、超大城市和资源环境超载的城市，我国将加快划定永久性开发边界，形成空间硬约束，其他城市可以分期划定，促进集约发展。

《国土资源“十三五”规划纲要》提出，“十三五”期间，新增建设用地总量控制在3256万亩。而在“十二五”期间，这一数字是3925万亩。单位GDP建设用地使用面积降低20%。《国土资源“十三五”规划纲要》同时提出，要严格控制农村集体建设用地规模，盘活农村闲置建设用地。制定工业用地等各类存量用地回购和转让政策，降低工业用地比例。明确闲置土地认定标准和程序，加快闲置土地处置，严厉打击浪费和囤积土地行为。《国土资源“十三五”规划纲要》还提出，要把双控目标同经济发展、环境改善、社会和谐目标有机结合。建立目标责任制，纳入经济社会发展综合评价体系，作为考核领导班子和选拔任用干部的重要依据。

“十三五”期间，改革已成共识。《国土资源“十三五”规划纲要》提出，审慎稳妥推进农村土地制度改革。总结农村土地制度改革试点经验，推动相关法律法规修订，在全国复制推广。完善土地征收制度，缩小征收范围，规范征收程序，公开征收信息，健全对被征地农民合理、规范、多元补偿保障机制。同时，将规范农村集体经营性建设用地产权管理，明确入市主体、范围和途径。在符合规划和用途管制前提下，允许农村集体经营性建设用地出让、租赁、入股，建立与国有土地同等入市、同权同价、流转顺畅、收益共享的入市机制。这一政策实际已在进行之中。2016 年 6 月 13 日，银监会、国土资源部联合印发的《农村集体经营性建设用地使用权抵押贷款管理暂行办法》提出，具备处分权的两类农村集体经营性建设用地可开展使用权抵押融资，适用范围是此前国家确定的 15 个农村集体经营性建设用地入市试点地区。

此外，将深化矿产资源有偿使用制度改革。完善矿业权出让制度，制定矿业权出让制度方案，建立符合市场经济要求和矿业规律的探矿权采矿权出让方式，扩大市场化竞争出让范围。以新疆油气勘查开采改革试点为突破口，稳步推动油气资源勘查开采体制机制改革，有序放开油气勘查开采市场。探索建立适合油气勘查开采特点、发挥市场配置资源决定性作用的探矿权竞争性出让制度，引入社会资金，加大油气勘查开采力度。完善勘查区块退出机制，提高探矿权使用费和最低勘查投入标准，促进区块流转。

扩大有效投资保障供应，《国土资源“十三五”规划纲要》提出，要结合土地利用总体规划，围绕扩大有效投资，加快建设用地审批和供应，保障基础设施、民生工程、新产业新业态和大众创业、万众创新用地需求。事实上，在当前经济下行压力之下，已有多项“稳增长”的用地政策陆续出台。2017 年 5 月 11 日，《土地利用总体规划管理办法》对外发布。同时，国土资源部下达了 2017 年的全国土地利用计划，其中明确要求：重点支持基础设施建设，重点保障交通、水利、能源等基础设施和军事建设；土地计划将向中小城市和特色小城镇倾斜，向发展潜力大、吸纳人口多的县城和重点镇倾斜；保障养老、旅游、物流、光伏等产业，以及新产业新业态和大众创业、万众创新发展用地等。

国土资源部规划司副司长表示，为有序拓展建设发展空间，“十三五”期间将支持公共交通设施用地立体综合开发，落实铁路建设土地综合开发政策。完善政府与社会资本合作模式用地政策，支持创新融资模式。同时，按照去产能要求，严格控制钢铁、煤炭等产能过剩行业和“僵尸企业”土地供应，制定鼓励支持政策，引导其退出、转产和兼并重组。

2.4　资源耦合治理的五个层次

根据道统经济学原理（陈凯，2015），资源耦合治理分地利层、环境生态层、微观层、宏观层、天时层五个层次。

2.4.1　地利层

第一层为地利层，资源的总量为底气，如：矿藏、原油储备、水蓄量、库存、可供建设用地总量等。

在能源方面，需要明确：能源需求与供给的规模、结构和变动轨迹；能源消费总量和产业消费比重；分地区、分行业消费煤炭、焦炭、原油、汽油、煤油、柴油、燃料油、天然气、水能、风能、太阳能、生物能、核能等；分地区、分行业能源价格变动、消费价格弹性，不同收入层次能源消费价格弹性；分地区、分行业能源强度，能源市场与治理等。

在水资源方面，需要明确：水资源需求与供给的规模、结构和变动轨迹；水资源市场与结构；水价格变动；水资源再利用和循环；分流域、分行政区域、城市单元的耗水与供水量；社会水循环通量；分地区、分行业生产用水过程；不同收入层次生活用水及计价过程；水权结构与交易；水资源治理等。

在建设用地方面，需要明确：国土面积；可供大规模高强度开发的国土；人均耕地及后备资源；适宜建设用地；建设用地年增量；城镇建设用地年增量；土地有偿出让体系；城镇建设用地交易；农村集体经营性建设用地出让、租赁或入股；城乡建设用地统一规划、同等入市、同权同价、公平竞争的市场秩序治理等。

2.4.2　环境生态层

第二层为环境生态层，为自然生态系统与人文生态系统。自然生态系统是指在一定时间和空间范围内，依靠自然调节能力维持的相对稳定的生态系统，如原始森林、海洋等，自然生态系统为人类提供食物、木材、燃料、纤维以及药物等社会经济发展的重要组成成分。人文生态系统则是一定社会系统，包括共同体的态度、观念、信仰系统、认知环境等在内的不断演变的社会大环境的综合，是人为因素造成的、社会性的，而非自然形成的。人文生态系统建立在自然生态系统之上，却又反作用于自然生态系统，二者相互联系又相互影响，人类社会的发展离不开自然生态系统和人文生态系统的和谐相处。

1. 自然生态九宫系统

自然界生态系统最关键的九个核心要素，是构建绿色生态的基础，为建立综合生态安全格局，需要对生态系统治理进行科学布局，这九大要素相互联系，相互影响，并最终构成了整体的自然生态系统。根据自然界各要素分类，可以将其分为以下九种布局结构。

水系统置一宫（坎，北），代表包括江河、湖泊、海洋及冰原在内的所有人类可以利用的水资源以及依赖这些水资源生成的对人类有价值的生物或非生物资源；土系统置二宫（坤，西南），代表人类可利用的土地资源，不仅包括人类社会生存所需的耕地、建设用地，同时也包括土地中蕴藏的各种生物资源和矿物资源；森林系统置三宫（震，东），森林系统是以乔木为主体的生物群落（包括植物、动物和微生物）及其非生物环境综合组成的生态系统；草原系统置四宫（巽，东南），草原生态系统是以各种草本植物为主体的生物群落与其环境构成的功能统一体；高原和平原系统置六宫（乾，西北），高原和平原系统是人类主要生活和居住的区域，包括生产、生活所集中的地方；沼泽系统置七宫（兑，西），沼泽系统是介于陆域和水域间的过渡地带，具有复杂且完备的动植物群落，它对于保护物种、维持生物多样性具有难以替代的生态价值；山系统置八宫（艮，东北），山系统代表依托于山脉的各种可谓人类生产生活所利用的资源总和；火系统置九宫（离，南），主要代表自然界中人类生产生活所需要的能源来源，包括太阳能与原子能等；腹地置五宫（中宫，中心），主要指中原腹地，包括所考察区域的中心。

2. 人文生态九宫系统

与自然生态系统类似，人文生态系统也可以分解为关键的九个核心要素，这九个要素既是人文系统构成部分，同时又是经济结构的治理要素，根据人文系统各要素分类，可以将其分为以下九种布局结构。

社会循环、金融系统置一宫（坎，北），社会循环包括要素流动、替代和交换、流通等，而金融系统是居民、公司和政府为执行其金融决策而使用的一套市场和中介机构，包括股票、债券和其他证券的市场，还包括银行和保险公司等金融中介机构；土地、建设用地系统置二宫（坤，西南），包括耕地、建设用地在内，人类生活生产方面的物质建设能获得足够操作场所和建筑空间等一系列社会经济活动所需提供的土地；劳动力、物流系统置三宫（震，东），劳动力指具有劳动能力的人口，而物流系统则是运输、储存、装卸搬运、包装、流通、加工、配送、信息处理等功能有机结合起来实现物质资料流通的过程；信息系统置四宫（巽，东南），指音讯、消息、通信系统，由人类社会传播的一切信息构成；控制系统置六宫（乾，西北），主要包括社会的管理、立法、司法、行政、决策和指挥等内容；组织系统置七宫（兑，西），包括一个国家的组织机构、社会团体、文教卫生、文化娱乐等诸多方面；矿藏、基础设施与固定资产系统置八宫（艮，东北），主要包括资本、固定资产、不动产、基础设施、仓储等社会资产；规划、计划、资质系统置九宫（离，南），这方面主要包括计划、经济秩序和规划、合同与契约等；工业、城市和中央置五宫（中宫），主要包括工业制造系统、城市系统和中央决策系统。

2.4.3 微观层

第三层为微观层，是市场中包括企业、事业单位和消费者在内的各经济主体。从宏观角度看，可以将千千万万个经济主体分为三大类：政府、企业、个人。政府是市场运行和经济关系的管理调节主体，是国民总收入的分配主体，也是市场监管的主体；企业是从事生产经营活动的经济组织，是物质产品和服务的提供者，是社会的生产经营主体，是市场监管的相对人；个人是生产要素的提供者，又是消费主体，在一些情况下，也是市场监管的相对人。微观经济体则主要包括企业、农户和居民。各微观经济主体通过市场联结在一起。分析微观经济主体的性质和行为，就是分析企业、农户及居民的经济属性和经济行为以及对经济运行的影响。经济主体是指在市场经济活动中能够自主设计行为目标、自由选择行为方式、独立负责行为后果并获得经济地位的能动的经济有机体。

政府的概念有狭义和广义之分。广义的政府包括权力机关（立法机关）、行政机关和司法机关。狭义的政府就是指国家的行政机关，包括中央政府和地方政府。但无论广义还是狭义，政府权力都来源于一种政治组织的授权，其基本职责都是必须为该地区提供公共产品，增进社会福利。因此，政府就与公共利益密切相关，理论上公共利益代表全部社会成员的利益，而政府利益就代表了公共利益。政府主体利用独特的权力地位，通过强制力干预市场经济中的微观经济主体，从而有效实现公共产品的供给。

企业作为经济主体，其市场地位来源于企业所掌控的稀缺资源，这种资源可以是企业的核心产品，还可以是企业掌握的核心技术和人才，甚至企业所占的市场份额等一切能给企业带来持续竞争优势的核心能力要素都可能成为企业经济地位的重要因素。

消费者作为经济主体，从个体上来看，在市场交易过程中，消费者作为劳动力要素的占有者通过提供劳动力来换取消费品，从这个意义上说，其经济地位来源于其自身的购买能力，或者说来源于其自身的劳动力素质。

2.4.4 宏观层

第四层为宏观层，是人口、经济、政治、文化和自然环境所构成的整体的人文系统，主要包括以下内容。

1. 人口环境

人口是市场经济的第一要素。人口数量直接决定市场规模以及发展潜力，人口的性别、年龄、民族、婚姻状况、职业、居住分布状况等也对经济格局产生着深远的影响，从而影响着资源的消费结构以及国家的经济发展。

（1）年龄结构。不同年龄的人口在经济中的贡献和消费需求是不一样的，不同年龄结构形成了具有年龄特色的劳动模式与消费结构。通过对人口年龄结构的研究可以明确我国劳动力市场现状和消费市场的总体趋势，从而制定合理的资源治理规划。

（2）性别结构。性别差异在资源消费和劳动力供给中也存在显著的差异，并通过市场反映到经济变化中。

（3）教育与职业结构。人口的教育程度与职业不同，相对的劳动产出效率也不同，因此在经济活动中所表现出的消费倾向也不相同。随着高等教育规模的扩大，人口的受教育程度普遍提高，收入水平也逐步增加，消费能力也相应增加。

（4）家庭结构。家庭是商品购买和消费的基本单位。一个国家或地区的家庭单位的多少以及家庭平均人员的多少，可以直接影响到许多消费的需求数量。同时，不同类型的家庭往往有不同的消费需求。

（5）社会结构。尤其是我国农业人口和城市人口发展的不均衡，这样的社会结构要求在经济发展和资源治理过程中应充分考虑到农村在经济中的地位问题。

（6）民族结构。我国是一个多民族的国家。民族不同，其文化传统、生活习性也不相同。具体表现在饮食、居住、服饰、礼仪等方面的消费需求都有自己的风俗习惯。

2. 经济环境

经济环境是影响企业营销活动的主要环境因素，它包括收入水平、消费支出、产业结构、经济增长率、货币供应量、银行利率、政府支出等诸多因素，其中收入水平是衡量经济发展程度的重要指标，因为市场规模的大小终究是要依靠消费者的购买力来决定的，而消费者的购买力取决于他们收入的多少。居民收入状况可以由以下四个指标进行测度。

（1）GDP。它是衡量一个国家经济实力与购买力的重要指标。GDP 增长越快，对商品的需求和购买力就越大，反之，就越小。

（2）人均国民收入。这是国民收入总量和总人口的比值。这个指标大体反映了一个国家人民生活水平的高低，也在一定程度上决定商品需求的构成。一般来说，人均收入增长，对商品的需求和购买力就大，反之就小。

（3）个人可支配收入。指在个人收入中扣除消费者个人缴纳的各种税款和交给政府的非商业性开支后剩余的部分，可用于消费或储蓄的那部分个人收入，它构成实际购买力。个人可支配收入是影响消费者购买生活必需品的决定性因素。

（4）个人可任意支配收入。指在个人可支配收入中减去消费者用于购买生活必需品的费用支出（如房租、水电、食物、衣着等项开支）后剩余的部分。这部分收入是消费需求变化中最活跃的因素，也是企业开展营销活动时所要考虑的主要对象。这部分收入一般用于购买高档耐用消费品、娱乐、教育、旅游等。

3. 财政收入

财政收入是指政府为履行其职能、实施公共政策和提供公共物品与服务需要而筹集的一切资金的总和。财政收入表现为政府部门在一定时期内所取得的货币收入。财政收入是衡量一国政府财力的重要指标，政府在社会经济活动中提供公共物品和服务的范围和数量，在很大程度上取决于财政收入的充裕状况。财政同国家的产生和存在相联系。国家为了维持自身的存在和发挥职能，必须消耗一定的社会产品。但是，国家本身通常不直接从事生产活动，因而必须凭借自身拥有的政治权力，强制性地征收一部分社会产品，以满足各方面支出的需要。这种国家的收入和支出就是财政，它是国家凭借政治权力而进行的社会产品的分配。从这一概念的内容可以看出，财政是一种分配关系，是一种以国家为主体、在社会范围内集中性的分配关系。财政收入分为税收收入、国有资产收入、国债收入和收费收入以及其他收入等。

4. 政治法律

政治环境是指影响经济活动的外部政治形势。一个国家的政局稳定与否，会给经济带来重大的影响。如果政局稳定，人民安居乐业，就会给企业营销提供良好的环境。相反，政局不稳，社会矛盾尖锐，秩序混乱，就会影响经济发展和市场的稳定。政治环境对经济活动的影响主要表现为国家政府所制定的方针政策，如人口政策、能源政策、物价政策、财政政策、货币政策等，都会给企业营销活动带来影响。法律环境是指国家或地方政府所颁布的各项法规、法令和条例等，它是各个经济体进行经济活动的准则，经济体只有依法进行各种营销活动，才能受到国家法律的有效保护。在国际贸易中，各经济主体不仅要遵守本国的法律制度，还要了解和遵守国外的法律制度和有关的国际法规、惯例和准则。

5. 社会文化环境

社会文化环境是指在一种社会形态下已经形成的价值观念、宗教信仰、风俗习惯、道德规范等的总和。任何经济活动都离不开其所处的社会文化环境，经济活动必然受到所在社会文化环境的影响和制约。为此，进行资源治理的规划应了解和分析社会文化环境，针对不同的文化环境制定不同的治理规划。主要影响的文化因素有：教育状况受文化传统影响状况、教育程度的高低、宗教和宗教信仰等。

6. 自然环境

自然环境是指自然界提供给人类各种形式的物质资料，如阳光、空气、水、森林、土地等。随着人类社会进步和科学技术发展，世界各国都加速了工业化进程。一方面创造了丰富的物质财富，满足了人们日益增长的需求；另一方面，面临着资源短缺、环境污染等问题。

7. 科技环境

科学技术是社会生产力中最活跃的因素，它影响着人类社会的历史进程和社会生活的方方面面，对资源利用效率的影响更是显而易见。一方面，科技发展能够促进社会经济结构的调整，每一种革命性技术的发现、推广都会给某些行业、企业带来新的经济增长点，改善资源消费结构。同时，也会对某些行业、企业造成威胁，使这些行业、企业受到冲击甚至被淘汰。另一方面，科技发展促使消费者购买行为的改变和消费模式的改变，电子商务的出现对传统零售行业产生的巨大冲击就是最好的例子。

2.4.5　天时层

第五层为天时层，是信息化。社会的信息化使信息在科技和社会的发展中所起作用日益增大。社会对信息的需求以及人们对信息工作的重视，为信息科技增添了新的活力。

1. 信息产业的支柱作用

信息产业是国民经济的支柱产业。其支柱作用体现在以下两个方面。

（1）信息产业是国民经济新的增长点。信息产业以 3 倍于国民经济的速度发展，增加值在 GDP 中的比重不断攀升，对国民经济的直接贡献率不断提高，间接贡献率稳步提高。

（2）信息产业将发展成为最大的产业。到 2016 年，中国电子信息产品出口 12245 亿美元，其在国家外贸出口中的支柱地位将得到进一步巩固和提高。信息产业在国民经济各产业中位居前列，将发展成为最大的产业。

2. 信息产业的基础作用

信息产业是关系国家经济命脉和国家安全的基础性和战略性产业。这一作用体现在以下两个方面。

（1）通信网络是国民经济的基础设施，网络与信息安全是国家安全的重要内容；强大的电子信息产品制造业和软件业是确保网络与信息安全的根本保障。

（2）信息技术和装备是国防现代化建设的重要保障；信息产业已经成为各国争夺科技、经济、军事主导权和制高点的战略性产业。

3. 信息产业的先导作用

信息产业是国家经济的先导产业。这一作用体现在以下四个方面。

（1）信息产业的发展已经成为世界各国经济发展的主要动力和社会再生产的基础。

（2）信息产业作为高新技术产业群的主要组成部分，是带动其他高新技术产业腾飞的龙头产业。

（3）信息产业的不断拓展，信息技术向国民经济各领域的不断渗透，将创造出新的产业门类。

（4）信息技术的广泛应用，将缩短技术创新的周期，极大地提高国家的知识创新能力。

4. 信息产业的核心作用

信息产业是推进国家信息化、促进国民经济增长方式转变的核心产业。这一作用体现在以下三个方面。

（1）通信网络和信息技术装备是国家信息化的物资基础和主要动力。

（2）信息技术的普及和信息产品的广泛应用，将推动社会生产、生活方式的转型。

（3）信息产业的发展大量降低物资消耗和交易成本，对实现中国经济增长方式向节约资源、保护环境、促进可持续发展的内涵集约型方式转变具有重要推动作用。

第3章　能源、水资源和建设用地耦合治理系统

3.1　资源耦合治理的研究方法

3.1.1　规律与机制的表达

规律与机制的完美文字表达是老子的《道德经》，而精美的符号表达与量化则是道统经济学、计量经济学和复杂性科学。规律是“道”的表现，机制同德是“道”的体现形式，经济学是“道”与“器”的结合。计量经济学和复杂性科学为“标尺”，是“器”的尺度。

本研究在能源和水资源消耗、建设用地总量和强度双控市场化机制的哲学层次研究中采用道统经济学及其规则，在能源和水资源消耗、建设用地总量和强度双控市场化运行秩序与治理层次进退中采用史学、道统经济学和复杂性科学研究范式，而在要素关系的数据处理技术层次研究中采用现代西方计量经济学，将其整合在一个理论体系中。

3.1.2　模型研究

“能源、水资源消耗和建设用地秩序”的质和量的确定，根据道统经济学与复杂性科学原理建立测度模型，该模型一分为二，对立统一。一方面表示能源、水资源和建设用地在国民经济发展中的功能发挥程度；另一方面表示能源、水资源和建设用地在国民经济发展中协调进化程度。两者合之，测度能源和水资源消耗、建设用地总量和强度双控市场化健康运行的状态。同时，也使能源和水资源消耗、建设用地总量和强度双控市场化机制形式化、程序化和操作化。

能源和水资源消耗、建设用地总量和强度双控市场化中要素变量关系，采用现代计量经济学模型处理。模型成熟，只要有数据，结果唾手可得。综合评价是指对评价对象进行客观、公正、合理的全面评价。当被评价对象及评价指标都给定时，综合评价结果就依赖于权重系数。随着人们对客观世界的认识逐步加深，评价方法也在不断改进。在能源、水资源和土地资源紧缺情况下，地方政绩考核体系摒弃以经济增长速度为核心的评价方法，提高能源和水资源消耗、建设用地总量和强度负向指标的权重，成为适应客观情况发展的必然选择。

虽然在凯恩斯理论的指导下的大型宏观计量模型动辄充斥百余条方程式，但是模型设定是任意的，且有太多不可信的限制。随着宏观经济环境日趋复杂，大型宏观计量模型在能源、水资源及土地资源政策分析中表现越来越差。而向量自回归模型将所有变量都当成内生变量，用向量自回归模型（vector autoregressive model，VAR）分析调整中央和地方的税种划分对地方财政的冲击，可避免任意限制宏观经济变量之间的关系，更有利于对地方财政压力能否减轻进行分析。

近 20 年来，动态随机一般均衡（dynamic stochastic general equilibrium，DSGE）模型在总体经济实证研究中已经成为重要的研究方法之一。由于 DSGE 模型强调数量分析（quantitative analysis），透过模型校准（calibration），一方面可以判别模型的良莠，另一方面透过量化结果的呈现，进一步提供对未来经济变量的预测。使用 DSGE 模型衡量能源、水资源和建设用地，将涉及厂商、家庭和政府行为，政府对能源和水资源消耗、建设用地总量和强度的控制引起的宏观经济效应将在研究中予以讨论。

3.1.3 统计分析

能源和水资源消耗、建设用地总量和强度双控市场化机制分三类标尺。针对不同的测量对象选择合适的标尺。①系统结构秩序选用道统经济学标尺，以衡量其性质差异；②综合指数（comprehensive evaluation，CE）评价尺度，用以评价资源利用状态；③共同前沿（meta-frontier）生产函数标尺，以此测评资源投入产出效率。

在能源、水资源和建设用地市场机制的量化中，除用柯布-道格拉斯（Cobb-Douglas，C-D）函数回归估计外，拟采用结构方程模型的方法对前述变量进行测量和验证。结构方程模型是一种建立、估计和检验因果关系模型的方法，它弥补了传统统计方法的不足，在处理潜变量测量问题上具有显著优势。如自变量太多，项目将采用因子分析的技术对其降维。在研究过程中，将使用探索性因子分析获得相关因子，然后使用验证性因子分析进行检验，使分析过程更加严谨。为使研究项目统计分析所收集的数据更加准确，在相关量表设计过程中，首先参考相关研究的量表设计，然后抽取实地案例进行量表预测试，通过反馈的结果，进一步修改和完善量表。

3.1.4 案例研究

在能源和水资源消耗、建设用地总量和强度双控市场化机制研究中，道统经济学与复杂性科学和驱动调控机制与计量经济治理措施验证阶段需要采用案例研究方式，在治理措施绩效测量方面也将采用案例应用与分析的方式。因此，项目将选取不同历史发展阶段东、中、西区域作为史料和案例研究对象，针对具有代表性的地区，根据研究初步成果，结合实际进行案例设计，可同时采用问卷调查、专家访谈的方式，进一步完善社会经济运行秩序治理驱动调控机制和相关策略。

3.1.5　问卷调查、专家访谈与小组讨论

在能源和水资源消耗、建设用地总量和强度双控市场化机制的发展驱动与措施绩效测度指标等方面研究中，拟采用问卷调查与专家访谈的方法。在项目调研前，课题组成员将预先设计好相应调查表。例如，在社会经济治理历史驱动因素调查过程中，所有驱动因素事先通过文献调研方式整理妥当，提供给被调查者和专家参考，最后由课题小组成员采用迭代的方式集体讨论，直到达到一致意见为止，形成社会经济治理驱动因素。

3.1.6　方法步骤

1. 一般→特殊→一般

首先，揭示中国水资源消耗，建设用地经济产生、形成和演进的规律；其次，分析中国能源总量和强度双控市场化发展历史表现形式、结构、机制、特征，并将其模型化；最后，提炼概括能源和水资源消耗、建设用地总量和强度双控市场化运行调控措施。

2. 总体→部分→整体

首先，研究中国资源经济学发展总体演变形式、结构和特征；其次，分析中国能源和水资源消耗、建设用地总量和强度双控市场化发展各部分运行秩序形式、结构和特征；最后，结合实际整体把握中国能源和水资源消耗、建设用地总量和强度双控市场化运行秩序治理及调控措施。

3. 学科→范式→认知→原理

首先，建立中国资源经济学发展分析范式；其次，考察中国能源和水资源消耗、建设用地总量和强度双控市场化产生、形成与演进的系统结构和特征及其理论方法体系；再次，深入实际认识中国能源和水资源消耗、建设用地总量和强度双控市场化表现形式、结构和变动机理；最后，条理化能源和水资源消耗、建设用地总量和强度双控市场化作用原理。

4. 宏观→中观→微观→宏观

中国资源经济具有明显的文化区域和地方特色。首先，从全国层次上研究中国能源和水资源消耗、建设用地总量和强度双控市场化运行秩序治理的现实发展情况；其次，考察各地区能源和水资源消耗、建设用地总量和强度双控市场化运行秩序治理的现实政策措施；再次，深入民间调查现在各地区能源和水资源消耗、建设用地总量和强度双控市场化运行的表现形式、结构和特征；最后，综合全部能源和水资源消耗、建设用地总量和强度双控市场化运行秩序情况，寻求其包容性差序控制方略。

5. 思想→应用→理论

首先，挖掘中国能源和水资源消耗、建设用地总量和强度双控市场化运行秩序治理文化的各种思想；其次，研究中国能源和水资源消耗、建设用地总量和强度双控市场化运行秩序治理文化的应用形式与效果；最后，分析中国能源和水资源消耗、建设用地总量和强度双控市场化治理思想应用过程及其内在联系与作用机理，形成系统化理论。

6. 命题→证伪→实证

首先，系统化中国能源和水资源消耗、建设用地总量和强度双控市场化运行秩序治理文化内容、运行机制、演进规律，将其条理化为各种命题；其次，把命题纳入证伪程式加以证伪；最后，联系实际，对中国能源和水资源消耗、建设用地总量和强度双控市场化治理的各个命题进行实证检验。

7. 道统经济学推演→模式转换→数量模型

首先，用道统经济学推演法则，将中国能源和水资源消耗、建设用地总量和强度双控市场化运行秩序治理文化内容、运行机制、演进规律等模型化；其次，分析中国能源和水资源消耗、建设用地总量和强度双控市场化运行秩序治理模型各部分的现存条件，当模型要素多种性质可转化为同质时，把道统经济学模型简化为现代数量经济模型；最后，进行实证研究。

8. 秩序→效率→均衡

首先，量化中国能源和水资源消耗、建设用地总量和强度双控市场化运行秩序；其次，测度中国能源和水资源消耗、建设用地总量和强度双控市场化运行效率；最后，均衡各部分要素之间的差异。

9. 描述→分析→对策

首先，描述中国能源和水资源消耗、建设用地总量和强度双控市场化运行秩序治理发展概况、规模、结构、变动趋势等；其次，分析中国能源和水资源消耗、建设用地总量和强度双控市场化运行秩序治理模型概况、规模、结构、变动趋势中问题的成因、变动机理和运行机制；最后，针对性地提出解决问题的对策措施。

3.2　资源耦合治理规律

3.2.1　资源耦合治理系统的一般规律

1. 生产决定机理

生产决定交换、分配和消费。生产对交换、分配和消费起着决定作用表现为：一是生产决定着交换、分配和消费的对象，二是生产决定交换、分配和消费的水平与结构，三是生产决定交换、分配和消费的具体形式，四是生产的社会性质决定着交换、分配和消费的社会性质。

2. 交换、分配和消费促进生产

交换、分配和消费对生产的反作用具体表现在：一是适合生产力发展的分配方式，能够调动生产者的积极性，促进生产的发展，反之则起阻碍作用；二是交换的发展能促进生产的发展，反之则阻碍生产的发展；三是消费使生产出来的产品最终得到实现，消费为生产的发展创造出动力，反之则阻碍生产力的发展。

3. 生产力决定生产关系

生产关系不断调整，以适应生产力发展需要。生产力和生产关系是生产方式这个矛盾统一体中的对立双方。它们之间既对立又统一，相互依存、相互作用，有着不可分割的内在联系。其中，生产力是矛盾的主要方面，对生产关系起着决定作用。

首先，生产力的状况决定生产关系的性质。生产力是生产关系形成的前提和基础。生产关系是适应生产力发展的要求建立起来的，是生产力的发展形式，它的性质必须适应生产力的状况。有什么样的生产力，最终就会有什么样的生产关系。其次，生产力的发展决定生产关系的发展和变革。生产力是生产方式中最活跃、最革命的因素，经常处于变化和发展之中。与生产力相比较，生产关系则更具有相对稳定性，一种生产关系一经产生，就在一定的历史时期内保持相对稳定的形式。但是，生产关系也不是凝固不变的。随着生产力的发展，生产关系在相对稳定中也会发生部分的、某些方面的重要变化。当生产力发展到一定阶段，原来的生产关系再也容纳不下它的发展时，就会引起生产关系的根本变革，使旧的生产关系为新的生产关系所代替。生产力决定生产关系，这是一方面。

另一方面，生产关系对生产力有重大的反作用，它会起着束缚或解放生产力的作用，起着阻碍或发展生产力的作用。当生产关系与生产力的发展要求相适应时，它会有力地推动生产力的发展；当生产关系与生产力的发展要求不相适应时，它会阻碍甚至破坏生产力的发展。生产关系对生产力的反作用，有时会十分突出。例如，当生产关系由生产力的发展形式变成生产力的桎梏时，生产关系的变革对生产力的发展就具有决定性的意义。不过，即使在这种状况下，生产关系仍然是由生产力所决定的，因为生产关系之所以要变革，归根到底还是由生产力发展的要求决定的。不论在何种情况下，生产关系反作用的发挥，都是以适应一定的生产力状况为前提的，都是建立在生产力决定作用的基础之上的。

3.2.2 经济发展动力系统协调规律

经济社会发展的动力不是唯一的，它由物流业、投资、技术进步和制度进化、工业化、信息化、社会需求、生产关系调整、房地产、社会稳定、生态环境、政治、共同富裕等十二个单一动力组合而成。如果依据其功率大小排序，则为“涣”和“随”（二合一动力）、“恒”、“益”、“小过”、“家人”、“噬嗑”、“离”、“大壮”、“豫”、“大过”、“师”、“谦”。

第一动力“涣”和“随”，说明通过制度和基础设施的建设，保持资源的自由流动是经济社会协调发展的首要条件；第二动力“恒”，显示投资是经济社会发展的直接动力；第三动力“益”，解释资源配置优化、外部性内在化和分配合理化是经济社会发展的基础；第四动力“小过”，表示工业化是欠发达国家经济社会发展的推进器；第五动力“家人”，昭示信息化是经济社会发展的关键；第六动力“噬嗑”，阐明社会需求是经济社会发展的推动力；第七动力“离”，证明按照生产力要求调整生产关系是经济社会发展的客观规律；第八动力“大壮”，言喻房地产开发是经济社会发展的强化剂；第九动力“豫”，明示社会安全和谐是经济发展资源的载体；第十动力“大过”，反映生态环境平衡是经济社会可持续发展的保证；第十一动力“师”，揭示政治是经济社会发展的统帅；第十二动力“谦”，概括共同富裕是社会主义经济发展的目标。

在十二个经济发展动力保持系统协调的卦中，除“离”本身表示生产力外，其余“涣”和“随”、“恒”、“益”、“小过”、“家人”、“噬嗑”、“大壮”、“豫”、“大过”、“师”、“谦”十一个动力，三个前向，三个后向，四个向心，两个离心。阴阳得配八个，同阴两个，同阳两个。阴阳平衡，和谐统一。

3.2.3 经济发展模式转换规律

发展模式是行为主体根据自身条件和背景状态而选择其生存空间扩展的途径与方式，自身条件和背景的随时变动必然引致发展模式的适时调整。经济发展模式不限于以某一特征定位的固定形式，如中心辐射型、梯度推进型和网络一体型等，而是根据自身的性状组合而成。经济发展模式转换是经济系统性状由失衡向均衡的转变，首先，阴阳失衡向阴阳平衡转变。经济系统在均衡发展中是阴阳平衡的，但非均衡发展是常态，即阴阳失衡随时出现。当阴盛阳衰时，扶阳抑阴；当阳盛阴衰时，扶阴抑阳。其次，当均衡状况偏离基线，就需要对这种非平衡状态进行随时矫正。最后，经济系统的各个部分演化速度快慢不等，有的甚至由于非均衡发展而速度极快或极慢，对实际运行经济系统必须及时调整，以求速度适中防止失控。

3.2.4 经济发展结构优化规律

经济发展结构不拘泥于经济要素数量比例构成，更多地表现在低位、动向和速度等方面。

（1）经济地位结构优化是通过调整实现上下呼应、升迁与降级道路流畅。

（2）经济动力结构优化是通过调整实现驱动、均衡、平稳运行。

（3）经济走向结构优化是通过调整实现基线清晰、进退自如，以及矫正灵活。

（4）经济速度结构优化是通过调整实现快慢适中、步伐一致，以及节奏协调。

3.3 资源耦合治理系统结构功能

3.3.1 资源可持续利用下的高效配置

资源可持续利用下的高效配置指的是资源在可持续利用约束下追求高效率的资源配置状态，它既包括经济发展中的劳动力、资本、土地等资源的优化配置，同时也包括科技、信息等资源的使用和安排的优化配置。资源配置是否优化，其标准主要是看资源的使用是否带来了生产的高效率和企业经济效益的大幅度提高。一般来说，市场优胜劣汰的竞争机制必然导致同行业中科技水平不高、生产效率低、经济效益差的劣势企业被淘汰。因此，从资源使用这个角度看，归根到底是看有没有实现生产的高效率、高效益。资源的优化配置主要靠的是市场途径，由于市场经济具有平等性、竞争性、法制性和开发性的特点和优点，它能够自发地实现对商品生产者和经营者的优胜劣汰的选择，促使商品生产者和经营者实现内部的优化配置，调节社会资源向优化配置的企业集中，进而实现整个社会资源的优化配置。因此，市场经济是实现资源优化配置的一种有效形式。

3.3.2 分配关系的协调

分配关系是生产关系的主要内容之一。分配关系是由生产资料的所有制关系决定的。在以私有制为基础的阶级对抗社会中，分配关系也具有对抗的性质。剥削阶级依靠对生产资料的私人占有，把它用作剥削劳动者的手段，无偿占有劳动者创造的产品的绝大部分。他们不劳而获，而广大劳动者却是多劳少获，这样的产品的分配关系加深了再生产过程中的矛盾。在社会主义社会中，劳动人民成了生产过程的主人，他们为了社会的和自己的利益进行劳动，在分配关系中不存在阶级利益的对抗关系，这种分配关系使劳动者从物质利益上关心社会生产的发展，对社会生产的发展起着重大的推动作用。当然，这并不意味着在社会主义社会中，分配和生产就没有任何矛盾了。在社会主义社会中，在产品的分配上，有时会出现平均主义的干扰。平均主义的分配实际上是承认一部分人对另一部分人的劳动可以无偿占有，这是和各尽所能、按劳分配的原则相违背的；另外，个人消费品分配上的差别，如果脱离了人们为社会所提供的劳动的差别，也不符合按劳分配的原则。这些都会挫伤劳动者的积极性，不利于生产的发展。但是，在社会主义制度下，分配关系中的矛盾是非对抗性的。它可以通过贯彻按劳分配原则的具体措施加以解决。

3.3.3 动力结构的构建

在我国全面深化改革过程中，调整利益分配方式，必然触动既有利益格局，削弱一部分人获取利益的权利和机会。调整利益分配格局就是要明确利益导向，规范利益行为，缩小收入差距，实现利益共享，这是协调利益矛盾、实现社会稳定发展最直接的措施。进一步调整利益格局需要：

（1）切实提高劳动者报酬的比重。我国财政收入近几年平均以 20%以上的速度增长，财政收入占 GDP 的比重逐年上升。与此同时，居民收入和劳动收入在国民收入分配中的比重却在下降，职工工资总额占 GDP 的比重也在下降，经济快速增长的好处过多地向政府和企业倾斜。

（2）规范收入分配秩序，全面解决分配不公及混乱的问题。当前收入分配作为一种制度处于崩溃和瓦解的状态中，要强化对非法收入的打击力度，这是转型期收入分配上存在的根本问题。

（3）进一步推进经济体制改革，清除各种体制漏洞，提升市场在资源配置中的作用，完善与市场经济相配套的多次分配环节。市场只是资源配置的第一个环节，在市场完成配置以后，还需要通过多种环节对分配进行调节，最终实现公平分配、平衡发展。

3.3.4　资源耦合治理系统的整合力

能源和水资源消耗、建设用地相互分离，对其研究，一般也是各自作为独立部门进行。作为变量，它们一般保持正比的关系。作为国民经济的部门，结构功能保持着协调一致性。因此，要将三者整合一起进行研究。

整合力是一种系统的活动。整合是系统的一种功能，整合力是系统整合功能的表现。系统是整合的担当者。整合的担当者是多因素、多层次、多关系的耦合联动构成的结构严谨、功能协调的复杂系统。整合力具有多元综合性、整体协调性、序化定向性等特点。整合力作为一种多因素、多层次、多关系的耦合联动的复杂系统功能的体现，也有着极其复杂的结构。结构是系统的特征之一。任何具有特定结构的系统都具有一定的功能，功能是系统的特征之一。结构是指系统内部要素之间的内在联系和组织方式，功能是指系统与环境之间相互作用过程中表现出来的特性和能力。相对来说，前者藏于内，后者显于外；前者稳定，后者易变。整合力是结构的功能，而其本身不是结构。整合体具有结构和功能，整合力是整合体的功能，而不是整合体的结构。

所谓能源和水资源消耗、建设用地总量和强度双控市场化整合，是指能源和水资源消耗、建设用地多因素、多层次、多关系耦合联动构成的结构严谨、功能协调的整合力对事物进行协调有序、系统综合的加工过程。能源和水资源消耗、建设用地总量和强度市场化双控是国民经济整合力的功能，是其协调有序活动和运动的能力。通过利用资源稀缺一致性，把核心概念资源稀缺性转化为能源、水资源消耗和建设用地可比较的变量，对应设置指标进行统计分析，建立模型（函数）运算，通过假设检验，得出预期结论。将能源、水资源和建设用地利用研究整合在一个理论方法体系中。研究利用外部性内在化一致性，调整矿权动态结构、水权动态结构与土地产权动态结构，使矿权、水权与土地权相协调。促进资源利用系统个人收益率与社会收益率相一致。利用道统经济学结构功能匹配原理，定位能源、水资源与建设用地在国民经济中的角色，并标定尺度，使其井然有序。

3.3.5 资源配置规则

（1）资源配置高低调整。报酬均衡点高者低调，以期实现全要素利润率均衡，即一单位的任何要素投入（边际投入）不管在任何部门、产业、项目等能得到一单位的报酬，经济学称其为帕累托最优。

（2）制度建设体制内外调整。组织制度构建的目的就是要规范社会所有利害主体的行为空间，将其全部外部性内在化，让任何人都不占别人的便宜，现代经济学称其为产权明晰。

（3）收入分配上下调整。经济发展收入差异扩大，要建立一种机制，促进上层社会资源向下层社会及生产领域流动，通过国民收入再分配，达到转移支付的各个环节，调节收入，抑制贫富差距，实现共同富裕。

3.3.6 经济管理决策规则

经济系统管理决策是社会协调发展的管理决策模式，主要有三条准则：

（1）决策的目标是寻找问题并解决问题，信息充分是其必要条件。决策要上下沟通一致，且下层群众的意见要与上层专家意见交流、沟通、统一，群众路线与专家路线相结合是决策的基础。

（2）决策启动的程序化。即决策启动后必须经过一定组织程序才能完成，一定的组织程序不能省略。另外，决策过程不能过多，否则会造成交易成本过高。

（3）决策主体条件为治者自强，要求决策主体先正己，后治人，圣人诛乱，必先修己。

3.3.7 经济管理变通之道

对经济管理的变通之道，可以有三点解析：

（1）物极必反，即阴极则为阳，阳极则变阴。穷极尽头就要发生实质性变化。

（2）否极泰来。两极分化是离心式操作形成的，阴阳不交，上下不通，矛盾必然对立；而相应采取调节措施，阴阳沟通，信息交流，资源流动，以上补下，和谐发展，自然就会出现“穷则变，变则通，通则久”的局面。

（3）在道统经济学中，“穷”不仅指“穷极”，还包括“穷尽”。“穷尽”在易学占有重要地位。易学是逻辑推演和实证研究相结合的产物。论证一般都是根据公理化规则做出一个逻辑判断，产生一个命题，然后去证伪，经过几千年的不断修改和完善，最后定型。命题→等值→穷尽→辨识的证伪程式，在《系辞传》第七章中归纳为“德之辨”“小而辨于物”“穷则通”。

3.4　能源、水资源和建设用地的耦合关系

3.4.1　能源与水资源的耦合关系

水资源与能源是两种独立的资源，但是二者也存在着密切的内在关联。能源的开采和加工过程需要消耗水资源，而水资源生产和利用全过程在输配、净化、收集、处理与回用等多个环节都需要消耗能源。水资源和能源的彼此依赖会对环境和资源造成重要影响。但是，水行业和能源行业的规划与管理长期处于各自独立的状态。传统能源管理较少考虑水资源问题，水资源政策往往也忽视随之带来的能源问题。

从全球的视角来看，水资源和能源的分布状况呈现明显的区域不公平性，而且在很多地区呈现此消彼长的状态。如北非和中东的很多能源储量丰富的国家的水资源十分紧缺；拉丁美洲和大洋洲大部分国家、欧洲部分国家的水资源充沛，但能源储量很少。同时也存在两种资源都比较丰富或都相对匮乏的国家。国际能源贸易在一定程度上改变了能源和水资源的状况，这可能会对一部分国家造成资源危机，也可能使一部分国家的资源状况向有利方向发展。这是因为能源的国际贸易不仅仅是能源本身的转移，同时生产这部分能源而消耗的水资源也发生了相应转移。随着全球能源需求量的不断增长，全球尺度的水资源与能源的关联问题将是人类实现可持续发展面临的重要问题之一。

1. 能源与水资源的耦合

（1）能源所需水资源主要包括能源矿产开采、加工、精炼，化石能源废弃物处理以及种植生物燃料作物所需的水资源。随着能源需求的扩大和水资源的日益紧缺，在 2012 年，国际能源总署（International Energy Agency，IEA）在《2012 年世界能源展望》中指出：能源生产对水资源造成的影响也将逐渐加大，其对水资源的需求将以两倍于能源需求的速度增长。《2022 年世界能源展望》报告指出，全球能源危机或将成为迈向更清洁、更安全的历史性转折点。到 2030 年新措施将有助于推动全球清洁能源每年投资超 2 万亿美元，比目前增长 50%以上。依托全球能源互联网，将推动以水、风、光等清洁能源满足全球电力需求。

（2）水资源的开采、输送、供给、加工和处理过程必然会消耗一定的能源。根据水资源的类型不同，生产或获取清洁用水所消耗的能源也不同。以生产或获取 $1m^3$ 清洁水为例，从地表水体（河流或湖泊）中约需 0.37kW·h，从回收使用的

废水中则需要0.62～0.87kW·h，通过海水淡化技术需要2.58～8.5kW·h。废水处理过程同样需要消耗能源。污水处理厂所消耗的电能主要用于污水生物处理过程，比例高达70%，污泥处理过程比例达20%，并且污水处理厂的单位处理能源消耗随着其规模的扩大而降低；另外，水资源的短缺给能源生产带来了影响。2014年，《联合国世界水资源发展报告：水与能源》指出：不断增长的对有限供水的需求增加了用水密集型能源生产者寻求替代方法的压力，特别是在能源与其他主要用水户（如农业、制造业、饮用水和城市卫生设施服务）相互竞争的区域以及水的使用可能被限制在维持健康的生态系统的区域。

（3）同时作为能源和水资源的水能资源。在能-水关联中，水电生产具有特殊性，也是能-水关联最直接的体现方式。水电生产是对水能的直接利用。水力发电方式可以分为径流式发电和蓄水式发电。两者之间的重要区别在于，前者一般不调节河流流量，而后者需要通过蓄水产生落差从而进行发电。蓄水式发电方式将对河流流量的连续性产生影响，而因水坝建设增加的水域面积将会对水的蒸发量产生重要影响。对于水电而言，水量的多少对其发电能力有着直接影响。在干旱时期，用于发电的水量可能会受到其他利用（如灌溉或饮水）需求的影响。能-水关联对能源政策法律的设计和制定具有重要意义。作为减少化石能源带来的污染以及能源多元化战略的重要组成部分，生物质能发展政策往往未对其所需成本进行多角度评价（包括其发展对能源、水资源、土地以及生物多样性的影响），然而在能-水关联视角下则需要根据其耗水量有区别地对待不同种类的生物能源的发展。非常规天然气尤其是页岩气的开采能够增加能源供给，但是采用水力压裂技术开采页岩气会给水资源带来压力。

因此，我国在相关能源政策法律中要充分重视能-水关联，实现能源产业的最优化和可持续发展。

2. 中国能源水资源关联状况的特点

我国是世界上最大的能源生产国、消费国和进口国，能源安全对于我国一个世界上人口最多的国家的社会经济发展具有极其重要的意义。由于我国水资源需求的不断增加以及严峻的水资源短缺和污染形势，水安全是关系国计民生的重要战略问题。能-水关联规律对我国社会经济的可持续发展提出了挑战。我国能-水关联的状况主要呈现出以下三个特点。

（1）就我国能源和水资源的匹配程度而言，能源需求及其结构以及能源和水资源的地理分布在客观上加重了我国能源生产的水资源压力。随着我国能源生产规模的急剧扩张，水资源面临着越来越大的压力，而能源发展明显遭遇缺水的瓶颈。煤炭在我国能源结构中占最大比例，而我国煤炭资源主要集中在水资源十分稀缺的西部和北部地区。例如，山西、陕西、内蒙古和新疆拥有全国煤炭资源总量的 74%，但却只拥有全国 7%的水资源。煤炭生产和火力发电数量、规模的扩大受制于日益紧缺的水资源供应，同时这种扩大也对其他用水户用水需求的满足和生态环境的保护带来压力。

（2）就我国能源和水资源的需求压力而言，我国社会经济发展的能源需求和水资源需求的不断增加对这两种资源均提出了严峻挑战。据国际能源总署预测，我国能源生产用水于 2010～2035 年期间将增加 38%（4000 亿 m^3），能源部门消耗水量会上升 83%（1400 亿 m^3），从而增加水资源的压力。虽然我国《能源发展“十二五”规划》将可再生能源作为能源开发利用的重点，但是由于不同的可再生能源对水资源的消耗程度不同，需要对可再生能源作进一步的细分，必须结合各地区水资源状况对可再生能源进行开发利用，否则会造成可再生能源发展脱离当地水资源实际，从而进一步加剧当地水资源压力。

（3）就我国能源和水资源政策法律现状而言，鉴于我国传统的能源和水资源分部门实施管理的体制和路径，两个领域的政策法律呈现出泾渭分明、相互孤立的特点。一方面，我国能源法主要以能源安全和能源开发利用为核心，对于能源开采、生产、加工以及消费等领域的水资源节约及其保护则缺乏考虑；另一方面，我国水资源政策法律中也欠缺对节能的考虑。因此，由于我国水资源和能源采取分部门管理的方式，这种法律规定上的空白将会导致能源和水资源开发利用及保护过程中的不协调，削弱能源或水资源政策法律目标的实现程度。

3.4.2　能源与建设用地的耦合关系

能源需求的不断增长促使建设用地需求持续增加。能源相关的建设用地主要包括能源开采、运输、储备和销售用地，随着能源需求不断增加，能源相关的建设用地也在日益增加。首先，例如煤炭、石油等化石能源主要依靠陆地开采，而风能、水能、太阳能等可再生能源也需要占用土地资源从而得到开发利用。其次，电力输送、石油管道运输等能源运输对建设用地的需求也较大。最后，能源在最终消费之前的储备、销售阶段也需要占用建设用地。可见，建设用地在能源产业链中的作用至关重要。

一国的能源现代化很大程度上决定了其建设用地的使用性质，如果一个国家现代化程度较高，能源类建设用地比重就会相应较低。一方面可能由于资源禀赋的不同。另一方面，现代化程度较高的国家能源利用效率较高，工业化较为完善，对于环境保护和资源再利用重视程度更大；而发展中国家和欠发达国家资源相对丰富，属于资源输出型国家，存在大量能源开发的高耗能产业，能源相关的建设用地比重相对较高。

能源消费可以有效促进建设土地开发和使用，提高土地使用效率。历史上的两次能源革命极大地推动了社会经济的发展：以煤炭、石油为主要燃料的内燃机推动人类社会进入工业时代，而电能的运用则助力人类社会步入信息时代。能源革命使得社会经济得到极大发展，能源效率和土地利用效率得到极大提升。

过度开采导致的土地污染严重。我国富煤、少油的能源结构，导致煤炭资源在能源消费中的比率居高不下，在 2006 年曾一度达到 76%以上，尽管近几年来对环境保护的重视日益提高、石油价格持续走低等因素使得煤炭在能源消费中比率逐年下降，但仍保持在 60%以上。在过去 30 多年的粗放型发展过程中，对于煤炭资源的过度开发与浪费，使得我国不少地区受到采矿或工业废弃物的侵入，使土地资源受到严重破坏，部分地区甚至出现了开采沉降。

3.4.3　水资源与建设用地的耦合关系

水资源是影响城市经济发展的重要制约因素，进而影响土地利用结构变化及土地利用类型的需求和规模。《中共中央关于制定国民经济和社会发展第十三个五年规划的建议》强调中国将“实行最严格的水资源管理制度，以水定产、以水定城”，凸显水资源对城市扩张的重要性和约束作用。服务业及旅游业的兴起导致土地利用格局发生显著变化，进而引起水资源严重超支，地下水位持续下降，水资源供需矛盾日益突出。水资源成为影响社会经济持续发展及生态保护功能发挥的重要因素。因此，构建水资源约束下的区域可持续土地利用格局，对实现区域社会经济可持续发展具有重要现实意义。土地利用系统动力学模型是运用系统动力学原理和方法建立的模型，能够从宏观上反映土地系统的复杂行为，是进行土地系统情景模拟的良好工具。

水资源限制人口规模，从而制约建设用地的扩张。城市化进程的加快使城市人口快速增加，导致住宅用地需求快速增长。城镇人口是一个状态变量，是出生人口、迁入人口、死亡人口和迁出人口平衡后的积累量。迁入人口主要是由农村迁入城市，由城市化率决定。人口子系统中的迁入人口和出生人口是影响建设用地需求的主要因素。为模型简化考虑，把城市人口总量与出生人口、迁入人口、死亡人口及迁出人口之间的关系用各种比率关系替代。人口子系统的主要反馈关系为：受人口出生率、城市化率、迁出率和死亡率影响的城市人口总量的增加主要引起系统内居住用地需求量的增加，进而引起建设用地总量的增长；建设用地需求量与实际供给量之差又反作用于城镇总人口规模，由此制约了人口规模的扩张；系统内人口增加导致生活用水需求量增加，而水资源的人口承载力限制了城市的总人口规模，对城市化率及居住用地需求进一步产生制约作用，进而限制了总建设用地需求量的增长。人口子系统通过建设用地供需差、可用的水资源等与其他子系统相联系。

经济发展、城市规模扩张、人口城市化进程加快是城市建设用地扩展的直接驱动力。在该驱动力作用下，城市建设用地供给发生响应性变化。这种变化是在城市建设用地供需差额不断扩大的基础上必然影响城市经济发展和城市化进程，进而引起新的建设用地规模响应，使城市建设用地规模不断扩展。同时，建设用地规模响应对目前的土地相关法律法规产生压力，进而促使政府对土地相关法律法规做出调整，以保证经济效益、社会效益和环境效益的协调。目前我国实施城市土地储备，市区范围内所有需要进入市场的土地都要纳入土地储备体系，由政府垄断收购和储备，并经土地储备中心开发后统一向市场提供。从与人口子系统的关系来看，建设用地供给量直接影响住宅用地规模，进而对人口子系统产生影响，人均占用建设用地数量会发生变化，建设用地的效率会提高；从与经济子系统的关系来看，建设用地供给量直接影响经济的发展，而产业结构的调整则有助于节约、集约土地利用；从与政策子系统的关系来看，土地利用方式和集约利用程度受各种政策法规的影响较大，各种政策法规，如城市规划、土地利用规划对提高建设用地集约度都有明显的指导作用；而水资源子系统则通过制约人口子系统和经济子系统间接对建设用地需求产生了影响。

第 4 章　资源耦合治理范式与模型

4.1　资源耦合治理范式

根据能源和水资源消耗、建设用地总量和强度双控市场化机制不同的研究层次，主要结合采用道统经济学、史料学和考据方法、历史唯物主义、计量经济学方法、发展经济学方法、区域经济史方法、哲学、政治学、法学、社会学方法、公共管理学和复杂系统科学等研究范式，对资源耦合治理范式进行研究。

1. 道统经济学范式

在能源和水资源消耗、建设用地总量和强度双控市场化机制系统与结构分析中采用道统经济学范式。道统经济学是系统哲学，大道无形，揭示社会经济发展一般规律与变动原理。道统经济学又是技术性的科学方法，其抽象模型法，系统分解法，差异均衡法，结构整合、矫正、优化法等满足社会经济定性定量，同时解决其数据处理的技术要求。

2. 现代计量经济学范式

在能源和水资源消耗、建设用地总量和强度双控市场化机制要素层次上采用现代计量经济学研究范式，确定下列四种关系：①自变量与因变量方向性的关系；②自变量与因变量线性与非线性关系；③自变量之间、自变量对因变量作用力（贡献率）结构关系；④自变量与因变量的速度协调关系。

4.2　能源研究相关模型

随着世界各国能源需求量的逐渐增加，能源在世界经济中扮演的角色越来越重要。各国为实现可持续发展的目标，所关注的焦点已经从单一的能源问题转变为多个重点领域（能源经济、能源环境、能源技术、能源安全）。同时也建立了能源经济模型来研究能源规划及预测能源供应，如 20 世纪 70 年代出现的马卡尔（MARKAL）模型、能流优化模型（energy flow optimization model，EFOM）等，

20 世纪 90 年代出现的可计算一般均衡（computable general equilibrium，CGE）模型、能源-经济-环境模型（energy-economy-environment model，3Es-Model）、替代能源供给系统和环境影响模型（model for energy supply system alternatives and their general environmental impact，MESSAGE）等。国际上比较成熟的能源经济模型有很多，研究内容涵盖了能源的各个领域。根据建模方法的不同可大体分为三类：

（1）自顶向下模型（top-down model）以经济学模型为出发点，以能源价格、经济弹性为主要的经济指数，集中地表现它们与能源消费和能源生产之间的关系，主要适用于宏观经济分析和能源政策规划方面的研究。典型代表是学习曲线（learning curve）模型、基于一般均衡理论的 CGE 模型等。这类模型比较适合对市场体系比较完善的宏观经济进行模拟。

（2）自底向上模型（bottom-up model）是以工程技术模型为出发点，对以能源消费和能源生产过程中所使用的技术为基础进行详细描述和仿真，并以能源消费、生产方式为主进行供需预测及环境影响分析的模型。自底向上模型按研究方向分为两类：①以能源供应、转换为中心，用于分析高效能源技术的引入及其效果的模型，以国际能源组织为核心开发的 MARKAL 模型和欧盟开发的 EFOM 模型为代表；②以能源需求和能源消费为分析对象，对各部门由于人类活动变化所引起的能源需求和消费方面的变化，进行详细分析计算的模型。以法国的 MEDEE 模型和瑞典斯德哥尔摩环境研究所开发的长期能源替代规划系统（long range energy alternatives planning system，LEAP）模型为代表。这类模型以能源技术为出发点，利用相关技术成本数据，预测未来新技术的发展。

（3）混合能源模型（mixed energy model）是对能源系统（从能源的开采、转化、运输、市场到最终能源需求）的模拟，通过系统仿真来预测各部门能源的供应能力、能源价格、需求量以及宏观经济参数，从而为国家制定能源战略和决策提供信息支持。因此，混合能源模型既包括自顶向下的宏观经济模型，又包括自底向上的能源供应、需求模型。最具代表性的混合能源模型是美国能源部（United States Department of Energy，DOE）开发的 NEMS 模型和奥地利国际应用系统分析研究所（International Institute for Applied System Analysis，IIASA）与世界能源委员会（World Energy Council，WEC）合作开发的 IIASA-WEC E3 模型。这类模型是对整个能源-经济-环境系统的模拟和仿真，是一个庞大的复杂系统。

1. CGE 模型

CGE 模型作为政策分析的有力工具，经过 30 多年的发展，已在世界上得到了广泛的应用，并逐渐发展成为应用经济学的一个分支。虽然 CGE 模型最初只是作为一个学术研究工具，但目前已经在实际政策分析方面得到了快速发展。在最近 30 年里，CGE 模型被 30 多个国家和经济组织所采用。

由于篇幅有限，这里只列出了一些有代表性的研究。最初，这些 CGE 模型是学者由于学术研究的需要，或者是一些国际组织进行发展中国家的政策分析而建立的。特别值得一提的是世界银行，它在直接或间接鼓励不发达国家发展的过程中，在这方面做了深入而持续的研究。尽管在许多发展中国家，CGE 模型的研究应用工作目前仍然处于初步阶段，但已经出现了一个明显的趋势，即这些发展中国家的 CGE 模型研究已经从消化吸收的初级阶段发展到国内政策分析的应用阶段。在一些工业化大国，许多不同机构也采用了多种 CGE 模型。例如在美国，劳工部（Goulder et al.，1988）、财政部和联邦储备局（Fullerton et al.，1989）、联邦商务委员会（Tarr，1985；Tarr et al.，1984）、能源部、国会预算草案办公室、联邦应急管理署（Jorgenson et al.，1989）、美国国际贸易委员会（Reinert et al.，1994）以及 OECD 发展中心等机构均在使用 CGE 模型。CGE 模型也被许多发展中国家，如中国、印度、印度尼西亚等国家所采用。

挪威政府很早就对 CGE 模型产生兴趣，不过 CGE 模型尚未完全应用于政府的决策支持中。类似地，由 R. F. Stone 和另外一个 CGE 模型的重要先驱所主持构建的剑桥增长模型，也只是偶尔在政府决策中发挥咨询作用，但这个模型一直作为个人学术研究工具而保持至今。

在应用 CGE 模型提供贸易政策建议方面最活跃的专家无疑要数 John Whalley，他不仅在英国推动了政策模型的分析应用，还用 CGE 模型对不同的多边贸易和贸易协定进行效果分析。在这个过程中，Whalley 比其他任何人在推动 CGE 模型实际政策分析应用方面发挥的作用都大。当然也有许多人对 CGE 模型存有怀疑，而经济学的应用更是如此。如果我们客观地对这些实证模型进行优缺点比较，在某些方面 CGE 模型往往比其他更早的经济预测方法更具优势。从 CGE 模型诞生开始，贸易政策就是 CGE 模型的一个重要应用领域，尤其是在发展中国家，由于贸易和分配问题通常是政策制定者最优先考虑的要素，因此 CGE 模型经常被应用于这些方面的分析。从最早的韩国发展 CGE 模型开始，发展中国家的 CEG 模型逐渐应用到不同的政策问题上。早期的问题主要着眼于增长战略，例如进口替代、工业化或出口导向型战略。此时期的模型着重用于国内劳动力和其他资源在现代化和工业化进程中的分配问题研究上。

在整个 20 世纪 70 年代，CGE 模型始终被用来研究这类问题，并逐渐将重点转到国内分配和最优贸易政策方面。在 20 世纪 80 年代初期的信贷和商品市场大崩溃发生以后，发展中国家 CGE 模型研究的重点逐渐转移到稳定发展和结构调整方面。经过长期的发展，现在 CGE 模型已经可以广泛应用于不同的经济体制和经济现实，而且在每一种情景下它都能提供不同的政策意义。发达国家的贸易 CGE

模型主要关注贸易保护问题。绝大多数研究考虑单边政策的效应，这些研究往往是高度综合的，而且大多采用边界贸易自由化的比较静态分析。后一类特点可能是一个误解，即认为 CGE 模型最适用于评估存在贸易的多个部门同时自由化的问题。实际上，与局部均衡模型相比，CGE 模型确实更适于分析这类问题，但这并不意味着逆命题也成立，即并不能说局部均衡模型比 CGE 模型更适合于评估单部门的贸易政策。实际上正好相反，CGE 模型的最吸引人之处并不在于它可以分析多部门同时发生外部产生的政策冲击，而在于可以对每个单独贸易政策的所有影响进行全面追踪和分析。以美国的情景为例，即使是高度综合的模型，比如 de Melo 等（1989）揭示出单一部门的自由化或保护机制的改变会产生较小但非常全面的间接影响，而 de Melo 等（1990）的模型进一步展示了福利度量结果对于产业结构的改变可以对贸易保护的成本产生重要的影响。Goulder 等（1989）则强调了跨期优化行为对贸易保护成本的影响，不论政策影响的部门有多少，所有这些问题本质上都是一般均衡的。以上对文献的简单回顾表明，目前 CGE 模型已经应用于贸易政策分析的各个方面，包含了不同的地理和体制范围。

2. 3Es-Model

3Es-Model 是日本长冈技术科学大学于 21 世纪初期研究开发的经济-能源-环境模型。3Es-Model 是一个计量经济学模型，由宏观经济子模型、能源子模型、环境子模型组成，模型共包含 631 个方程，主要是通过模拟宏观经济、能源、环境三者之间的关系来预测未来节能、碳税、促进能源效率等减排方案下，经济、能源、环境的发展趋势，模型结构为决策者制定能源长期战略规划和政策提供信息支持。

3. MACRO 模型

能源经济（macro econometric model，MACRO）模型是 Manne（1977）研究开发的一个宏观经济模型。它通过生产函数来描述能源消费、资金、劳动力和经济产出（GDP）的关系，模型的目标函数是寻求总的能源折现效用最大，规模最大的效用函数决定了一系列最优储备、投资、消费的结果。

4. MARKAL 模型

MARKAL 模型是以技术为基础的能源市场分配的长期动态线性规划模型。该模型创立于 20 世纪 70 年代末 80 年代初，由国际能源总署能源技术系统分析计划（Energy Technology Systems Analysis Program，ETSAP）研究开发。经过近 40 年的发展，MARKAL 模型已被全球 37 个国家的 77 个研究机构广泛应用。由于 MARKAL 模型是能源系统模型，所以主要用于国家级或地区级的能源规划和政策分析。

5. MESSAGE

MESSAGE 是由奥地利国际应用系统分析研究所（IIASA）Messner 等（1996）研究开发的，用于研究中长期能源系统规划、能源政策分析和情景发展的动态线性规划模型，目标函数是寻求能源系统的总成本最小，研究方法主要是运筹学的线性规划理论和混合整数规划方法。模型的核心是参考能源系统（reference energy system，RES），它描述了能源资源从开采、进口、转化、运输、分配到终端服务、工业生产过程及交通运输等环节之间的相互依赖关系。MESSAGE 也是一个技术经济型优化模型，它有三类主要的变量和一系列不同类型的约束方程，这些变量分别是技术活动、每年新技术的应用、每年的资源开采，约束条件可以分为需求约束、平衡约束、资源约束等。

4.3 水资源研究相关模型

4.3.1 地理信息系统

地理信息系统（geographic information system，GIS）是对地理空间实体和现象的特征要素进行表达、获取、处理、管理、分析与应用的计算机空间或时空信息系统。一个完整的 GIS 由计算机硬件、软件、地理空间数据、应用模型、设计开发人员和应用人员组成。GIS 的主要功能有：对空间数据的采集与输入、对空间数据的编辑与更新、对空间数据的管理与存储、对空间数据的查询与分析、对空间数据的显示与应用。一个成熟完整的 GIS 可以通过模拟与预测的功能为人类解决现实世界中的规划和重大决策问题提供支持。

GIS 是在计算机硬件系统与软件系统支持下，以采集、存储、管理、检索、分析和描述空间物体的定位分布及与之相关的属性数据，并回答用户问题等为主要任务的计算机系统，是一门集合计算机科学、地理学、测绘学、环境科学、城市科学、空间科学、信息科学和管理科学等学科而迅速发展起来的新兴边缘学科。GIS 中“地理”一词并不是狭义地指地理学，而是广义地指地理坐标参照系统中的空间数据、属性数据以及在此基础上得到的相关数据。从目前科学与技术发展的潮流和趋势看，应从三个方面来审视 GIS 的含义。第一，GIS 是一种计算机技术，这是人们的通常认识。第二，GIS 也是使人们具有对过去庞大的空间数据进行管理和操作的一种方法。人们通过这种方法可以将对全球变化或者区域可持续发展等问题进行集成、统一和融合，实现全方位地审视地球上的每一个现象的目标。第三，GIS 的思维方式与传统的直线式思维方式有很大不同，人们能从极大的范围关注到与地理现象有关的周围的一些现象变化及这些变化对本体所造成的影响。在地理信息系统中，可以通过抽象把现实世界划分为诸多的地理实体及地理现象，进而由空间位置与专题属性特征来定位，定性和定量地表达这些地理特征。而 GIS 与其他信息系统的区别在于它所存储和处理的是按统一地理坐标进行过编码的信息，可以通过地理位置及与该位置有关的地物属性信息进行信息检索。

GIS 具有以下三个方面的特征：①具有空间性和动态性，并且能采集、管理、分析和输出多种地理信息。②由于 GIS 对空间地理数据管理的支持，可以基于地理对象的位置和形态特征，使用空间数据分析技术，从空间数据中提取和传输空间信息，最终可以完成人类难以完成的任务。③GIS 的重要特征是可获得计算机系统的技术支持，只有通过计算软件，GIS 才能精确、快速、综合地对复杂的地理系统进行过程动态分析和空间定位。另外，为了满足对地球全方位的若干要素相互关系和空间分布的研究，GIS 必须具备以下几个特点。

（1）位置特征。所有的地理要素，只有按照特定的坐标系统的空间定位，才能使具有地域性、多维性、时序性特征的空间要素进行分解和归并，将隐藏信息提取出来，形成时间和空间上连续分布的综合信息基础，支持空间问题的处理与决策。

（2）标准化。对多信息源的统计数据和空间数据进行一定的归并分类、量化分级等标准化处理，使其满足计算机数据输入和输出的要求，进而实现资源、环境和社会等因素之间的对比和相关分析。

（3）多维结构。多维结构通常是在原有二维空间结构基础上，添加多专题的第三维信息的组合结构，这显然是常规二维或二维半的图形所不具备的。其可以依时间序列延续，及时更新、存储和转换数据，通过多层次数据分析为决策部门提供支持。

（4）具有丰富的信息。GIS 数据库中除了包含地理位置信息外，还包含大量与其相关的其他信息，比如人口分布、城市交通、自然灾害和作战指挥等。纽约市曾经对其数据库进行了调查，发现有 80%以上的信息为地理信息或与地理信息有关。

经过几十年的发展，GIS 已经成为一门独立的学科，Geomatics 或 Geoinformatics（地球空间信息学，Geomatics 一词在 1990 年被 P. Gagnon 定义为“利用各种手段，通过一切途径来获取和管理有关空间基础信息的空间数据部分的科学技术领域”）这些名字已经被许多政府部门和科研院所采用。GIS 的应用范围十分广泛，凭借快速处理和运筹帷幄的优势，它已成为国家宏观决策和区域多目标开发的重要技术工具，在资源管理、规划设计、环境监测、交通运输、国防以及军事上都有应用。

4.3.2 SD-MOP 集成模型

SD-MOP 集成模型是将系统动力学（system dynamics，SD）模型和多目标规划（multi-objective programming，MOP）模型有机地整合在一起，构成一个完整的模型体系。

系统动力学是美国麻省理工学院 Jay W. Forrester 创立的一门分析研究信息反馈系统、系统结构、功能与行为空间之间动态、辩证关系的科学，它强调系统、整体的观点和联系、发展、运动的观点，是认识系统间问题及沟通自然和社会科学等领域的桥梁。该方法以系统论、信息论、反馈控制论和计算机技术为基础，建立系统动态模型，借助计算机进行仿真试验。其突出特点是擅长处理复杂性、周期性、长期性、数据相对缺乏、高阶次、非线性、时变性等问题，能进行长期、动态、战略性的定量分析研究。目前，系统动力学方法在区域可持续发展规划、土地与水资源承载力、生态产业链、循环经济研究等方面已经有了一定程度的应用。

系统动力学研究解决问题的方法是一种定性与定量结合，系统、分析、综合与推理的方法。运用系统动力学认识与解决问题是一个多次反复循环、逐渐深化、逐步达到预定目标的过程。系统动力学方法建模的基本步骤包括以下五个部分：第一步，系统辨识。确定系统边界，收集系统资料，统计数据的获取，确定主要水平变量与速率变量等。第二步，系统结构分析。依据实际系统情况确定系统的结构层次，确定总体和局部的主要反馈机制与反馈回路。第三步，模型建立。依据系统结构、反馈机制与反馈回路，建立水平方程和速率方程，利用趋势外推法、线性回归法、平均值法等确定调控参数值，作动力学流程图。第四步，模拟分析。对模型运用 System Dynamics 或 Venism 软件模拟和政策分析，调试修正模型。第五步，模型检验与评估。在验证模型与历史数据吻合（一般情况下，认为两者的相对误差不超过 15%为合理）的前提下，通过改变模型中的相关参数，对系统进行调控，预测系统未来的发展情况，并进行对比分析。

系统动力学模型同样具有局限性，系统动力学是一门基于系统论、控制论、信息论和计算机仿真技术的新兴学科，也是一门认识复杂系统问题和解决系统问题的综合性交叉学科。它解决问题的独特之处在于建立数学的规范模型，从系统内部的微观结构入手进行建模，来分析研究系统结构、功能和行为的内在关系及其解决问题的对策；它能方便灵活地进行决策模拟和多方案比较，适用于解决复杂系统中长期动态发展问题。系统动力学模型主要侧重于系统行为的研究，可以实现对系统多个规划方案进行远期、综合性、趋势性描述，但是在规划方案中难以进行最优决策。

多目标规划是数学规划的一个分支，研究多于一个的目标函数在给定区域上的最优化。多目标最优化思想最早由法国经济学家 V. Pareto 于 1896 年提出。多目标规划理论涉及多门现代数学学科，其求解方法常要借助于线性规划、非线性规划、随机规划以及数值计算的手段和技巧。目前，多目标规划无论在理论研究、求解方法，还是应用领域都取得了重要的进展，已成为运筹学和管理科学的重要分支之一。多目标规划的研究领域十分广阔。例如，水资源问题，生产计划的最优化制定，工程多目标最优化设计，以及国家和地区的国民经济发展规划的制定等。

在理论研究方面，多目标规划包括广泛和丰富的内容。多目标规划主要是考虑使问题的向量目标在某种意义下为非劣的有效解，而多目标优化的理论则主要是研究关于各种意义下有效解的性质。在多目标决策中，根据决策者给出偏好信息的方式，可以将计算方法大致分为三类：第一类，事先宣布类方法。这类方法的特征是优化前决策者已提供了足够的偏好信息，一次优化获得的解即为入选方案，如效用函数法。第二类，交互式方法。这类方法常需要决策者多次提供自己的局部偏好信息，如逐步约束法。第三类，事后宣布类方法。这类方法的特征是分析者首先求出有限个有效解，然后让决策者自己选择一个方法。在求解多目标规划问题的各种方法中，效用函数法和交互规划法起到了重要的作用。

多目标规划的局限性主要在于多目标规划模型在确定了决策变量的前提下能对近期或远期规划做出预测和评价，能对规划方案根据不同的发展目标进行优化。但是多目标规划模型是以线性的、确定的、静态的观点研究问题，难以考察系统的全面动态过程。同时多目标规划决策变量的选取依赖于研究者的主观判断，由于煤炭产业链是复杂的大系统，难以准确确定其决策变量，而如果决策变量选择不当，采用单一的多目标规划模型得到的优化方案可靠性会大打折扣。

SD-MOP 集成模型整合了系统动力学模型和多目标规划模型两者的长处，既能充分反映系统发展所固有的趋势性和连贯性，正确描述系统的结构和功能，利用系统动力学模型客观地找出对能源产业链演化影响较大的参变量，即关键决策点，又能借助多目标规划模型实现对这些关键决策点优化运算，模拟运行得到最优化情况下的规划方案，进而根据模拟结果，得到可信度高、优化度高、可行性强的方案。在模型研究中，方法并不是截然分开的，大多数生态经济整合模型是由一系列生态的、经济的模块组成，其中模拟模型和优化模型占很大比重。模型的技术结构分为模拟模型和优化模型，模拟模型通常用于生态政策论题，而优化模型通常用于经济政策论题。

4.4　建设用地研究相关模型

4.4.1　城乡建设用地调整定序模型

城乡建设用地调整定序的实质是按照新增城乡建设用地的用途用适当的方法对符合入选条件的土地进行多属性（指标）综合计算，根据计算结果来确定入选新增城乡建设用地的优先顺序。由于排序结果直接影响到入选新增城乡建设用地的结果，所以城乡建设用地调整定序过程实际上是整个决策过程的核心和关键。对某一多属性决策问题，可以利用组合决策法，即根据不同的理论依据和决策信息，利用多种方法进行求解，并综合求解结果，做出准确科学的判断。应用组合决策方法求解多属性决策问题时，要解决好两个关键问题：一是排序模型的选择，应根据决策问题本身以及所能掌握的实际信息选取有代表性的综合排序模型；二是属性权重的确定，既要考虑主观因素的判断，又要考虑指标本身的影响。

通过主观权重和客观权重确定排序模型的指标权重，能够充分利用决策对象的固有信息，同时考虑决策者的主观因素。采用平均值法进行组合决策，可以综合各决策方法的优点，使排序结果更为可靠。城乡建设用地调整定位模型建立的思路是：首先确定评价指标体系，构造规范化的决策矩阵；其次确定指标权重，综合考虑主观和客观赋权的影响，综合各模型的决策结果，对评价对象进行综合定序。城乡建设用地调整定序模型，构建决策因素指标体系及城乡建设用地调整定序是一个复杂的决策过程，在选取评价指标过程中，应遵循主导性、相关性、实用性等原则，主要考虑自然条件、社会经济、行政干预等因素中具有主导性、代表性和可靠性的指标，以保证评价结果的科学性和合理性。

鉴别建设用地层次可以采用图斑法。图斑法是将地貌和土地利用类型基本相同、水土流失类型基本一致的土地单元（地块）分为一类，以其为基础调查单元，然后将单元勾绘到地形图上成为图斑。利用图斑法选择新增城乡建设用地的主要决策因素应该包括：①城乡建设质量，由工程地质特征、区位条件和土地利用条件构成；②城乡建设成本，由土地投入和产出构成；③城乡建设效益，由环境效益和政策效益构成。

4.4.2　生态位适宜度模型

生态位是指一个种群在生态系统中，在时间、空间上所占据的位置及其与相关种群之间的功能关系与作用。生态位又称生态龛，表示生态系统中每种生物生存所必需的生境最小阈值。若将土地利用方式比作环境中的生物行为，则土地利用功能分区的目的就是寻找最适宜生物生存的空间位置。因此，我们把某种土地利用方式对资源需求所构成的 n 维资源空间称为该种土地利用方式资源需求生态位，简称需求生态位。土地利用的现实资源也构成对应的资源空间，称为现实资源生态位，简称现实生态位。现实生态位与需求生态位的耦合关系反映了现实资源条件对某种土地利用方式的适宜性程度，即生态位适宜度。当评价单元的现状资源条件能够完全满足某种土地利用方式的要求时，该种土地利用方式生态位适宜度为 1；当评价单元的现状资源条件完全不能满足某种土地利用方式的要求时，该种土地利用生态位适宜度为 0。显然，对于不同的发展目标，评价单元的生态位适宜度是变化的，如一个评价单元所占空间拥有较好的交通条件、基础设施条件及社会经济条件，但其自然条件却有所欠缺，对农业生产的发展目标而言，该评价单元的生态位适宜度是较低的，而对城市发展的目标而言，该评价单元的生态位适宜度则是较高的。

土地利用对资源的需求通常可以分为三类。第一类必须满足其最低要求，而且越丰富越好，如土地利用中的交通条件。对于该类资源，评价单元的生态位适宜度可以用公式表达如下：

$$S_k=\begin{cases}0, & X_k \leqslant D_{k\min} \\ X_k / D_{k\mathrm{opt}}, & D_{k\min} < X_k < D_{k\mathrm{opt}} \\ 1, & X_k \geqslant D_{k\mathrm{opt}}\end{cases} \tag{4-1}$$

式中，S_k 为土地利用中资源 k（$k\in[1, n]$）的生态位适宜度；X_k 为评价单元中资源 k 的现实生态位；$D_{k\min}$ 为资源 k 现实生态位集合的最小值；$D_{k\mathrm{opt}}$ 为资源 k 的生态位理想值。

第二类土地利用对资源的需求是指在资源可供给范围内存在一个适宜的区间，资源供给过多或过少均将成为土地利用的限制因素。如土地利用中的人口密度。对于这类资源，评价单元的生态适宜度用公式表达如下：

$$S_k=\begin{cases}0, & X_k \leqslant D_{k\min} \text{ 或 } X_k \geqslant D_{k\max} \\ (X_k - D_{k\min}) / (D_{k\mathrm{opt}} - D_{k\min}), & D_{k\min} < X_k < D_{k\mathrm{opt}} \\ 1, & D_{k\mathrm{opt}} \leqslant X_k < D_{k\max}\end{cases} \tag{4-2}$$

式中，$D_{k\max}$ 为资源 k 现实生态位集合的最大值。

第三类土地利用对资源的需求是指资源的现实生态位越小越好，如环境污染、灾害发生频率等。对于这类资源，评价单元的生态位适宜度用式（4-3）表示：

$$S_k=\begin{cases}0, & X_k \leqslant D_{k\min} \\ 1-(X_k - D_{k\min}) / (D_{k\mathrm{opt}} - D_{k\min}), & D_{k\min} < X_k < D_{k\max} \\ (D_{k\max} - X_k) / (D_{k\max} - D_{k\mathrm{opt}}), & X_k \geqslant D_{k\max}\end{cases} \tag{4-3}$$

土地利用的资源需求生态位是一个 n 种资源构成的 n 维资源空间。根据

Shefold 限制性定律：任何一个生态因子在数量上或质量上的不足，都会导致该生物的衰退或不能生存。因此，土地利用 n 维资源空间的生态位适宜度可用公式表达如下：

$$S = \left(\prod_{k=1}^{n} S_k \right)^{1/n} \tag{4-4}$$

式中，S 为土地利用中 n 维资源的生态位适宜度；n 为约束该土地利用的资源维数。

第 5 章　资源耦合治理路径

5.1　资源耦合治理的财政体制改革

5.1.1　我国财政分权体制改革

1. 我国财政分权体制现状

新中国成立以来，我国财政体制改革的起点可以追溯至计划经济时代的财政体制。早在这一时期，财政体制就受到了党和国家领导人的广泛关注。在这一阶段的财政体制改革中，集权是重中之重。随着我国改革开放的发展，我国在市场经济的道路上越走越远，集权逐渐被分权所取代，我国的财政体制也逐步向着分权式发展。我国的财政体制改革可以说是分成了两个阶段来进行：第一个阶段是新中国成立后到改革开放之初（1950～1979 年），这一阶段的主导形式是中央集权式财政体制，但期间也多次出现过分权化的调整；第二个阶段是改革开放之后一直到现在，这一阶段的财政体制改革体现出分权化的特征。

改革开放以后，我国的财政体制改革大致被分为两个阶段：一是“财政包干”财政体制；二是分税制财政体制。每一个国家经济体制的转变都伴随着相应的财政体制的改变，我国在 1992 年明确了经济体制改革的目标即建立社会主义市场经济，相应的财政体制也要调整。自此，财政体制改革进入了以分税制改革为核心的阶段。主要内容有以下几个方面：一是税制改革为分税制奠定基础。分税制财政体制改革是在税制改革的基础上进行的。在体制调整过程中，逐步建立了以增值税为主体，消费税和所得税为补充的流转税制，并完善了其他税种的调整。二是明确中央与地方的财政支出划分。中央财政负责国家整体宏观把握，而地方财政则负责本地区相关事务运行，负责更为具体，集中在微观层面。三是中央与地方的收入划分。依据地方负责的事务权限与财政权限相挂钩的形式，按税收种类来划分中央与地方的收入。其中，中央税主要包括那些国家实施宏观调控所必需的税种；而中央与地方共享税种是指那些与经济直接相关，并且能够同时给中央、地方带来收入的税种。四是中央对地方的财政转移支付制度。具体包括：税收返还制度、原体制补助（或上缴）拨款、过渡期转移支付制度、有条件的专项补助、结算补助（或上缴）。目前我国面临的分权制财政主要问题有如下几点。

（1）各级政府支出责任划分不明确。相较于中央政府，地方政府在为地方群众提供公共物品上更具有灵活性。而地方政府也应充分运用自己的这一优势，为大部分地区提供基础性的公共服务。但当前在我国的财政体制中缺乏对各级政府财政事权的明确划分，省级政府和下级政府之间的支出划分没有明确的界限，各省在地方政府的财政支出划分上各有不同，较为混乱。在现在由上至下高度集中的管理体制下，没有形成明确的法律对政府的财政事权进行硬性约束，上级政府有权决定下级政府的支出责任，这就使财政负担不断下移，最后把财政负担转移到县、乡政府，加剧了县、乡财政困难。不仅如此，县、乡两级政府还要负担地方巨大的公共服务和公共物品的开支，这使得财政困难进一步突显。

（2）地方税体系不健全，地方政府缺乏税收自治权。我国分税制改革在整个规划中明确划分了中央与省级政府的税收收入分配制度，建立了一个明确和稳定的政府间收入分配机制。但各省级政府有权根据各省的实际情况来决定各省的收入分配，这就使分税制改革并没有具体落实。在改革各省存在的财政收入划分中，地方政府效仿以前的改革传统，还是上一级政府有着绝对的决定权，决定下一级政府的收入分配，这就使地方财政收入不断地集中在省、市，而下级的县、乡却财政困难。在现行的财政体制下，中央财政集中过多，而县、乡财政集中过少。地方政府想要发挥地方财政职能，能否有效地运用地方政府税收自治权就是一个关键性的问题。财政分权理论认为，地方各级政府只有有了税收的自主权才能更加灵活地运用预算的自主权，来保证各级政府职能的发挥。因为只有当各级政府有了税收的自治权，各级政府才会有对本级政府税收的发言权和决定权，有权依据本地区的自身状况来分配本地方的财政支出，满足本地区的公共需求。没有形成一级有效的权责明确的政府预算，我们也就不可能严格要求各级政府官员为他们的预算选择负责。这也就无法调动地方政府官员的积极性和责任意识。

（3）分税制不完善造成的县、乡财政困难。通过上述的分析，我们可以看出我国的财政体系中明确划分了中央和省级政府之间的收入划分，而在省级以下的政府机构中却没有明确的划分，划分方法和依据也不够规范和严谨。这种体制就造成在政府体系中有着越小财权的政府机构却承担着越重的事权，财权和财政收入过多地向上集中，而由上及下的政府拨款却又遭到层层的扣留。这种责任与义务不对称、权力与能力不对等的财政制度也使得政府在履行财政职能时效率低，不利于我国财政体制的完善。

2. 资源耦合治理中的财政分权体制改革

（1）减少政府层级和财政层级。在前文的分析中，我们不难得出，目前存在的多级政府层级和财政层级架构严重地阻碍了分税制改革的彻底推行。为此，我们应该适当地减少政府层级和财政层级，做到地市一级虚化、乡镇一级虚化以及建立中央、省、市（县）三级财政体制。为了建立更加规范化的财政体制可以在财政层级上作为着力点，精简一些不必要的环节和部门，建立实质上的“中央-省-市（县）”三级财政体系。在宏观层面和全国范围内的公共性服务由中央财政负责，省负责在本省内一些宏观政府职责，市政府则直接负责本地区的具体的、微观层面上的居民的公共服务和公共需求。

（2）明确界定各级政府事权。进行财政体制改革的首要环节也是最重要的一环，是要使政府承担的职责和所拥有的财政事权相符合、相匹配。只有做到职能与事权相适应，才能更好地进行财政分配。各级政府间明确的财政权力划分和中央、省、市（县）三级政府架构相结合，并以法律形式加以规范和约束。总的原则是：属于全国性共同事务的事权，应由中央政府决策、承担和管理；属于地方性共同事务的事权，应由地方政府在可支配范围内自行决策。在明确界定各级政府事权的过程中，还要掌握好与市场自身规律相结合，政府的调控要让市场发挥其主动性。

（3）给予各级地方政府适当的财政自主权。在明确了各级地方政府的事权责任之后，我们必须给予地方政府保证其履行职责的财政收入，要求地方政府对收入进行合理的规划和利用，以确保资金的有效利用。首先，进一步完善地方税收体系，合理划分税收收入。完善增值税制度，完善财产税体系，完善个人所得税的征管方法。其次，进行税收分权，将税种的自治权给予地方政府，在与国家大的规定一致的情况下，根据自身的情况加以调整。

（4）地方政府借贷权与风险控制。政府的财政自主权体现在征税权和举债权。合理的征税有利于政府满足辖区居民对公共服务的需要。但是地方政府不可以像中央政府那样发行国债来弥补财政赤字，因此在借贷过程中，量入为出是一个重要的政府准则。政府借贷的难点在于如何对其进行合理的、有效的监督和限制。对此，应从源头到过程严格监督，首先要建立一个监管体系，同时加强对借贷信息的公开化和透明化。

（5）预算编制自主与严格的预算限制。地方政府的预算编制不仅仅有利于使辖区利益最大化，而且对于中央政府制定年度预算也有相当大的帮助。但是，预算的编制并不是都具有相应的有效性，我们要做的不仅仅是编制政府预算，而是编制有效率的政府预算。有效率意味着我们不仅要审核预算内的，还要审核预算外的财政活动，并且要规范各种地方非税收入。然后要对地方政府实施严格的预算限制。给予地方政府权力更要约束这种权力，使权力发挥它应有的作用。严格的预算限制意味着已经拥有了自治权的地方政府要依靠自己而不是指望中央政府来保持年度预算平衡。

5.1.2　财政税种划分调整

1. 我国分税制改革现状

改革开放以来，我国的财政包干制确实在一定程度上对地方政府财政起到了积极的促进作用。但是，由于在理论上缺乏系统的指导，在实际中也没能形成一套完整的改革方案，所以在实践中很难把握集权和分权的尺度。后期的分税制改革可以说是在借鉴了公共财政理论下的财政分权理论所形成的，它通过规范各级政府的收入和支出，合理地规划了政府间的财政规划关系。但是，历史遗留问题所造成的缺陷仍然需要我们进行深思。

长期以来，我国政府十分重视协调和处理各级政府间收入分配关系。为调动各方积极性，提高财税制度的整体效率，我国曾经在“权力上收—权力下放—再上收—再下放”的循环圈中长期徘徊，先后经历了统收统支、财政包干等制度。1994 年随着我国市场经济体制的初步建立，在全国推行了分税制改革，从而结束了中央与地方政府之间的包干式和讨价还价式的制度，建立了一个明确和稳定的财政收入分配机制。这个机制在增强中央财政主导地位的同时，也调动起地方发展经济的积极性，可谓新中国成立以来涉及面最广、力度最大、影响最深、具有历史性突破的体制创新，也是对中央与地方之间利益格局的根本性调整。就我国政府间收入划分的现状而言可以分为两个层次：一是中央与地方收入的划分，二是省级以下各级政府间的收入划分。

（1）中央与地方收入划分情况。从中央与地方收入划分来看，税收基本上是按税种实行了较为规范的分税制，对非税收入也划分为中央固定收入、地方固定收入和按某种比例分享的收入。中央财政获得的税收收入包括 75%的增值税、60%的所得税、不到 1%的城市维护建设税、97%的证券交易印花税、10%的非税收入和全部的消费税、关税、进口产品消费税、进口产品增值税、船舶吨税、车辆购置税；地方财政则仅得到 99%的城市维护建设税、25%的增值税、40%的所得税、3%的证券交易印花税、90%的非税收入和全部的资源税、城镇土地使用税、印花税、房产税、契税等。自分税制改革以来，中央税收收入的比例大体保持在 50%～56%，地方税收收入大体在 44%～50%。从预算内收入中央与地方之间的收入比例构成来看，分税制的推行改变了中央在财政资源分配中处于劣势的局面，其在财政收入中的份额基本上保持在 50%以上，2006 年中央财政收入占全国财政收入比重达到 53%，如果将预算外收入加进来，中央所占份额也能够达到 46%。这表明分税制改革实施后，中央财政的收入能力获得大幅提升，为其实施更为有效的宏观调控政策、协调地区间收入差距提供了强有力的资金保障。

（2）省级以下分税制情况。省级以下各级政府间收入分配关系，并没有全面推行较为彻底的分税制，全国呈现多样化特征。具体划分方式有：①按照企业的隶属确定税收归属。其中最为典型的就是企业所得税，几乎所有的省、自治区、直辖市都是按照这种方式确定其归属的。②按照纳税主体的所有制形式或行业性质，划分收入归属。③按照某种比例对某些税种进行分享。相当部分省、自治区、直辖市都把城镇土地使用税、耕地占用税、资源税等税基较小、税额不大的税种，在省级政府与其下的各个层级地方政府之间进行比例分享。④对于地方分享的增值税 25%部分，部分省、自治区、直辖市将其全部划归地、市、县级政府，部分地区则实行了某种形式的共享税划分方式。⑤部分省、自治区、直辖市仍然沿用分成或包干的旧体制，把部分税种确定为调剂收入，根据其辖区内各个地区的贫富程度的差别，分别确定不同的分享比例或分享形式。

分税制的推行使中央与地方之间建立起了较为明确而稳定的收入分配机制，但是，从系统科学角度分析，现行分税制仍存在着许多与之不相适应之处。如现行分税制并未按税种本身属性，而是更多地从减少改革阻力和调动地方发展经济的积极性出发，最终形成了不利于转变经济发展方式和阻碍科学发展观贯彻落实的税种划分格局；现行分税制在事权和支出责任划分不清的基础上，分税安排不是按与支出责任相适应的原则，而是遵循本级优先原则，形成了层层向上集中的收入分配格局，并使各级政府支出责任与收入能力严重不适应，最终导致基层财政陷入困境。因此，应该在合理划分各项财政职能重心和各级财政职能重点的基础上，与支出责任适当上移相对应，将收入能力适当下放，以此构建一个科学系统的税种划分格局和财力分配格局。为此，要在税种划分上，按照税种属性和与支出责任相适应的原则，对现行税种划分进行调整。对主体税种按照税种属性划分，以消除其不合理安排对宏观经济的负面影响；对其他税种按照与支出责任相适应的原则进行划分，增强地方政府作为公共服务供给者的收入能力。为减少改革阻力，可将部分主体税种用于中央对地方的转移支付资金来源。从分税制改革实施效果来看，它有效地调动了地方发展经济、做大财政蛋糕的积极性，构建起了收入稳定增长的机制，但应该看到，由于受收入水平、税制结构、改革现状等多种条件限制，在分级分税制度安排上存在着一定的问题，并对当前、转变经济增长方式的高质量发展造成了不利影响，具体表现在以下几个方面。

第一，各级财政遵循“本级优先”原则，形成收入层层向上集中和支出责任层层下放的分配格局，最终导致地方尤其是基层政府的收入能力与日益增长的支出责任极不适应。1994 年分税制改革的目标之一是提高中央财政在财政收入的比重，因此在收入划分上也较大程度遵循本级优先的原则，将几个主要税种的大部分收入都划归中央，从而为中央财政获得 50%以上的税收收入奠定了制度基础。但这一做法被地方各级政府纷纷效仿，上级财政都将税源集中且易于征收的税收划归本级财政，最终形成了层层向上集中的收入分配格局。而现行分税制对各级财政的支出责任并未明确划分，导致支出责任层层下放，这样就造成地方政府尤其是县、乡基层政府的收入能力与日益增长的支出责任表现出极大的不适应。据统计，2000 年中央财政收入超出其支出 30%，而地方各级政府收入平均仅能满足其 60%的支出需要，其中，省级财政收入仅满足其支出的一半，而市、县财政收入分别能满足其支出的 73%和 63%。如果将 2000 年以后陆续实施的所得税共享、农村税费改革等多项改革措施对地方政府的减收影响考虑进去，地方政府尤其是县乡财政的自给能力将更低，各级政府财政收支间的不平衡程度进一步加剧。截至 2006 年，预算内全国平均财政自给率为 96%，其中，中央财政自给率达到 205%，地方财政自给率仅为 60%；而预算内外综合来看，全国平均财政自给率为 97%，其中，中央财政自给率为 201%，地方财政自给率仅为 67%。地方财政分享收入过少和地方财政缺乏自有主体税种导致了严重的纵向财力失衡，这是导致地方政府不顾资源和环境承载能力，盲目发展财政增收效应大的加工制造业的制度根源。

第二，税种划分未按税种本身属性，导致形成了不利于落实科学发展观的税种划分格局。我国现行分税制度安排并没有完全遵循税种本身属性，而是将收入规模大的几个主要税种都设置为共享税，在减小改革阻力、调动地方做大财政蛋糕的积极性的同时，也造成各级政府收入结构雷同的局面。就中央和地方来说，我国事实上被列为共享税的税种就有 7 种之多，其中囊括了收入规模最大的前几项税收。共享税收入规模总计达到税收总额的 68%，这就导致各级政府收入结构严重趋同。

第三，税权的高度集中严重限制了地方政府尤其是基层政府公共服务的供给能力，并引发地方收费、批地、举债等行为的泛滥，反过来又扰乱了正常的税收秩序。长期以来，受自然条件、资源禀赋、历史原因等多方面因素影响，我国地区间经济发展差距不断扩大，而建立在经济发展基础上的财政收入差距也较大，财力横向分配的不平衡问题较为突出。我国现行税权高度集中的分税制度，更加剧了横向财力的非均衡趋势。一般来说，税权包括税收的立法权、相关规章政策的制定权和征管权。在我国，这三权当中的前两项都集中于中央一级政府，地方政府仅拥有完全的税收征管权。这样就使地方政府不能根据各地区的实际情况，提高自身收入水平，严重限制了其公共服务的供给能力，影响了基本公共服务均等化目标的实现。而对于像我国这样地域广、各地区自然条件及经济发展状况差异大的国家，由中央政府统一制定的财政税收政策，在不同地区会产生不同效果，从而造成横向财力不平衡状况的加剧。例如，一些老工业基地的增值税占地方财政收入比重大，上划两税收入后地方财力变得十分有限；取消农业税的政策，则对工业不发达的中西部落后地区的地方财政产生较大的影响，使其财政收支的缺口进一步扩大。税权的高度集中，使地方政府只能通过其他途径来缓解巨大的财政支出压力，这就导致地方收费、批地、举债行为的泛滥，从而引发了地方投资的过热和政府债务规模的扩大等诸多问题，扭曲了正常的收入分配关系。

第四，非税收入分成体制存在一定问题，影响征收效率。当前，中央与地方就部分非税收入进行收入分成，存在着以下几个问题：一是部分收费的分成违背了事权与财权相适应的原则。行政性收费是政府部门事权和财权的具体体现。而目前，一些行政性收费征收管理的主体和对象都在地方，即收费的事权都在地方，中央主管部门几乎没有任何成本支出，按道理不应从中分成，但中央主管部门并未对分成比例进行及时调整。如外资企业注册登记费的事权已基本下划到地方，但中央与地方的分成比例一直没有做相应改变。二是对收费的分成比例地方不能参与决策，影响了征收效率。一直以来收费的分成比例由中央制定、地方执行，地方根本没有参与决策的机会。这种机制极易使地方产生抵触情绪，表面上服从大局，实际上另搞一套，严重影响非税收入的征管效率。三是分成比例不统一，影响了资金管理效率。如工商部门收取的三项中央分成收费，其性质一样，但分成比例却不统一，分别为20%、40%和10%，这给执收工作、票据核算和资金管理等带来了诸多不便。

第五，省级以下政府间收入划分尚待进一步规范。1994年实行分税制财政体制以来，各地比照中央对地方的分税制模式，陆续调整了省级以下财政体制。总体上看，现行省级以下财政体制调动了各级地方政府发展经济和组织收入的积极性，促进了各地财政经济的稳定发展，基本保证了各级地方政府正常运转和各项事业发展的资金需要。但是，与较为规范的分税制要求相比，目前在全国范围内尚未建立起统一的、彻底的省级以下分级分税制度安排。

第六，各级政府间收入划分缺乏法律保障。对市场经济体制下的公共财政要求各级政府的职责权限应该由法律明确规定，尤其是中央与地方的事权、财权划分应该具体清晰，以防止法律的任意解释和中央、地方的相互侵权。同时，设立相对独立的专门机构裁决中央与地方之间的权限争议，而不是简单地由中央说了算等。目前我国远没有达到这一要求，如为进一步规范组织和合理划分政府收入，自1997年开始陆续推出的“费改税”和预算外收入改革、所得税收入分享改革、2003年开始的出口退税改革、2004年开始的农业税改革等，都由中央政府一方说了算，缺乏相应的协商、对话机制，严重损伤了地方政府的积极性。

2. 财政分权体制改革

在非税收入划分上，要遵循财权与事权相对应的原则，进一步规范中央与地方的非税收入分成机制；在财权划分上，要坚持中央集权为主、地方适度分权的财权分配模式；关于省级以下各级政府之间分税制改革的深化与完善方面，应该结合财政层级的减少和地方税体系的完善，逐步推进省级以下分税制改革。财政收入作为政府履行其财政职能的资金保障，其在各级政府间的合理划分直接影响到公共产品和服务提供的效率。因此，为了提高公共产品和服务的供给效率，保障各级政府财政职能的履行，应该在合理划分各项财政职能重心和各级财政职能重点的基础上，通过支出责任的适当上移和收入能力的适当下放，构建一个符合科学发展观要求的税种划分格局和财力分配格局。在非税收入划分上，要遵循财权与事权相对应的原则，进一步规范中央与地方的非税收入分成机制；在财权划分上，要坚持中央集权为主、地方适度分权的财权分配模式；关于省级以下各级政府之间分税制改革的深化与完善方面，应该结合财政层级的减少和地方税体系的完善，逐步推进省级以下分税制改革。

1）中央与地方收入划分及分税制的完善

（1）关于税种的划分。按税种属性和与事权及支出责任相适应原则划分，并将增值税收入全部用于中央对地方转移支付。中央与地方税种的划分应当兼顾税种本身的属性和与事权及支出责任相适应的原则，对主体税种如增值税、企业所得税、消费税要坚持按税种属性划分，其他税种可按与事权及支出责任相适应原则在中央与地方间进行合理划分。从理论上讲，增值税和企业所得税都应该是中央税，这样可以消除因税种划分不合理所造成的阻碍宏观经济科学发展的不利影响，但由于现阶段这两个税种在整个税收中占据一半的比重，如果全归中央必然加剧地方收入能力与支出责任之间不适应的程度。从减少改革阻力的角度出发，可根据地方税制完善的情况，平衡中央与地方之间财力配置，将企业所得税全部作为中央税，以便从制度上切断地方政府与企业间的联系，促进企业发展壮大。增值税收入全部作为中央对地方转移支付的资金来源，实际上是用中央增值税的75%换取地方企业所得税的 40%，地方财政的收入能力将明显增强，最终实现地方支出责任与收入能力的适应。

（2）关于非税收入的划分。关于非税收入的合理划分问题，应该按照财权与事权相对应的原则，对现行划分不合理的收费项目要进行调整。对于事权已全部下放到地方的收费应将收入也全部划给地方，中央不再参与分成，保证地方履行事权的资金需要。对国有资产的经营收益和资源性收入都要按照所有者权益的原则将其划归相应层级财政。

（3）关于财权的划分。实行以中央集权为主、适度分权的模式。①规范收费权。要合理规范地方政府的收费权，将各种收费逐步纳入预算中。收费作为税收的必要补充，在西方国家的地方政府财政收入中也占有相当大的比重。而目前，我国地方政府由于财政资金的不足，存在着较为严重的乱收费现象。这就需要对地方政府的收费权加以规范，在各级政府间合理划分收费权，以满足各级政府的支出需要。②下放部分税权。为了保障中央财政收入，增强宏观调控能力，保证税制统一、政令畅通，对中央税、共享税及全国统一适用的地方税应由中央统一立法，税收立法权以中央立法为主，地方税收立法权要由中央授予，该权力应是有限的，受中央政府制约的。同时，由于我国幅员辽阔，地区间发展极不平衡，全部税法都由中央制定，很难适应各地的具体情况，因此，可以赋予地方一定的税收立法权，使地方政府具有为本地居民提供公共产品和服务的固定、规范的收入来源。也就是说，我国应该实行中央集权为主、适度分权为辅的税权划分模式。

2）实行举债权与债务审批权的适当分离

国债是我国弥补财政赤字、筹措财政资金的重要手段。现行国债管理的依据不仅停留在行政法规立法层次上，而且过于简单。为有效控制地方的发债规模，应由中央控制债务的审批权，实行举债权与债务审批权的适当分离，并明确规定债务收入只能用于建设性支出需要，绝不能用于弥补经常性支出的不足，以实现财政风险的有效控制。

3）省级以下分税制的完善

总体来看，短期内省级以下各级政府间实行分税制的条件尚不成熟。必须随着政府层级的减少以及地方税体系的完善，逐步推行省级以下分税制。为此，我们应该采取以下措施积极推进省级以下分税制改革，保证各级政府拥有本级财政的主体税种。①减少财政层级，全面实行市县同级，因地制宜地取消乡镇财政。我国现行五级财政层级明显偏多，急需减少，而鉴于目前地市财政与县级财政之间的联系呈现逐渐弱化的趋势，实行市县同级财政管理体制的条件基本成熟，可在全国全面推行省管县体制。但县与乡镇财政的关系较为复杂，各地间存在较大差异，可由县级财政根据当地情况自行决定是否保留乡镇一级财政。②深化省级以下分税制，培育各级政府的主体税种。随着财政级次的减少和地方税收体系的完善，省级以下分税制改革也具备了推进的条件。由此可确立各级政府主体税种如下：近期企业所得税应成为省级政府的主体税种。从长远来看，个人所得税、资源税、环境税、燃油税、社会保障税、城建税等完全可以成为省级财政的主体税种。

5.1.3　预算管理制度规范

1. 预算管理制度回顾

1）预算制度的建立与恢复

早在 1951 年，政务院就发布了《预算决算暂行条例》，对预算的基本原则、预算的编制及核定、预算的执行、决算的编造及审定等做了规定。1954 年《宪法》所规定的全国人大行使的职权就包括审查和批准国家的预算和决算。受多种因素的影响，我国预算管理制度曾长期处于不正常的运行状态。直到改革开放之后的

1979 年，我国才正式恢复编制并向全国人民代表大会提交国家预算报告，由全国人大审议批准后执行的做法。1979 年 6 月 21 日，时任财政部部长张劲夫在全国人大五届二次会议上做了《关于 1978 年国家决算和 1979 年国家预算草案的报告》。1980 年 8 月 30 日，时任财政部部长王丙乾在全国人大五届三次会议上做了《关于 1979 年国家决算、1980 年国家预算草案和 1981 年国家概算的报告》。预算报告制度从此恢复。为适应预算审查的需要，1983 年 3 月，第六届全国人大第一次会议决定设立全国人大财政经济委员会。这是一个在全国人大及其常委会的领导下审查预算报告和预算草案的机构。为适应审计监督的需要，中华人民共和国审计署于 1983 年 9 月 15 日正式成立，其主要职责包括：向国务院总理提出年度中央预算执行和其他财政收支情况的审计结果报告；受国务院委托向全国人大常委会提出中央预算执行和其他财政收支情况的审计工作报告、审计发现问题的纠正和处理结果报告；向国务院报告对其他事项的审计和专项审计调查情况及结果。

2）预算平衡目标的确立与债务管理的重启

从 20 世纪 80 年代中后期开始，“振兴财政”口号的提出，就是对现实财政困难的反应，也是对预算平衡目标的追求。消灭赤字目标虽未能达到，但预算平衡理念的坚持，在一定程度上保证了财政赤字规模不至于过度膨胀，对于减少货币的财政性发行也有重要意义。这一理念在《国家预算管理条例》中也得到体现，即经常性预算不列赤字。中央建设性预算的部分资金可通过举借国内和国外债务的方式筹措，但借债应当有合理的规模和结构；地方建设性预算按照收支平衡的原则编制。这一阶段对预算平衡有了新认识。宏观经济管理更注重综合平衡，而不是财政平衡。在财政赤字不可避免的同时，财政、信贷、物资、外汇综合平衡得到重视，即认为，只要实现了综合平衡（内含资金与物资的平衡、国内与国外的平衡），国民经济就会稳定。应该说，当时财政赤字的出现，也受到现代宏观经济学的影响。在现实中，为更好地实现预算平衡目标，积极开拓财源，增加财政收入，并努力控制支出规模，节约支出，是预算执行中的常态。此外，严格的财务管理，保证了财政支出范围和标准不突破，促进了预算管理工作的开展。这一阶段，债务管理制度逐步形成。我国 1979 年先行恢复举债外债，1981 年开始恢复发行内债，债务管理注重控制国债年度发行额。年度预算经全国人大审议批准后，国债发行规模一般不得突破，也不能减少。按照债务预算，财政部制定年度发行计划。国债发行规模由当年财政赤字和以前年度发行的到期国债本金组成。每年预算报告批准前的第一季度，国债发行额度控制在此期间国债到期还本付息额度内。

3）预算制度法律保障体系的建立与进一步发展

1994～1999 年随着社会主义市场经济体制改革目标的提出，建立与市场经济相适应的预算管理制度成为主旋律。《中华人民共和国预算法》（以下简称《预算法》）1994 年通过，并于 1995 年起施行。1995 年《中华人民共和国预算法实施条例》（以下简称《预算法实施条例》）通过。预算管理从此进入有法可依的新阶段。1994 年我国还进行了一次根本性的财税体制改革。1998 年，财政改革的目标明确为构建与社会主义市场经济体制相适应的公共财政框架。作为公共财政框架核心内容的预算管理制度也初步形成。为适应预算管理的新需要，1998 年，全国人大常委会预算工作委员会成立。这是一个协助财政经济委员会承担全国人大及其常委会审查预决算方案、审查预算调整方案和监督预算执行方面的具体工作的专门机构。

4）预算管理制度逐步健全的阶段

这一阶段，我国的预算管理制度改革以部门预算改革为中心，进行了包括政府收支分类改革、财政支出绩效评价等一系列改革，促进了预算管理制度的逐步健全。改革内容主要为以下几方面。

（1）推行部门预算改革，促进预算制度的现代化。

部门预算改革要求按部门编制预算，一个部门一本预算。部门预算改革要求部门的所有收支（包括预算外资金收支、政府性基金、经营收支和其他收支）都按统一规定的编报程序、编报格式、编报内容和编报时间编制成一本预算。部门预算能够全面反映该部门或单位各项资金的来源、使用方向和具体使用内容。2000 年，教育部、农业部、科技部、劳动和社会保障部四个部门作为部门预算试点单位，不仅向立法机关提供传统的功能预算，而且提供部门预算。部门预算改革包含预算编制方法、细化、程序等一系列改革内容。部门预算改革突出零基预算理念，各部门支出区分为基本支出和项目支出。前者包括人员经费和公用经费，实行定员定额管理。后者采用项目库管理方式，区分项目的轻重缓急，实行滚动管理。所有经费开支都落实到具体预算单位。预算编制程序实行“二上二下”编制规程，且预算从最基层单位编起。在部门预算改革中，预算编制、执行、调整的时间安排，具体职责、职责权限等都得到了明确，财政部、人民代表大会、审计及财政部内部各部门司、主体司和预算司在部门预算测算和审核中的职责和工作程序也得到了明确。为深化部门预算改革提供制度保障，2006 年，财政部出台行政事业单位国有资产管理办法，印发了《行政单位国有资产管理暂行办法》和《事业单位国有资产管理暂行办法》，自 2006 年 7 月 1 日起施行。这两个办法明确了行政事业单位国有资产的管理体制和各部门、各单位的管理职责，全面规范了资产配置、资产使用、资产处置等各个环节的管理，构建了行政事业单位国有资产从形成、使用到处置全过程的有效监管体系。

（2）适应财政管理需要，推行政府收支分类改革。

财政部早在 1999 年就开始启动政府收支分类改革，这个改革相当复杂。改革先在科技部、水利部、交通部、中纪委、国家中医药管理局、环保总局六个中央部门以及河北、天津、湖北、湖南、海南五个省（直辖市），按照《政府收支分类改革方案》模拟试点。2005 年 12 月，国务院通过《政府收支分类改革方案》，并决定在编制 2007 年预算时正式实施。政府收支分类改革是为了适应财政管理需要，更加完整、准确地反映政府收支活动，进一步规范预算管理、强化预算监督所进行的。改革旨在更好地对政府收入和支出进行分类，提高预算的透明度，逐步形成一套既适合我国国情又符合国际通行做法的、较为规范合理的政府收支分类体系，为进一步深化财政改革、提高预算透明度、强化预算监督创造有利条件。改革的主要内容包括：第一，建立新的政府收入分类。收入分类反映政府收入的来源和性质。第二，建立支出的功能分类。支出功能分类反映政府各项职能活动。第三，建立支出的经济分类。支出经济分类反映各项支出的经济性质和具体用途。新的政府收支分类体系可较好地克服原政府预算收支分类“体系不合理、内容不完整、分类不科学、反映不明细”等弊端。改革之后，收入分类的变化包括：范围扩大，对收入体系进行调整和完善，层次更清晰。支出分类是改革的核心内容，主要按照政府职能活动来设置财政支出分类科目。财政支出分类能清晰地反映政府履行的主要职能。支出经济分类主要反映每一项支出的具体经济性质。

（3）进一步完善复式预算体系，规范公共资金管理。

这一阶段包括公共预算、政府性基金预算、国有资本经营预算和社会保险基金预算在内的政府预算体系形成，复式预算体系进一步完善。不同性质的公共资金有了更适合的子预算加以管理。政府性基金预算的编制与预算外资金管理的改革有着密切的关系。2001 年国务院办公厅转发财政部《关于深化收支两条线改革进一步加强财政管理的意见》。2004 年《财政部关于加强政府非税收入管理的通知》明确提出政府非税收入的概念。2006 年，国务院发布《关于规范国有土地使用权出让收支管理的通知》，首次明确土地出让收支的管理问题，规定从 2007 年 1 月 1 日起，国有土地出让收入全部缴入地方国库，支出一律通过地方基金预算，实行彻底的“收支两条线”管理。①国有资本经营预算的编制。2003 年，《中共中央关于完善社会主义市场经济体制若干问题的决定》提出“建立国有资本经营预算制度”，第一次明确了“国有资本经营预算”的提法。从此，“国有资产经营预算”和“国有资本金预算”不再采用。②社会保险基金预算的编制。2010 年，国务院决定试行社会保险基金预算。社会保险基金预算是根据国家社会保险和预算管理法律法规建立、反映各项社会保险基金收支的年度计划。社会保险基金预算按统筹地区编制执行，统筹地区根据预算管理方式，明确本地区各级人民政府及相关部门责任。社会保险各项基金预算严格按照有关法律法规规范收支内容、标准和范围，专款专用。在预算体系中，社会保险基金预算单独编报，与公共财政预算和国有资本经营预算相对独立、有机衔接。社会保险基金不能用于平衡公共财政预算，公共财政预算可补助社会保险基金。

（4）适应国内外环境变化需要，推行预决算公开。

预决算公开是财政透明度的重要内容。我国的预决算信息公开既有适应国际交流需要的原因，也有公共服务型政府建设的内部因素。2002 年 4 月 15 日，我国正式加入国际货币基金组织的数据公布通用系统（general data dissemination system，GDDS），制定了《中国 GDDS 工作规则》。国际货币基金组织为提高各国宏观统计数据的透明度，防范经济、金融危机，制定了 GDDS。加入 GDDS 之后，我国承诺逐步实现按 GDDS 要求披露财政信息。

2007 年 1 月 17 日，国务院常务会议通过《中华人民共和国政府信息公开条例》（以下简称《政府信息公开条例》）。该条例于 2008 年 5 月 1 日起施行。按条例要求，县级以上各级人民政府及其部门应当在各自职责范围内确定主动公开政府信息的具体内容，并重点公开包括财政预算、决算报告在内的政府信息；乡（镇）人民政府应当在其职责范围内确定主动公开的政府信息的具体内容，并重点公开包括财政收支、各类专项资金的管理和使用在内的政府信息。《政府信息公开条例》为预决算的公开提供了制度保证。预决算公开工作进展较快。各级政府积极回应社会对预决算公开的要求，将财政拨款“三公”经费[因公出国（境）经费、公务车购置及运行费、公务招待费]公开作为预算公开的一个突破口。与此同时，涉及面更广的部门预决算公开成为一项常规工作。2010 年，中央部门预算首次公开。2013 年，中央财政和中央部门预决算公开内容进一步细化，中央部门预决算分别集中公开。中央本级“三公”经费预算由 7 月随同中央部门决算公开，提前到 4 月随同中央部门预算公开，公开的内容更加翔实。推进省级以下预决算公开，全国 31 个省份公开了省级财政总预算和省级预算单位部门预算，大部分省份公开了省级“三公”经费预决算。

（5）债务管理：国债余额管理制度的确立与地方债管理的探索。

1981 年恢复国债发行之后，我国一直实行国债年度发行额度控制。2005 年 12 月 16 日，十届全国人大常委会第四十次委员长会议通过《全国人大常委会预算工作委员会关于实行国债余额管理的意见》，决定从 2006 年开始实行国债余额管理制度。全国人大及其常委会为当年年末国债余额规定一个限额指标，当年中央政府可以在该限额内自行决定国债品种结构、期限结构和发债节奏。财政部每年向全国人大提交的预算报告罗列当年年度预算赤字和年末国债余额限额，全国人大予以审批。执行中，如出现特殊情况需增加年度预算赤字或发行特别国债，由国务院提请全国人大常委会审议批准，相应增加年末国债余额限额。当年年末国债余额不得超过限额。国债借新还旧部分由国务院授权财政部自行运作。财政部每半年向全国人大有关专门委员会书面报告一次国债发行兑付情况。

地方债管理制度也在不断地创新。《预算法》不允许地方预算出现赤字。地方政府收支缺口不得不通过各种各样的债务来解决。1998 年，为实施积极的财政政策，财政部采取国债转贷给地方政府的方式，部分满足了地方债务融资的需求。从 2009 年开始，财政部开始代发地方债：2009～2011 年，每年发行地方债 2000 亿元；2012 年发行 2500 亿元；2013 年发行 3500 亿元。自行发债试点从 2011 年开始进行。当年 10 月，国务院批准上海、浙江、广东、深圳四地在中央确定的地方政府债券年度发行总规模内试点自行发债，地方政府债券期限包括 3 年和 5 年两种，分别占国务院批准的发债规模的 50%。2012 年，自行发债试点仍局限于上述四个省（市），债券期限做了调整，有 3 年、5 年和 7 年三种，其中 7 年系新增。自行发债的规模较小。2011 年、2012 年地方自行发债规模分别为 229 亿元和 289 亿元。2013 年地方政府自行发债试点增加了江苏省和山东省，这样，试点扩大到六个省（市），债券期限仍为 3 年、5 年和 7 年三种。地方可以根据需要选择发行不超过这三种期限的债券，但每种发行额不得超过本地区发债限额的 50%。

（6）预算监督：审计监督与人大审查监督。

2003 年，审计署公布中央部门预算执行审计情况中存在问题，引起社会的强烈关注，被称为“审计风暴”。后来，审计署对中央各部门预算执行和其他财政收支结果审计成为常态，大大增强了对预算执行的监督。审计署的专项审计在国家治理中发挥了重要作用。

全国人大在预算审查监督中发挥了不可替代的作用。每年预算只有经过全国人大批准后才能执行。除了常规性的全国人大审查监督之外，全国人大还针对某些突出的预算管理问题，提出规范意见。超收收入的规范管理就是一例。超收收入是年度预算没有安排具体支出项目的收入。除增加国家特定需要的支出之外，超收收入还应进一步规范管理。在全国层面，2007 年，中央预算稳定调节基金建立。该基金是指中央财政通过超收收入和支出预算结余安排的具有储备性质的基金，视预算平衡情况，在安排下年度预算时调入并安排使用，或用于弥补短收年份预算执行的收支缺口，基金的安排使用接受全国人大及其常委会的监督。中央预算稳定调节基金单设科目，安排或补充基金时在支出方反映，调入使用基金时在收入方反映。

2. 资源耦合治理中的预算管理改革

“改进预算管理”就是建立现代财政制度的重要内容之一。从此，预算管理制度改革进入适应国家治理现代化要求的新阶段。

1）预算管理制度改革的总方向：“全面规范、公开透明”

2013 年 5 月 24 日，国务院批转了国家发展和改革委员会《关于 2013 年深化经济体制改革重点工作的意见》，提出推动建立公开、透明、规范、完整的预算体制。《中共中央关于全面深化改革若干重大问题的决定》要求实施全面规范、公开透明的预算制度。这样，预算管理制度改革的总方向就定位在“全面规范、公开透明”之上。规范的预算管理制度要突出预算在国家治理中的地位。该决定要求：“审核预算的重点由平衡状态、赤字规模向支出预算和政策拓展。”这样，收入任务不再是预算管理的重点。预算收入安排更多体现收入预测。科学准确的预算收入预测仍然很重要，但预算收入只是收入预测的反映。这在很大程度上解决了依法治税难题，消除了征收“过头税”，将税收留在企业等的制度弊端。支出安排是预算的重点。支出应当充分体现政策目标，应该与国家治理目标紧密相连。该决定要求“清理规范重点支出同财政收支增幅或生产总值挂钩事项，一般不采取挂钩方式”。这有助于更好地发挥预算资金的统筹功能，避免了财政支出的被动肢解。

2）确立跨年度平衡机制，编制中期财政规划

跨年度平衡机制的确立要求实行中期预算管理。我国已开始进行中期财政规划的探索工作。处理好国家政策目标、中期财政规划与年度预算之间的关系，是中期财政规划成功的基本要求。关于中期财政规划，参照世界银行对中期支出框架的分类，也可以分为三个层次：第一层次是仅具有财政预测功能的最低层次的中期财政框架；第二层次是中期预算框架；第三层次是最高层次的中期绩效框架。中期财政规划应充分体现国家政策目标，服务于国家政策目标。不论是哪个层次的中期财政规划，都对年度预算具有指导意义。第二层次和第三层次的中期财政规划还具有约束功能。最低限度的中期财政规划，应能指导年度预算的编制与执行。随着中期财政规划和年度预算的逐步完善，中期财政规划应逐步成为具有约束性作用的中期预算框架。最终，中期财政规划应能为政府绩效评价提供必要的支持。

3）按照公共资金性质，进一步改革预算体系

《预算法》认可现有预算体系，这是值得肯定的。但是，预算体系改革仍未到位。政府性基金专款专用，但就所涉资金的公共性而言，政府性基金预算与一般公共预算并无差别。政府性基金预算“以收定支”的规定不见得就是合理的。支出需求本来就很难等于收入规模。未来应探讨如何将政府性基金预算并入一般公共预算，以更好地发挥公共资金的合力。国有资本经营预算收入方已明确为国有资本经营收益，但收益的多少列入其中，并无直接规定。这个任务，或由预算法实施条例来完成，或属于其他配套制度的任务。但是，无论如何，国有资本经营预算的执行仍有太多不确定性。从预算的完整性来看，不仅仅是分红，至少所有收益都应在预算收入方体现，但这在技术上仍有一定难度。不能用来分配的资金应该在预算上如何处理，国有资本经营预算支出结构的选择，既有预算编制技术难度，也不可避免地会遭遇既得利益者的挑战。社会保险基金预算与早

些年拟定的社会保障预算仍有差距。为保证一般公共预算的完整性，不宜将其中涉及社保的资金划入，并建立社会保障预算。但是，未来社会保险基金预算离不开一般公共预算的支持。建立社会保险基金与一般公共预算的有机联系，宜尽早谋划。

4）进一步推动预算公开与监督，促进国家治理现代化

适应国家治理现代化的需要，预算公开与监督是预算管理不可绕开的工作。《预算法》特别注意加强全国人大监督。将权力装在制度的笼子里，涉及公共资金的权力更应该如此。只要做到全面规范、公开透明，改革沿着这个方向前进，现代预算制度终将确立，人民的公共资金将得到更有效的运用。但是，如何加强全国人大监督，特别是加强全国人大的有效监督，还需要进一步完善人民代表大会制度。《预算法》要求编制政府综合财务报告，并向全国人大常委会备案，这是不够的。政府综合财务的编制涉及权责发生制，涉及政府资产计量难题，可能还需要假以时日。最终编制的政府综合财务报告仍应向社会公开。《预算法》规定了相关个人的责任。这些责任该如何落实，也需要实施条例和其他配套制度的跟进。大数据时代的到来，决定了预算公开应更多地借助互联网的方式，在方便社会各界监督的同时，也利于社会各界对国家治理贡献更多的才智，从而促进国家治理的现代化。

5）进一步探索参与式预算，发挥人民在预算改革中的积极作用

我国多地进行参与式预算改革的探索。从发展的方向来看，未来应注意以下几个方面。

第一，参与式预算实施的重点在基层政府。基层政府可立足当地情况，积极推行参与式预算，让更多的人参与到预算工作中来。参与式预算可推进基层政府预算制度的完善，让政府预算与基层人民群众的公共服务需求更好地联系起来，提高基层政府的公信力。参与式预算为直接民主与间接民主的结合提供了一种可能，可以更灵活、更有针对性地反映人民群众对公共服务的需求。未来我国应继续发挥基层人大代表在基层政府预算过程中的作用，同时鼓励人民群众积极参与。

第二，参与式预算的着力点可更多地放在项目经费预算上，放在与人民群众关系密切的民生投资项目上。为规范相关工作，在参与式预算实施中，可要求财政投资评审机构对项目进行评估，提出有价值的参考意见，帮助人民群众参与决策，以提高参与式预算的效率。

第三，参与式预算需有制度保障。可在《预算法》及其他相关法律法规中明确参与式预算在基层政府预算工作中的地位，同时制定更具有可操作性的制度，规范参与者的选择机制，规范参与过程和形式（对话、协商、听证等），规范参与者意见的综合。

改革开放以来，预算管理从一个国家体系内部的制度规范问题，成为一个社

会各界关注的热点问题，这是社会进步的体现。未来预算管理制度改革应当在回应社会的同时，为国家治理现代化任务的实现提供基础支撑。我国是一个发展中国家，预算管理应着重在控制还是注重绩效，这是一个在国际学术界有争议的话题。我国现代化建设的目标决定了预算管理既要注意制度规范，也要注重绩效。这样，预算管理的挑战仍然很多。预算管理制度改革作为经济、政治、社会问题的交叉点，改革的任务绝不会轻松。国家治理需要良好的预算管理，预算管理需要适应现代财政制度动态治理的要求。从某种程度上说，预算改革将伴随全面深化改革的全过程。

5.1.4　建立现代财政制度

5.1.4.1　财政政策与市场经济治理

1. 财政与市场治理机制的关系

1）市场治理机制的功能

通常，经济学教科书是从市场缺陷或市场失灵讲起的，市场功能似乎是不言而喻的。市场治理机制是一只“看不见的手”，客观上具有信息传递、激励约束、结构优化、促进技术进步以及效率等多种功能。

（1）信息传递功能。市场是一个“信号机”，供求关系变化引起价格涨落，投资者、生产者、消费者以及宏观调控者和社会公共事务管理者（政府），都能够廉价、及时地从中获取各自决策所需要的信息。我们往往习惯于文山会海，用“红头文件”纵向传递信息，不仅环节多、渠道长、速度慢、信息成本高，而且信息失真的可能性大。

（2）激励约束功能。市场激励约束是内在的、可持续的，因为对投资者与生产者来说，如果产权界定是清晰明确的，企业家通过提高商品服务质量和降低成本，提高市场占有率，做大做强企业。增加盈利的欲望是没有止境的，盈利是一种正向激励，亏损则是一种负向激励（约束），市场治理机制绝对不容许一个企业长期亏损，因为这意味着稀缺资源配置和利用的低效率。

（3）结构优化功能。通过供求关系变化引起价格涨落，从而自发地引导稀缺资源在不同产业部门之间、地区之间流进流出，引起经济结构变化。在国际经济特别是投资与贸易一体化下，资源的流动还是跨国界的，这是“市场的力量”，是阻挡不住的。长期以来，我们一直以为“结构”问题是政府治理的事务，往往采取行政手段，其实不然。

（4）促进技术进步功能。这也出自市场竞争。竞争的基本方式有两种：价格竞争与非价格竞争。价格竞争是通过降低商品服务价格，提高市场占有率，如“打价格战”，在商品质量一定的条件下，价格越低，竞争力越强；非价格竞争是通过提高商品质量、改善售后服务等增强竞争力。价格竞争说到底是企业降低生产成本能力的竞争。降低成本或者提高质量，都离不开技术进步。中国长期采取的是“政府主导型技术进步机制”，优质科技资源主要集中于公立大学和科研院所里，“产学研”脱节；反观世界科技强国，无一不是“企业主导型技术进步机制”——技术进步的“主战场”在产权清晰、激励约束兼容的企业里，科技资源也主要由企业分散决策、配置和使用。

（5）效率功能。一个国家的市场治理机制越完善，市场的信息传递、激励约束、结构优化、技术进步等功能也就越充分有效地发挥，从而市场也就越有效率。中国市场治理机制还不完善，政府与市场的边界还模糊不清，市场功能还不能得到充分、有效、持续发挥，也许正因为如此，中国市场治理机制改革的“红利”依然巨大。

2）财政治理与市场治理的对立统一

单就配置领域来说，财政治理与市场治理的统一性表现在以下几点。

（1）市场配置与财政配置都受资源“稀缺性”约束。市场配置是初始性配置，各市场主体能够配置和使用的资源并不是无限的；财政配置是对市场配置的再配置，是建立在市场配置基础上的，财政配置的资源实际上是以纳税人放弃的资源为代价的，在市场按要素贡献率分配并形成要素收入的基础上，能够由政府从中汲取的“公共资源”（宏观税负率）是有限度的。

（2）市场配置与财政配置都是为了满足人的需要。其中，私人资源通过市场机制，最终形成私人品，满足私人需要；公共资源通过民主政治程序和政府预算机制，最终转换成“一揽子”公共品，满足公共需要。在特定经济社会发展阶段，私人需要与公共需要、私人品与公共品，客观上存在最优结构。

（3）就配置准则而言，从根本上说，都应遵循价值规律的客观要求。市场机制遵循等价交换规律，采取的是“货币投票”机制。财政活动采取的是“政治投票”机制，尽管公共品的消费难以排他，但从委托-代理关系视角看，纳税人缴纳的“一揽子”税款，应尽可能有效地转化为“一揽子”合意的公共品。换言之，财政活动从根本上也应遵循“等价交换”规律——纳税人缴纳了税款，有权利享用政府提供的合意的公共品。在理论上，纳税人放弃的最后一个单位的税款损失，与从政府用其最后一个单位的税款提供的公共品的消费中所获得的收益应该相等，这样的政府是“帕累托效率状态”政府。尽管现实社会中的政府及财政难以达到最优效率状态，但在政府效能的价值目标追求上，应努力向这样的效率目标靠近。财政治理与市场治理也存在矛盾。在资源既定的前提下，市场配置与财政配置在配置规模、配置范围上，存在此增彼减的关系，财政配置规模或宏观税负率高低直接影响企业积累水平和投资能力，也影响居民收入水平以及储蓄和消费能力。此外，有效率的市场治理客观上要求财政活动保持中性，非中性的财政政策会扭曲市场价格，导致市场效率损失；而财政治理则担负着大致均等化提供基本公共服务，调节收入分配、维护社会公平，调节社会总供求关系、维护宏观经济稳定等职责，完全中性的财税政策是做不到的，财税活动不可避免地损害市场效率。

2. 财政与社会治理机制的关系

（1）社会问题及中国社会治理实践。在社会学中，社会问题通常是指社会关系失调、影响社会大部分成员的共同生活、破坏社会正常活动以及妨碍社会协调发展的社会现象。社会问题是由社会价值规范和利益冲突引起的。从世界范围看，当今，人类社会所面临的共同性社会问题，包括人口、劳工、贫困、教育、家庭、交通、犯罪以及生态环境问题等。除此之外，中国当下的食品药品安全、腐败、收入分配不公、公共服务供给不足、基本公共服务非均等供给与分享等，也是比较突出的社会问题。如何建立社会问题治理的长效机制是长期困扰中国政府的难题。在长期的计划经济体制下，政府治理不仅取代了市场治理，而且也取代了社会治理，政府统包统揽，财政统收统支，整个社会“铁板”一块，事实上，政府成了唯一的经济、社会治理主体。这样的治理模式与治理机制，其效能是递减的，而且也是不可持续的。随着改革开放的不断深入，中国政府治理机制与社会治理机制都发生了较大变化，各类社会组织快速增多，截至 2012 年年底，全国依法登记的社会组织 49.2 万个，备案的城乡社区社会组织近 40 万个，但政社不分，社会组织发展培育不足、活力不强、作用有限。

（2）社会问题需要社会组织协同治理。其基本经济理由在于公共品提供中的市场失灵与政府失灵并存。就市场失灵而言，因公共品普遍存在“免费搭车”问题，市场机制不能有效提供，制度选择的范围就缩小到要么需要政府介入，要么需要社会组织介入。然而，政府提供公共品也存在失灵，由于政府在决定公共品供给数量、质量、结构时，受居民需求偏好显示的真实性的限制，在居民对公共品需求偏好存在较大差异性时，政府提供公共品的政策选择通常倾向于中位选民的需求偏好，结果是：一部分对公共品需求较高的人可能得不到满足，另一部分人的特殊需求也得不到满足。政府失灵的存在，客观上需要社会组织拾遗补阙：为需求较高的人群提供额外的公共品，为需求特殊的人群提供特殊的公共品。正如韦斯布罗德所言，私人慈善机构提供的资金用于范围广泛的集体利益，如学校、医院、免费道路、消防器材、公园、桥梁、堤坝、排水沟、排灌网、码头、港口、图书馆，简言之，用于今天我们认为属于政府职责的所有非军事的各种公共品。

（3）社会治理与财政治理具有职能互补关系。财政治理机制与社会治理机制存在“交集”：社会公共事务治理以及社会公共服务提供。从现实世界看，在公共品提供上，无论是发达国家还是发展中国家，政府通过民主政治程序以及“税收-预算支出”机制，都承担了主要的“兜底”责任，这可从项目越来越多、结构越来越复杂的政府预算支出“一览表”中反映出来。政府通过财政机制提高公共品或公共服务的规模，财政支出是巨大的，这可以从相对较高宏观税负率间接地反映出来：发达国家的宏观税负率通常保持在40%左右，发展中国家的宏观税负率一般也达到30%。与此同时，发达国家的各种社会组织，包括社会非营利组织、市场化的组织、公民社会等，在社会公共事务治理、公共品或公共服务提供上所发挥的作用也越来越大，并且各种社会治理主体与政府治理主体及其财政治理机制已经形成了彼此互相补充、相互拾遗补阙、协同共同治理的格局。从发达国家的实践经验看，在各种社会问题的治理上，寻求政府与社会组织的对话、沟通、协商与合作，已成为一种必然选择。中国社会公共事务治理必须走政府财政、社会组织和公众共同参与的多元化道路。

3. 财政与政府治理的关系

在市场、政府与社会“三维”治理结构中，财政属于政府治理范畴，在政府多种治理机制及治理工具中，财政居于基础性地位。宏观税负适度、微观税负分配合理、税制结构优化、支出高效、预算透明、政府间事权与支出责任划分及转移支付制度安排得当，对增进经济效率、改善社会公平具有不可替代的作用。近年来，随着改革深化，政府通过减少审批、增加透明度、精简人员等，开始从旧的管制型政府体制向公共服务型政府体制转变，但“全能型政府治理模式”依然没有根本改变。转变政府职能，提高政府治理绩效，最根本的是从过分依赖政府主体及行政手段对社会公共事务的全方位管理与控制，转为多元治理主体与治理手段协同共治。财政在国家治理中居于基础地位，自然在政府治理中也是核心因素，发挥着支撑作用。现代财政活动是在既定的民主政治制度和政治程序安排约束下进行的。首先，财政活动必须按预算程序依法进行，预算编制、执行、调整、决算以及审计整个预算循环过程都必须接受权力机关监督，并向社会公开，接受公众及舆论监督，权力机关、行政机关以及各种政治力量、利益集团、社会公众以及舆论界广泛参与一年一度的预算活动，现代预算已经形成了一整套错综复杂而又相互制约的政治程序。其次，在政府治理工具或治理手段中，与以市场为核心的治理工具及机制和政府直接生产比较，财政性工具和诱导性机制以及财政直接提供公共品，与企业及居民户的利益息息相关，无论是政府收税、收费、公共定价，还是政府将规模巨大的税款通过预算程序转换成“一揽子”公共品，对资源配置、社会公平正义、国家长治久安等，都至关重要。

5.1.4.2 中国财政治理机制的现状

新中国成立后，中国建立了计划经济体制，政府替代市场、政府替代社会、公共部门替代私人部门、中央政府替代地方政府，“统收统支、高度集中”。信息约束、激励不足，导致资源配置效率低下，私人品与公共品均长期处于“短缺”状态。

改革开放后，采取的是渐进式市场化道路，财政体制也从“统收统支”到“分灶吃饭”再到“分税制”。分税制框架的建立及运行，不仅提高了“两个比重”，而且促使地方政府、企业形成了长期稳定的预期，对建立现代财政制度来说具有重要作用。问题在于，随着国民经济的持续高速增长以及财政收支连年大幅超GDP增长，中国的经济社会结构已经发生了深刻的变化，政府收入、企业收入与居民收入结构以及政府内部中央与地方收支结构也发生了重大变化。不仅以GDP导向的粗放型增长方式难以为继，以提高“两个比重”为主要目标的税制与分税制也难以为继。从财政收入看，宏观税负率偏高、税负归宿不公。宏观税负率水平接近20%，若加上政府收费（预算外）及政府性基金，则高达35%，已接近发达国家水平，即使如此，政府依然负债运行，中央政府负债以及各级地方政府性债务规模庞大而且持续扩大。“欲盛则费广，费广则赋重，赋重则民怨，民怨则国危”，是唐太宗的告诫，太宗力主“戒奢从简”，节制欲望，减轻人民负担，值得我们深思。不仅宏观税费负担高，而且以商品服务税为主的税制结构，使得税负分配不合理、不透明，税收效率功能、公平功能难以发挥，甚至起了逆向调节作用，在解决产能过剩、调节收入分配差距、促进资源节约和生态环境保护等方面不能有效发挥作用，税收优惠政策过多过滥，也不利于公平竞争和统一市场环境建设。税收行政主义盛行，税收法定主义薄弱。从财政支出看，支出受益归宿不公。地区间、城乡居民间、不同社会群体间的基本公共服务供给与分享存在巨大差距，无论是供给数量、质量还是方便可及程度，在制度安排上依据的是公民身份、户籍、职业、居住地等，公共品受益水平直接或间接地影响居民技术知识水平、健康水平、劳动能力及就业状况、个人收入及支出负担，并带来代际间的不公平。

从预算管理看，规范性差、透明度低。预算法及各单项公共事业法律法规过于概括，可操作性差；预算管理制度不科学、不完整，预算编制粗糙，约束偏软，不利于权力机关、社会公众监督，财政资源错配，助长奢靡之风，影响政府公信力。从政府间财政体制看，在政府职能转变滞后，政府与市场以及政府与社会的关系没有理顺的同时，政府间的纵向关系也没有理顺。中央与地方之间的事权与支出责任划分不清晰、不合理、不规范；政府间税收分享与支出责任脱节，地方税体系残缺不全，基层政府普遍长期处于“紧运行”之中；转移支付制度不完善，专项项目多、规模大。

现代财政制度建设必须服务于政府与市场关系的重新定位。1994 年的分税制改革服务于党的十四届三中全会提出的市场化改革，此时的市场在资源配置中起基础性的作用；而党的十八届三中全会则提出市场在资源配置中要起决定性的作用。因此，现代财政制度建设必须服务于政府与市场关系的重新定位，既要维护市场在资源配置中的决定性作用，又要更好地发挥政府职能。由于我国长期实行中央计划经济，且实行政府主导型的经济体制改革，并不利于市场在资源配置中发挥决定性作用。因此，重构政府与市场之间的关系，重点是大幅度减少审批事项及相关权限，控制政府对市场干预的冲动；其核心是斩断政府部门的利益瓜葛，控制政府的攫取之手；同时，必须切实转变政府职能，健全宏观调控体系，提高科决策与科学管理的水平。

现代财政制度建设必须服务于政府与社会关系的重新定位。党的十八届三中全会指出，要“激发社会组织的活力”“正确处理政府和社会的关系，加快实施政社分开，推进社会组织明确权责、依法自治、发挥作用”。社会组织建设是创新社会治理机制的重要内容，是国家治理体系建设的重要环节。现代财政制度建设必须服务于政府与社会组织关系的重新定位，大力支持社会组织的建设，重点培育和优先发展行业协会商会类、科技类、公益慈善类、城乡社区服务类社会组织及相关志愿服务组织。在财政支出方面，适合由社会组织提供的公共服务，交由社会组织承担，可安排一定的财政资金支持。在财政收入方面，要完善针对社会组织的捐助减免税收制度，减轻社会组织的运转成本，赋予其相关的筹资渠道及空间。

现代财政制度建设必须服务于政府与纳税人关系的重新定位。政府与纳税人之间的关系在一定程度上是一种“互惠”关系，即政府承诺向社会公众提供公共产品和公共服务，纳税人则承诺依法向政府提供公共产品和公共服务的成本补偿，而成本补偿大多以税收的形式体现出来，故而形成了公共产品与税收价格间的组合关系。政府提供公共产品和公共服务，并依法征收相应的税收收入，或以其他形式组织财政收入；而纳税人则接受公共产品和公共服务，并依法缴纳相应的税收额度。现代财政制度建设从支出角度讲，要求公共产品和公共服务提供的种类、数量与质量必须满足纳税人的需求，否则会受到纳税人“以脚投票”的惩罚；从收入角度讲，要求税收制度的设置必须降低超额负担，尽量保持税收中性，要求税收收入的征管必须减少纳税人的纳税成本，提高征管效率，从而形成新型的政府与纳税人关系。

现代财政制度建设必须服务于政府间财政关系的重新定位。长期以来，我国政府间财政关系不稳定、不合理，政府间事权与支出责任之间不能有效匹配，导致地方政府财政支出缺口大，并在政绩考核等的背景下造成了土地财政、房价调控失效，并不断推高的地方债务。党的十八届三中全会指出，科学的财税体制是优化资源配置、维护市场统一、促进社会公平、实现国家长治久安的制度保障。

科学的财税体制是现代财政制度建设的重要内容，其核心是政府间财政关系的平衡与协调。因此，现代财政制度建设必须服务于政府间财政关系的重新定位，必须有利于形成稳定、合理的政府间财政关系，科学划分各级政府间的事权与支出责任。

5.1.4.3　资源耦合治理中的财政体制改革

（1）建立现代税收制度。1994 年我国税制和分税制改革，是在“两个比重”过低、通胀、财政收不抵支、宏观经济失控，以及东欧剧变、南斯拉夫解体等国际国内诸多因素的综合作用下进行的，其制度路径是：通过以商品服务税为主的税制结构提高财政收入占 GDP 的比重；通过中央独享税种以及共享税种中中央得大头，提高中央财政收入占全国财政收入的比重。从我国 20 多年间的快速发展来看，税制与分税制改革功不可没。但是，税制结构并没有随着经济社会结构的变化及财政能力的增强而调整，除了财政收入功能外，税收的其他功能丧失，甚至起了负作用。间接税的最大问题是税负分配具有累退性和隐蔽性，加剧收入分配不公，也不利于培养公民的纳税意识，不利于推进现代民主政治进程。直接税是以纳税人的收入和财产作为税基，并以累进税率形式课征的，税负分配随着收入水平和财产水平的增加而加大，体现量能负担原则，税负分配公开透明，而且不容易转嫁。从现代治理角度看，直接税能够使纳税人的义务与权利紧密联系，促使纳税人关注自己的税款的去向及配置使用效率，有助于激发民众参与国家治理、关心社会公共事务、监督预算开支的积极性，唤起和培养纳税人的现代公民意识。建立现代税收制度，除了逐步实现税制结构由间接税为主向间接税与直接税并重，并最终向直接税为主的转变以外，还应考虑：一是保持宏观税负的稳定性和可持续性，在提高经济增长质量的前提下，税、费、价联动，考虑物价因素的影响，保持税收收入与 GDP、居民收入、企业收入大致同步增长；二是均衡发挥税收的财政收入功能，促进经济发展方式转变以提高经济效率的功能，调节社会财富分配以增进社会公平的功能，矫正资源环境外部性以节约能源资源和保护环境的功能；三是结合分税制改革，通盘研究税种以及税收收入在中央与地方之间的分配，注重培育地方主体税种，完善地方税体系；四是奉行税收法定主义，淡化税收行政主义，推进税收法治化进程。

（2）建立现代预算制度应遵守的原则，推进现代预算制度建设进程。一是强化基于宪法安排的人民代表大会预算权力。建立现代财政制度，应法治先行，其中，宪法居于根本性地位。回溯现代预算制度形成与发展的历史，可清晰地看到，规范约束政府的征税权、支出权等行政权力，以保护公民合法的财产权不受侵犯是现代宪政制度产生和发展的基本动因；反过来，宪政制度的发展又为预算制度现代化提供了可靠保障，两者相辅相成。人民代表大会制度是中国的根本政治制度，各级人大是规约各级政府的法定权威机构，能否真正发挥监督、规约政府预算行为的功能，是中国预算制度现代化建设的关键。提高立法机构的预算话语权，减少立法机构向行政部门授权过多，使立法机构在预算编制、审批、执行、调整、决算审查中享有充分的监督权，至关重要。二是强化基于宪法的公民对政府预算的知情权和监督权。应依法明确各级政府公开预算信息的义务和法律责任，按照“公开为原则，不公开为例外”的准则，规定预算信息公开的内容和方式，确保社会公众依法了解掌握政府资金收支的来龙去脉，表达对预算资金配置使用的诉求，并积极探索公众参与预算决策过程的机制与渠道。三是强化预算的完整性。凡是以政府名义发生的收支包括政府债务性收支，都应列入政府预算，有效协调公共预算与政府性基金预算、国有资本经营预算、社会保险基金预算之间的关系，并完整地向国家权力机关报告，接受权力机关监督。四是强化预算违法行为的法律约束力，对公务员进行全面的财政预算诚信教育，建立政府财政预算诚信评价考核机制。

（3）建立现代分税制制度。在理顺政府与市场、政府与社会关系的基础上，根据社会公共事务的受益范围、信息复杂程度，理顺政府间的社会公共事务治理权限及支出责任，并据以分配税收收入和建立规范的财政转移支付制度。一是按照事权与财权财力相对称的原则，合理划分政府间事权及支出责任。将国防、外交、国家安全等关系全国政令统一、维护统一市场、促进区域协调、确保国家各领域安全的重大事务，作为中央固有事权，并承担相应的支出责任，以此来减少委托事务，强化国家的统一管理，提高全国性基本公共服务供给水平和均等化水平；将地域信息性强、外部性弱并主要与当地居民有关的社会公共事务治理责任及支出负担，划归地方固有事权，以调动和发挥地方政府的积极性，更好地满足区域公共服务需要；对中央与地方共同治理的交叉性社会公共事务，也应按照其重要程度、受益范围等，确定责任主体并具体界定各自的支出负担分摊度。二是以事权及支出责任为基本依据，根据税种属性，遵循公平、便利和效率等原则，合理划分税种和税收收入。将收入周期性波动较大、具有较强再分配作用、税基分布不均衡、税基流动性较大、易转嫁的税种划为中央税；将具有明显受益性、区域性特征、对宏观经济运行不产生直接重大影响的税种划为地方税，以调动两个积极性。三是完善转移支付制度。以基本公共服务均等化为基本依据，着力强化均等化转移支付，清理、整合、规范专项转移支付。

（4）强化财政法定主义，大力推进财政法治化进程。纵观西方发达国家治理的变迁史和现代财政史，可以看出，法治化是现代财政制度建设的必然要求和基本趋势，在中国，财政法治化长期缺失、财政行政主义盛行。中国财政法治化进程任重而道远。当前，我国已进入高质量发展促进共同富裕的决定性阶段，既面临前所未有的发展机遇，也面临前所未有的风险挑战，尤其是发展不平衡、不协调、不可持续问题依然突出。这些问题从机制上看，都与现行财税体制改革不到位有一定关系。就财政自身而言，随着国内外形势和我国发展阶段的变化，现行财税体制的制度优势正在削弱。主要表现为以下几点。一是预算管理制度的完整性、科学性、有效性和透明度不够，预算管理偏重收支平衡状态，支出预算约束偏软，不利于依法治税和全国人大监督。二是税收制度不适应经济社会发展、改革、转型的新形势，特别是在解决产能过剩、调节收入分配、促进资源节约和生态环境保护方面的功能较弱，税收优惠政策过多过滥，不利于公平竞争和统一市场环境建设。三是中央和地方事权与支出责任划分存在不清晰、不合理、不规范等问题，转移支付制度不完善，项目过多，规模过大，资金分散，常有配套，不利于建设财力与事权相匹配的财政体制和推进基本公共服务均等化。四是财政收入中低速增长与支出刚性增长矛盾加剧，加之支出结构固化僵化，财政赤字和债务风险加速积聚，财政中长期可持续面临严峻挑战。

深化财税体制改革、建立现代财政制度，是完善社会主义市场经济体制、加快转变政府职能的迫切需要，是转变经济发展方式、促进经济社会持续稳定健康发展的必然要求，是建立健全现代国家治理结构、实现国家长治久安的重要保障。要求我们围绕建立现代财政制度这一重大任务，坚持以邓小平理论、“三个代表”重要思想、科学发展观、习近平新时代中国特色社会主义思想为指导，遵循社会主义市场经济原则，立足基本国情，借鉴国际经验，以现行体制为基础，坚持继承与创新相结合，深化财税体制改革，加快形成有利于转变经济发展方式、有利于建设公平统一市场、有利于基本公共服务均等化的现代财税体制机制。

（5）以营改增为突破口，完善税收制度体系。完善税收法律制度体系，重点是以营改增为突破口，完善地方税系；提高直接税的比重，有效发挥调控作用；规范税收优惠政策，改善企业生产条件，释放居民消费需求。一是要进一步扩大营改增的行业范围，加快弥合增值税的抵扣链条，并适当降低增值税的税率，将增值税改造为中央税，仅在生产和批发环节征收；允许地方在不超过原增值税分享额度内开征零售环节销售税，使之成为省级地方税系的核心税种。二是要改造和整合现有房产税费制度，形成以个人房产税为主要内容的新型房产税制度，使之成为市县级地方税系的核心税种；并根据国际经验、结合我国实际情况择机开征遗产税，特别是针对不动产的遗产税。三是要积极推进个人所得税的分类与综合制度改革，提高个人所得税在整个税收制度体系中的地位，积极发挥收入分配的功能。四是要完善消费税制度、资源税制度和环境税制度，调节消费和生产，提高资源使用效率，改善环境质量，增进可持续发展能力。

（6）建立事权和支出责任相适应的制度，重构政府间财政关系。重构政府间财政关系的核心在于建立事权和支出责任相适应的制度。一是要合理划分政府间事权与支出责任，适度加强中央事权和支出责任，保证地方财力与其事权和支出责任基本匹配。二是要完善一般性转移支付制度，限制专项转移支付制度，合理解决纵向财力差异；部分事权支出责任可由中央通过转移支付委托地方承担，建立事权和支出责任相适应的财政制度框架。三是要根据主体功能区定位和地区间经济差异，构建以生态补偿为主要指向的横向转移支付制度。

5.2　资源治理的市场化机制

5.2.1　能源市场化改革

据英国石油（BP）公司 2011 年发布的《世界能源统计回顾》数据显示，2010 年中国一次能源消费总量超过美国，跃居世界第一。一次能源消费总量世界前 12 位的国家依次是中国、美国、俄罗斯、印度、日本、德国、加拿大、韩国、巴西、法国、伊朗和英国。实际上，发达国家近 5 年的能源消费总量是平稳的，美国、日本、德国、加拿大、法国和英国不升反降，只有中国、印度、巴西、俄罗斯等新兴国家能源消费总量仍然处在上升通道。就我国的目前情况来看，能源资源的供需矛盾日益突出，而我国单位产品能耗却高出世界平均水平，因此，我国必须转变经济发展方向。

能源市场化主要通过两个途径对能源安全造成影响：一是能源市场内部的市场结构、市场行为和市场绩效的调整；二是对能源输送、分配所依赖的基础设施的规制。从两者关系来看，能源市场化改革并不必然导致能源安全问题。从长期来看，能源市场化改革理顺了能源价格，使能源价格能够反映市场供求的变化，有利于保证能源安全，但在能源市场化完善过程中，会增加能源产品的波动性，而在保障机制没有建立的情况下，会导致能源的非自愿配给和能源价格的非预期增长。一些发达国家已经建立了完善的能源价格波动预防机制来缓解能源价格非预期增长带来的影响。第一，建立能源价格波动监测预警机制。自 1973 年石油危机后，以石油价格为代表的能源价格，其波动就成为价格运行的主要特征而备受关注。建立能源价格监测预警机制，不仅有利于引导生产者与消费者形成合理预期，而且有利于为能源价格的宏观调控提供理论支撑与实践指导，是国家安全、经济发展和社会稳定的需要。第二，建立能源价格波动的补偿机制。着眼于通过税收补贴等手段，降低社会福利总损失的能源价格波动补偿机制，将减少消费者在能源价格波动中的损失，减少社会成本，增加能源市场调节的有效性。第三，建立对应国际能源波动的缓冲机制。能源储备制度是应对能源波动的缓冲机制，在化解能源风险上有重要作用。第四，建立能源基础设施的刺激规制机制。从短期来看，能源基础设施水平（包括能源生产、运输和分配的基础网络）是保障能源安全的根本。完善能源基础设施，需要有合理的投资刺激机制。第五，建立能源投资的长效保障机制。从长期来看，能源供给安全的目标主要是保证能源部门在最佳时间和最佳地点能够吸引到足够的投资，维持能源的生产、运输和分配能力。因此，需要建立能源投资的长效保障机制，来完善能源市场结构、产业结构和市场规则设计等方面。

1. 能源市场化改革的总体思路

坚持市场化的方向。能源市场化改革是一个进程缓慢的过程，总的来说，有以下两个方面的主要原因：第一，能源的重要性决定了其价格改革影响的广泛性和深远性。能源价格的改革与经济、社会、政治风险并存，因此政府对每次能源价格改革的时机和幅度都必须充分考虑。但是，我国目前能源领域的矛盾基本集中在能源价格上，能源价格改革的滞后已经对社会和谐、经济运行、宏观决策、节能减排、能源行业发展的可持续性、整个经济发展的可持续性等方面带来了不利。第二，能源市场化改革需要引入竞争机制，形成新的市场结构，市场重组将受到既得利益群体的阻碍。例如，2010 年国务院发布的《国务院关于鼓励和引导民间投资健康发展的若干意见》中，明确了民营企业可以参与垄断行业，但参与的具体规则依然不明确，这使得民营资本进入垄断行业依旧停留在宏观的政策层面。此外，与《国务院关于鼓励和引导民间投资健康发展的若干意见》相抵触的文件仍然存在，例如国家发展和改革委员会午号文件规定，乙醇汽油只能由中国石油天然气集团有限公司和中国石油化工集团有限公司两大公司负责生产供应。因此，虽然能源市场化是一个进程缓慢的过程，但必须坚持市场化的方向，坚定市场化改革的决心，加大市场化改革的力度，并在改革过程中采取主动的渐进性改革。

当前，国内外宏观形势的紧迫性要求我国必须加快步伐以实现能源价格改革的目标，但是这并不意味着能源价格改革采取一步到位的方式。我国的国情决定了我国的能源价格改革进程只能是一个渐进的过程。渐进性改革可以分成两种：一种是主动的渐进性，另一种是被动的渐进性。我国能源价格的改革大多还是属于被动地解决矛盾式的渐进性改革，因为改革的时间都是在问题出现之后，在矛盾积累过多之后，或者在不改革不行的时候，而且即使改革，幅度也不大，或者幅度比预期小。被动的渐进性改革是有成本的，而主动的渐进性改革是有步骤、有计划、有目标的。主动的渐进性改革除了目标明确，还有时间要求，一旦确定改革，就坚定不移地推进。因此，面对重要的价格改革，我国更应该采取主动的渐进性改革方式，一方面可以降低改革成本，另一方面可以真正有效推进改革工作。

2. 能源市场化改革措施

（1）由供求关系决定价格，构建终端消费能源价格形成的市场机制是能源市场化改革的核心。

第一，构建终端消费能源价格形成的市场机制的作用。由终端消费能源价格形成的市场机制主要有以下三个方面的作用：首先，真正反映能源稀缺程度的能源价格形成机制能够调节市场供求，将资源配置到最有效率的地方，最大限度地发挥其作用。这对抑制能源的过度需求、刺激能源生产、提高能源效率、弥补环境成本、保障能源安全都具有重要意义。其次，促进新能源的开发。价格过高是新能源发展的瓶颈，通过能源市场化改革，提高传统能源的价格，有利于提高新能源的竞争力和规模，反过来又会降低新能源的价格，从而调整能源消费结构，提高能源系统和经济系统的可持续发展能力。再次，有助于理顺不同能源之间的比价关系。合理的能源比价是市场价格实际发挥作用的具体表现形式，由市场形成的能源比价关系能够合理地体现能源产品之间的替代性和互补性。目前，政府无法掌握能源市场的信息，也无法计算合理能源比价，因此，调控能源价格永远达不到合理状态。

第二，构建终端消费能源价格形成的市场机制的路径。能源价格市场化改革的基本途径是放松政府对能源价格的管制，放松管制是按照从生产端到运输、配送再到终端消费价格的顺序展开的，如美国天然气市场化改革就是按照这个顺序展开能源价格市场化改革的工作。此外，需要取消不合理的能源补贴，这是能源价格市场化改革的经济学实质。根据联合国环境规划署的定义，任何与能源部门相关的政府行为，只要满足降低能源生产成本、提高能源生产者的市场价格，或者是降低能源消费者的购买价格三个条件的其中之一就是能源补贴。能源补贴是政府能源战略乃至国家发展战略的一个重要组成部分，适当的能源补贴是合理的也是必需的。但是也应注意补贴的方式和使用的范围及程度，并且要随着社会经济和能源市场的发展进行适当的调整。在能源价格市场化改革的过程中，要同时统一考虑各个能源行业的市场化改革进程，在价格机制、产业组织、资源配置等方面形成相互促进、相互协调的关系。需要指出的是，坚持能源价格的市场化并不代表政府不再干预能源定价，电力工业中的输配电环节、天然气管线等具有自然垄断的性质，以及能源外部性的特点决定了能源价格的形成不是一个完全的市场过程，而是一个在政府和市场共同作用下的过程。政府要为价格的形成培育具有竞争性的市场环境，并运用行政手段和税收政策将能源价格的外部性尽可能地内部化，使能源价格能够真实地反映供求关系。

（2）由竞争优化资源配置，形成能源多元化供应主体和供给方式。

由竞争优化资源配置，形成能源多元化供应主体和供给方式是市场化改革的基础，包含两个方面的内容：一方面，抑制能源市场垄断，逐步增加市场竞争性；另一方面，放松准入限制，让民间资本进入能源投资领域。抑制垄断以及扩大民间资本在能源领域的投资是增强能源市场结构竞争性的必由之路。能源行业关系国计民生的特殊地位决定了国有资本必须占据主导地位，因此，长期以来国有企业在我国能源领域一直占据垄断性、主导性的地位，以确保国家对国民经济命脉的控制，确保经济运行安全的要求。但是，能源行业与其他竞争性行业相同，具有市场化的特征，而国有资本的过度垄断是我国能源行业很多根本性问题的源泉。因此，既要努力打破当前国有经济对能源行业过度垄断，又要确保公有制经济在该行业保持一定的比重，确保国家对该行业的直接和间接控制。限制能源市场垄断是民间资本进入能源投资领域的前提，在这个基础上，引入竞争机制，扩大民间资本在能源领域的投资，这是能源行业市场化改革的必要手段和重要体现，其中，民间资本参与能源投资的方式包括独资、合作、联营、参股、特许经营等。能源行业投资主体多元化也并不意味着政府退出能源市场，恰恰相反，在股权及投资主体多元化的实施过程中，更需要政府的监管和控制。国外电力工业私有化之后，政府还必须负担以下三个方面的责任：确保电力供给不再发生短缺；制止和遏制发电市场上的垄断行为；确保能源供给安全和能源产业的健康发展。同样是私有化，美国仅对零售价进行控制，而澳大利亚对批发、零售环节均进行价格控制，导致两种不同的结果，美国爆发加州危机，而澳大利亚则保持稳定。

（3）由契约规范交易活动，充分发挥市场配置资源的作用。

市场经济是以市场机制作为资源配置方式的经济形态，即靠市场机制来组织和调节经济运行或资源配置，以解决社会所面临的一系列基本经济问题。作为一种与计划经济相对应的经济体制形式，市场经济的经济活动主要通过市场进行，要靠价格、供求、竞争等机制来调节。在市场经济中，市场和市场机制是关键要素：市场不仅为各种经济活动提供场所，而且也为市场机制的形成及发挥作用提供了基础，因此，广泛存在的市场是市场经济体制存在的前提和基础；而市场机制则是内生于市场的一种机制，它调节市场主体的经济联系，引导和调节资源的配置，市场机制是市场经济的真谛。如果市场机制不健全或被扭曲，则必然导致经济运行的混乱或低效率。由此可见，仅就市场经济的内涵及关键要素而言，要保证资源配置或经济运行的高效率，能否建成健全、发达的市场（包括市场体系）并保证市场机制有效发挥作用，是市场经济正常发展且保证效率所必须解决的关键问题。

在经济学中，契约是人们在市场经济活动中，为了达到个人利益最大化而必须采取的一种社会形式。当一个以从事商品生产和商品交换活动为主的市民阶层逐渐成长和壮大起来的时候，以市场为中心，以契约为纽带的商品生产和商品交换的秩序也得以形成。契约已经广泛进入社会经济生活的各个领域。从市场主体的需求与满足、经济和经营活动的发展与运行，到国际经济的交流与合作、世贸组织规则和政策的制定与执行，“契约作为处理和协调国家与公民、个人与社会以及国与国之间合作与发展的最有效方式逐渐成为人们的共识”。在这里，人们在价值规律指导下按等价交换的原则，自由平等地从事广泛的生产和交换活动。契约通过为人们提供市场需求和价格变动的信息起着调整和配置社会资源的作用，由于契约的存在，人们进行商品交换不仅是符合个人意愿的也是公平正义的。契约是商品经济发展的产物，契约关系是商品经济社会的基本关系，成熟的商品也是市场经济是一种普遍化的契约经济，在契约关系网络制约下必然形成契约化的社会秩序。

（4）探索区域性能源现货和期货市场，提供能源市场化交易平台。

第一，构建能源活动专业信息平台，为能源交易市场提供基础。能源资源禀赋的区域非均衡性和经济发展的地区非平衡性将直接影响区域经济社会发展的稳定性和可持续性。例如浙江、上海、江苏、福建、广东等地区，这里以浙江省为例。浙江省是一个市场经济比较发达的区域，依托成熟的制造行业，各类工业原材料市场十分活跃，但唯独能源市场不活跃、不成型，原因是多方面的。长期以来，浙江省的能源市场价格只能随着国内外市场波动、起伏，能源供给难以保障。历史证明，世界能源交易市场或能源期货市场往往并不在能源产地，它是由能源服务业发展水平和金融业发展水平共同决定的。目前，中国正处在能源市场化发展的初期，拥有很大的发展空间。浙江省需要利用沿海港口多、能源储运基础好、省内能源需求市场大、省外能源市场辐射面广等特点，以积极的姿态探索和培育区域能源市场。构建区域能源交易市场的基础就是构建浙江省统一的能源的专业信息平台，浙江省可以借鉴秦皇岛港口在煤炭市场的成功经验，近期可重点关注煤炭供需信息平台建设，全省所有煤炭储运基地的进出信息实现全省联网。搭建浙江省能源活动专业信息平台，不仅能为浙江省构架能源交易市场奠定基础，而且实时掌握浙江省能源供需变动，确保能源安全，有利于规范经营和政府调控。

第二，探索具有地方特色的能源现货和期货市场交易模式。以浙江省为例，浙江省应该加强能源价格跟踪分析，通过建立区域性煤炭、石油、天然气供求信息综合服务平台，增强应对国际能源价格波动和保障能源供应的能力。在此基础上，探索具有浙江区域特色的能源现货和期货市场交易模式。目前，浙江省能源集团有限公司和浙江省物产集团公司最有条件承担创建区域能源交易市场的任务。通过利用浙江省煤炭能源的储运、物流设施等基础，探索建立煤炭交易市场，积累经验后，推进区域石油天然气交易平台建设，加快成品油市场化定价，共同推进电力跨省交易和电力用户与电厂直接交易试点工作，研究建立气源气量的调剂机制，加强电力、天然气等能源供应互保互供的能力建设。通过构建浙江省的能源现货和期货市场，以适应今后国家的能源价格改革，从而发挥价格对资源配置的基础性作用，逐步理顺各种可替代能源之间的比价关系，统筹把握合理的结构性价格水平，加快建立有利于反映能源供求状况、吸引资源流入、保障能源安全、促进节约能源、提高利用效率以及电网发展的价格体系。

（5）鼓励和引导民间资本有序参与能源领域投资。

清理和修订限制民间投资市场准入的法规、规章和政策性规定，消除民间资本进入能源领域的制度障碍，是我国能源市场化改革的基本路径，也是实现我国能源战略的重要组成部分。国家发展和改革委员会于 2016 年 10 月 12 日提出了一份旨在鼓励和促进民间投资的意见（26 条），并研究制定促进民营企业增加投资的政策，山东、福建等地方政府也出台了鼓励民间投资的政策，允许民间投资流向能源等行政垄断领域。中央政府有必要以《反垄断法》为核心，出台相应的配套措施。以避免上位法与下位法、地方立法之间的冲突，以制度设计为民间资本进入垄断行业铺路，从政策实施细则和法律落实上给予支持。引导和保障民间资本进入能源领域的具体措施主要如下。

第一，放宽民间投资准入能源领域。按照“平等准入、公平待遇”和“谁投资、谁受益”的原则，最大限度地开放民间投资领域。逐步引入能源市场竞争机制，积极推进能源投资主体多元化，允许和引导民间资本进入能源领域。民间资本参与能源投资的方式包括独资、合作、联营、参股、特许经营等。

第二，加大对民间资本投资能源领域的金融支持力度。引导银行等金融机构积极开展金融产品创新改进对民间资本的服务方式，扩大为民间投资者服务的范围，加强民间融资信用担保体系建设，推广多种融资担保方式，拓宽民间投资直接融资渠道等。

第三，运用经济杠杆支持民间资本投资能源领域。积极运用财政、税收、土地、价格等政策措施，如政策性资金、税收优惠、价格补贴等，并加大对民间投资能源行业的引导力度，降低民间投资能源行业的风险。

第四，为民间资本投资能源领域提供优质行政服务。转变行政管理理念，强化对民间投资的服务意识，实施公平合理的收费政策。简化审批程序，切实减轻民间投资主体负担。颁布民营经济投资产业指导目录。制定和颁发针对民营资本可参照的、系统性的、具有权威性质的产业投资政策指南和具体操作办法，及时发布民间投资的信息等。

5.2.2　水资源市场化改革

我国传统的治水思路主要是求助于工程和技术手段。工程手段主要是指采用工程技术，修建水利工程等在可利用水资源中增加有效供水量，通过增加供给来满足需求的增加。这种供给型的工程手段十分重要，但存在着缺陷。一般来说，这些工程技术措施建设周期长，技术难度大，耗资巨大，不能及时解决水资源的供需矛盾问题，而且成本巨大。此外，这种巨大的工程本身就会对生态环境产生影响，尤其是我国中西部等生态环境脆弱的地区，而工程修建后造成的水资源在存量、用途、使用区域、使用时间等方面的变化也会造成一系列的生态问题。更重要的是，随着水资源开采利用量的增加，今后的开发利用难度会越来越大，投资会越来越高。所以，工程手段仅能解决部分水资源供需矛盾，而不能从根本上解决问题。技术手段是指采用高科技的节水型技术，使得生活用水、工业企业用水、农业灌溉等方面的用水量减少，减少对水量的需求。这一方法是解决水资源供需矛盾的根本方法。但是，高科技的节水技术的研发所需周期长、难度大，而且我国处于社会主义初级阶段，人口众多，底子薄，经济仍不发达，而很多高科技的节水技术如以色列农业广泛采用的滴灌法等需要高成本的投入，因而我国的节水技术研发成果的推广所需周期长、成本高。所以，虽然高科技节水技术是解决水资源的供需矛盾的根本办法，但“远水解不了近渴”，在现阶段的实践中的效果并不显著。

既然水资源的供给存在约束，而需求在短期内只会增加不会减少，那么供需矛盾的解决将在很大程度上依赖于水资源管理体制上的创新，通过提高水资源的配置效率和使用效率促进节约用水，达到水资源供给和需求的平衡。而我国在水资源的利用中存在着“悖论”，一方面是水资源短缺，另一方面是用水浪费十分严重，这说明我国水资源的供需缺口在很大程度上是低效率导致的过量用水造成的。出现这种“悖论”的原因就在于偏重供给型工程技术手段而忽视或者无视对水资源的需求因素，尤其在利用市场机制提高用水效率、促进节水方面缺乏相应的制度安排。

1. 水资源市场化改革的总体思路

1）水资源资产化

长期以来，我们把资源仅当作一种生产消耗的原材料，主要资源实行国有国营，新中国成立后的几十年时间里，我们有效地实施了以轻工业、加工工业来完成原始积累的任务，长期用计划经济手段压低基础产业的价格，主要资源长期以来无偿或低价利用。水资源价格机制扭曲，水资源价值被严重低估。这种制度安排的直接后果必然是资源配置不合理，资源浪费不足惜，水环境污染不足惧，资源利用效率不高，难免陷入“公地、公水、公林、公矿”的悲剧后果。

水是生命性资源、资源性资源、基础性资源、战略性资源，在社会经济生活中不可替代。水资源符合资产的三个特征：①水资源十分稀缺。全球淡水资源的储量十分有限，且淡水资源的大部分储备在极地冰帽和冰川中，真正能够被人类直接利用的淡水资源仅占全球总水量的 0.796%。②水资源具有生活资料和生产资料的双重属性。一方面，水是最重要的生活资料，是生存环境的重要组成部分，包括人类生存与发展必需的水资源，以及维持生态系统和水环境而必需的水资源，都必须由社会或政府提供；另一方面，水资源又是生产资料，在利用过程中能够创造价值，如用于工业、农业和其他行业的用水。③水资源既具有公共商品特点，如非排他性，像水源地、环境水等，又具有私人商品特性，如生产用水，具有“混合商品”的特征。私人商品的特性决定了水资源不完全是公共品。因此，水资源一旦进入社会经济生活领域就成为水资源资产。此外，水资源资产还拥有与其他资源资产不同的特征，如流动性、循环性、不确定性、不均匀性、难运输难交易性，特别是很强的负外部性，使水资源资产非常容易受到污染，造成环境和生态危害。水资源资产的这些特征与水的自然特性息息相关，水资源市场化管理只会改变水资源资产化管理的具体形式，不能改变水资源资产化管理的方向选择。

许多经济学家都将资源分成三种不同的资产类型：一是人造资产，如工厂、道路、房屋、机器设备等，这些都可以通过人类的行为增加或减少；二是重要的自然资源资产，如臭氧层、全球气候、生物多样性、荒野、南极洲等，这些都是由生态系统生存所需要的基本自然资产组成的，是无法通过人造资产进行替代的，至少被取代是极度困难的；三是其他自然资产，包括可更新的自然资源和其他有形资源，可以全部或者部分地被人造资产生产出的产品所取代。经济学理论产生的问题在于如何应对其他自然资产。而对于重要的自然资源资产范畴，处理方式则十分清楚，这些资产是生死攸关的、不可替代的、无法用价值估算的，它们的保护应该是绝对约束所有的活动。水资源是重要的自然资源资产，也属于其他自然资源资产的范畴。虽然对于人类和生态系统的生存来说，水资源是最基本的物质，但是同时它在许多行业中被用作替代人造资产。

2）水资源产权化

水资源资产化管理的核心是产权管理。水资源产权明晰是实现水资源转让和交换的先决条件。我国宪法明确规定水资源归国家所有，问题是这种所有权要落实到具体法人，要人格化这种所有权，要体现在水资源开发利用的收益上，这种所有权也要体现在治理、保护的法定责任上。水资源的主体，如大江大河大湖、大海域和地下水资源主要国有，分散零量的小水权，如沟河塘堰也可以多级所有，有利于开发利用与保护。即便水资源的主体国有，也可以将所有权和经营使用权分离，充分引入市场机制，实施企业化管理。模糊不清的产权安排，其后果必然是国家、行政部门、地方政府、企业单位、个人都缺乏排他性产权，必然是产生搭便车和负外部性问题，必然是水资源的利用不足与利用过度并存，治理保护不足与污染过度并存。水资源产权化不仅是水资源资产得以市场配置，从而提高水资源的利用效率的先决条件，而且对于生态环境的保护、经济和环境关系的协调、可持续发展战略的实施都有着重要影响。

3）水资源资本化

水资源资本化是指水资源资产作为资本来经营，即产权拥有者将资源资产用来出让、合作或作为股份进行投资以获取一定的经济报酬的经营过程，实质上是水权的资本化。水资源资本化以后，水资源会以各种形式向各种方向流动，市场已被各国政府广泛采用作为改善水分配的重要手段。政府主导的水资源的初次分配主要体现公平，要遵循兼顾城乡、兼顾工农、兼顾生产生活、兼顾经济社会生态、兼顾区域协调发展的原则。城乡饮水、农业用水当作混合公共品来提供。在这个总的制度安排下，充分引入市场机制，将使用水权资产化、资本化，寻求水资源收益的最大化，是必要的，也是可行的。它的宗旨是激励水资源买卖双方把水当作经济物品珍视它、惜用它、保护它，提高水资源配置的经济效率和利用效用。

水资源资本化、市场化机制也可以被有效地利用来保护、治理水环境。流动的水具有外部性，污染水具有负外部性，治理保护水环境具有正外部性。合理的制度安排是将外部性内部化，谁治理谁受益是将正外部性内部化，谁污染谁受罚，受罚、受惩、受损、受禁是将负外部性内部化。引入市场机制，建立“排污权交易制度”可以平衡奖惩的利益和奖惩的力度。

市场有多种形态，市场化进程是由低级向高级的演进过程，由产品市场到要素市场，由资源市场到资本市场递进演化。资本市场是市场的高级形态。如果将资本市场引入到水资源的开发利用与保护，必然会涌现出许多涉水的上市公司，水股票、水证券、水基金以至出现专门的“水板”市场水交易所，那么，水期货、水期权、水指数也就会出现了。水资源资本市场的发育，必然催生水资源金融的深化，各类水银行及衍生金融工具会层出不穷，人们对水资源的占有、控制并不需要把重点放在直接购买水资源上，而是去购买水资源的金融产品。让每个水消费者也可能成为水供给、水保护的投资者和直接受益者。

4）水资源产业化

如果实现了水资源资产化，水资源资产再资本化，并且全面引入市场化机制和企业化运作方式，就出现了水资源产业。水资源产业也分传统产业和现代产业。城乡供水、给水、排水、工业用水、居民用水、防洪、防旱、水运、水产、跨流域供水产业，节水、护水、居民饮水、污水处理产业，农业灌溉、修复生态、水循环经济产业，水电、水设备设施及水科技教育产业这四大产业基本上是水资源的传统产业，在中国仍有很大的发展空间。随着引入市场机制和企业化产业化运作方式，将会涌现出四大新型的水资源产业，如水资源金融产业，水银行、水股票、水期货、水交所、水基金等；为水产业服务的现代服务业，如水资源的多种中介、网站、评估、咨询机构等；融合了高新技术革命的“功能水”产业，代表未来发展趋势的海水淡化、固态水南北极、大气水的利用及其关联产业。

2. 水资源市场化改革措施

1）因地制宜地建立切合实际的水资源制度

首先，从国外水权制度看，具体实行何种水权制度与各国各地区的实际情况紧密相关。各国家、各地区水权制度的变迁是尊重历史习惯，结合本国本地区地理、气候等实际情况，并以现实需要为依据的。制度的自然演进与政府的合理推动相互结合。也就是说，在不同历史时期，具体采用何种水权制度取决于水资源管理的历史、目的及各地区水资源状况等多方面的因素，且各国各地区水权制度的地域色彩较浓。比如，在水资源较为丰富的欧洲、美国东部大多采用河岸权制度，水权交易发生得并不多，而在干旱缺水、用水较为紧张的美国西部地区采用的则是优先专用权制度，水权制度和转让非常发达。它让我们意识到建立“区域性”水权制度可能比建立“全国性”水权制度更适合中国国情。我国国土面积较大，水资源量南多北少，地区分布不均匀，按照水的地域性特征，建立区域性的水权制度比较合理。以水的调配来说，水的调配需要借助水道，而水道不是四通八达、无限延伸的，它要受地理条件限制，如果是隔省际调水，三省之间还需要解决“讨路费”问题。因此，在借鉴外国的水权理论和成功经验时，应当因地制宜、实事求是，从中国的国情与具体实践出发。

2）水资源国家所有，实行取水许可制度

随着经济发展，资源日益紧缺，现代大多数国家都以法律规定水的国家所有制，水权是水资源的使用、收益权。水权与土地所有权是各自独立的权利，取得水权不需要先取得土地所有权，享有土地所有权并不当然拥有水权，改变了地下水从属于土地权属的传统。取水许可制度通常包括申请水权和获取取水许可的程序、范围，许可用水的条件、期限，用水权的等级，用水权的丧失、终止与转让。

3）建立可交易水权制度

人类所面临的水资源供需矛盾的解决，尽管有赖于工程技术等物质要素的投入，但在更大程度上依靠增加制度要素投入，以提高水资源的利用效率和配置效率。人类历史上从沿岸所有权、优先占用权、公共水权到可交易水权的转变，充分说明了水权制度的变迁始终围绕着提高水资源的配置效率和使用效率这个主题进行。沿岸所有水权制度的建立使水权具有了排他性，与人类以往的自由占用制度相比，大大提高了水资源的利用和配置效率，但它也存在着效率损失，例如沿岸所有权强调水资源的合理使用，但只要不影响下游的水流，上游的水权拥有者可以随便取用，尽管这种使用是低效的。沿岸所有权意味着不拥有沿岸土地所有权的人或经济主体不能使用河流中的水资源，造成一方面与河流不相邻的大片农田不能引水灌溉，工厂和城市得不到充足的水源，另一方面河流中的水资源又得不到充分利用。优先占用水权制度的出现在一定程度上弥补了沿岸所有水权制度的不足，使水资源能够得到充分的利用，但仍存在着制度缺陷，这主要是优先占用水权的转让和交易受到限制，无法引导和激励经济主体将水资源投向最有效率的用途。公共水权制度将水资源的利用与计划联系在一起，在一定程度上改善了水资源的配置效率，但在微观层面缺乏激励经济主体效率用水的机制。可交易水权制度解决了以上几种水权制度存在的效率缺陷，它在清晰界定水权的基础上，引入市场机制，利用市场这只“看不见的手”不断矫正存在的效率损失，从而在宏观和微观两个层面实现水资源高效利用和配置，因此可交易水权制度是一种值得借鉴的水权制度。

4）建立水权转让公告制度

国外在对水权转让进行规范时，普遍建立了水权转让公告制度。澳大利亚的水权转让，一般经过“申请—审批—转让—水权证转换”程序。批发水权和许可证的转让须向自然资源与环境部提出申请，灌区内农户用水权的转让须向负责供水的管理机构提出申请，申请人必须在政府公报或在相关地区广泛发行的报纸以及网站上刊登布告，说明转让的水权是部分转让还是全部转让，以及出售方法的具体细节。美国的水权转让类似于不动产的转让，经过“申请—公示—转让—变更登记”程序，其转让必须由州的水机构或法院批准，需要一个公告期。我国水权转让也应实行公示登记制度，无论是获得水权还是丧失水权，都应向水行政主管部门办理登记手续。水权转让主体要对自己拥有的多余水权进行公告，公告制度要规定公告的时间、水质水量、期限、公告方式和转让条件等内容，这样有利于水资源使用权转让的公开、公平和效率的提高，既保护了水权拥有者的用水权利，也保证了水权的交易安全，同时保护交易相对人的利益。

5）创新水权交易方式

在交易方式方面，可以借鉴美国的交易模式，将水权划分为不同的股份，通过水权市场或水权银行进行交易。通过水权市场进行交易，可以利用现有的市场交易模式，如证券交易市场、黄金交易市场、固定资产交易市场等，组建水市场。甚至有可能就在现有的市场基础上，增加交易品种完成水权交易。通过成立水权银行进行水权的重新配置有独特的优势，即有利于政府调控。水权交易的主体将节余的水权股份存入银行，银行再将这部分水权股份按照市场的需求，发放给水权股份的需求者，实现水权的再次分配。这期间，政府可根据水的供需情况进行适时调节，如水的供给量减少，政府可指导银行减少水权股份的发放，反之亦然。政府对银行的指导可以利用“利率”杠杆来调节。应该有收益与付出，政府可以设置一个即对价。考虑到节余水权存入银行与贷出银行不应是无偿的，同时也考虑到水权银行作为经营企业需要经营利润。“水权利率”让节余水权股份存入银行产生“存水利息”，让这部分水权股份贷出银行收取“贷水利息”，两者的差额产生水权利润。国家还可以将这些水权利润的一部分通过税收纳入国家水资源建设与保护资金，以弥补这方面资金的不足，达到“以水养水”的目的。另外，节余水权股份的持有者还可以通过水权银行委托发放水权股份，可以指定需求对象，也可以不指定需求对象，水权银行作为中间人，只收取服务费用。而服务费率，政府也可以通过调节进行指导。所以说，水权银行作为一种新形式，应该引起中国水权交易的重视。

6）重视环境生态用水

随着环保观念的深入人心，各国逐渐认识到了生态保护的重要性，在水权制度设计中都十分注意保留生态用水的份额。如前所述，环境用水在澳大利亚得到了高度重视，环境是合法的用水户。水分配过程中，每个流域经测试后首先评估确定需要多少环境生态用水，在生态环境用水得到保证的前提下，再确定可供消费的水量。除了某些特殊或紧急情况外，环境用水具有优先权。消耗性用水要以保证生态可持续发展为前提，同时只有在环境用水与其他用水之间确定分配关系后，才能引入水交易。同样，美国、法国、智利的水法也强调了保护水环境平衡的重要性。

7）重视用水户的参与

水资源管理中的公众参与能够使用水户特别是农场主通过水权交易得到实惠，增强了水资源管理和分配的参与意识，促进了水资源分配的公平性。在澳大利亚政府水权管理的一些部门中，为给公众参与提供平台，往往设立一些民间机构，如社区咨询委员会、农民联合会、民间团体等。澳大利亚政府所推行的一些水权管理活动习惯取名“水的共享计划”“行动计划”等，这些取名似乎更能突出公众的主体地位。水权制度建设的成败不在于制度本身设计的完美性，而更重要的在于它是否能被公众认可和执行，有了执行就可更好地修正完善制度。

8）水权管理有法律保障

水资源使用权如果没有得到相应的法律保护，那就难以保障使用人使用权的真正实现，也难以真正有效地使水资源得到有力的保护。无论在以上介绍的四个国家还是在其他国家，对水权的管理都有一系列的法律法规和水权制度，其最明显的法律是水法，这些法律对水权的界定、分配、转让或交易都做了明确的规定。总之，现代水权制度是建立在水权独立、明晰基础上的可交易水权制度，表现为以取水权许可、水权有偿获得、水权交易为核心的完善水权管理的制度体系。

5.2.3　建设用地市场化改革

中国人地矛盾突出，2008 年人均耕地仅 0.09hm^2（约 1.36 亩），约占世界人均耕地的 1/3。在这样的时代背景下，国家提出实行最严格的节约用地制度，大力推行节约集约用地，并制定了一系列建设用地集约利用的用地标准。如何推行节约集约用地，改革现有的新占地、多占地、占好地的粗放利用土地模式，成为建设节约型社会的重要命题。已有研究认为，通过土地市场化改革，充分发挥土地价格的杠杆作用，发挥市场配置土地资源的基础性作用，是提高土地资源利用效率和集约利用水平的重要途径。土地市场发育对土地集约利用具有重要的影响作用，随着土地市场的不断发展，土地利用集约水平也得到显著提高，而且土地市场的不同发展阶段对土地集约利用水平的作用程度和方向也有着较大差别。这些研究为我们提供了很好的参考，但并没有深入分析土地市场对土地集约利用的作用机理。因此，本节将从土地市场的作用机制出发，探讨土地市场化改革对建设用地集约利用的影响机理，并实证考察土地一级、二级市场及市场化总体水平对建设用地集约利用的影响，为继续推进土地市场化改革，提高建设用地集约利用水平提供参考。

1. 建设用地市场化改革的总体思路

1）农民集体所有权的私法定位和构造

允许农民集体经营性建设用地入市是对现行土地征收制度的扬弃。正如土地征收过程中所反映的农村土地产权不清一样，在保留农民集体所有前提下，直接出让经营性建设用地，对于农民集体所有权清晰界线和有效的代表组织提出了更高的要求。这是因为，集体经营建设用地入市是将农民集体原来直接支配的土地资源转变为土地资产，并永久性地管理和运作这些土地资产。要有有效的所有权代表机构组织土地的出让，收取出让金，监管土地的使用并在到期时收回等，并由其对土地出让金分配使用、投资运营等。所有这些均会涉及土地属于谁，谁有权出让，谁有权分享土地出让及其城镇化或商业化开发的好处。建设用地入市本质上要求将农民集体所有权打造成真正的私法意义的所有权，能按照私法规则行使的所有权。虽然农民集体所有已经被纳入物权法规范，但是，农民集体所有并不当然地成为私法的所有权。因为农民集体所有脱胎于计划经济体制下的集体所有制。集体所有制是一种一定地域范围的农民共同拥有生产资料，共同劳动和分配劳动收入的农村经济组织方式，在所有者与生产资料之间具有高度的黏合性或不可分性。市场经济是一种自由交换的经济，需要将农民集体成员与集体所有的财产进行分离，才能使集体所有的财产可交易，集体所有权才能成为私法的所有权；同时，农民集体必须有独立意志能力（集体意志的形成机制），使集体意志独立于其成员的意志，才能使农民集体所有权成为具有私法要素的所有权。这两点要求按照私法原理定位和重新塑造集体所有权，而不是简单地将其纳入物权法。

2）土地征收制度的改革

征收是国家强制性收购民事主体的财产以实现公共利益的一种制度，普遍存在于世界各国。不过，在我国，土地征收具有特殊性，它指国家因建设的需要，强制地将属于农村集体的土地收归国有，然后交给用地单位使用，并对农村集体经济组织进行补偿的行为，而不完全都是为公共利益而存在。根据现行法律，农民集体土地使用权不能直接进入市场，只有对其经过国家征收，变为国有土地时，才能通过出让方式建立可流转的建设用地使用权。由于农村土地是城市增量建设用地唯一的来源，因而所有的城市建设——不管公共设施建设，还是城市住宅建设、商品房或商业楼的建设，均需通过征收将农村土地转变为城市土地。这样的征收制度不是完全依据“公共利益”而进行的，且以不允许集体经营性建设用地入市为条件。集体经营性建设用地的入市意味着现行的、以公益为目的的土地征收的替代。如果继续沿用现行的征收制度，那么集体经营性建设用地入市就不会有多少空间。而且这两种制度的并行，还会导致失地农民的不平等，引发社会矛盾和不稳定。因此，土地征收制度改革是经营性建设用地入市的前提条件。

3）城乡统一的建设用地分类体系的建立

如果将经营性集体建设用地入市视为统一的城乡土地利用制度开端的话，那么我们就必须有城乡统一的土地分类架构，以使我们一直按照这样的顶层设计和统一目标开展农村土地制度改革。如前所述，确立土地分类（农用地、建设用地、未利用地），实施用途管制是 1998 年《土地管理法》修订最大的成就。基于土地分类，编制土地利用总体规划，确定土地使用限制条件，合理布局土地各种用途，确保土地资源的合理利用及其经济、社会和环境的协调发展。但是，影响土地权利性质的私法上的土地分类体系并没有建立起来，土地管理法与物权法相协调的土地利用体系并没有彻底建立起来。这是影响集体建设用地入市并与城市建设用地接轨的前提条件，也需要在法律制度上加以确立。

经营性建设用地入市必然推动农村土地市场化的进程，但并不是所有的土地都可以入市、可以流转。因此，土地入市的前提是首先要确定和限定不宜入市的土地。任何社会必须保留一定量的土地以满足公共活动的需要，实现公益目的。因此，必须首先界定哪些集体土地是用于公益目的，是满足不特定公众需要的土地，将此类土地排斥在可入市土地范畴之外，确保公共利益的实现。乡村公共设施、公益事业建设主要是指乡村行政办公、文化科学、医疗卫生、教育设施、生产服务和公用事业等，这些建设用地因目的特定化于公共利益，因而不能流转、不能市场化，否则有碍其目的的实现。同样在城市，也需要公共道路、公共活动场所、绿地等以满足不特定公众的需要，同样政府机关、公益事业单位、公共设施也需要相应的建设用地，这两类土地也构成城市公益目的。在城乡建设用地接轨方面，首先要建立清晰的公益土地概念，界定城乡公益建设用地，并将其排斥于市场化范畴之外，形成农村建设用地利用的基本秩序。在制定村庄、村镇规划时，既需要确定公共设施、公益事业用地属于公益土地范畴，也需要在规划中预留一定的公益土地，以满足未来各级社区公益的需要，避免设定可流转的建设用地使用权之后，再通过征收的方式实现公共利益。因此，集体经营性建设用地入市必须规划先行、公益土地制度及其范围的划定先行，只有在公益建设用地与经营性建设用地划清界线时，才能启动经营性建设用地入市，并建立可流转的集体建设用地使用权制度。基于上述两个方面的论述，为了实现城乡建设用地统一，也为了农村建设用地市场化的顺利开展，需要在法律制度上建立两个层次的建设用地分类，一是公益性建设用地和私益建设用地，在私益建设用地中，又可以区分出经营性建设用地和非经营性建设用地（宅基地）。或者可以建立经营性建设用地和非经营性建设用地，在非经营性建设用地中区分公益目的的建设用地和居住目的的建设用地。不管怎样的分类，事先必须有分类，贯彻城乡规划之中，体现在之后设定的建设用地使用权的性质上。二是只有经营性建设用地使用权才是可以自由转让的建设用地使用权，居住目的的建设用地使用权的转让应当受到限制（比如一户一宅或一定数量限制），而公益目的的建设用地使用权则不可以流转交易。这样的制度设计不仅是农村土地制度改革之前提，也是城市建设用地制度完善之需，是实现城乡建设用地统一的制度必然需求。

2. 建设用地市场化改革措施

1）深化土地产权改革，开通城乡建设用地市场

集体建设用地使用制度改革的目的就是要打破二元土地所有制基础上的城乡建设用地双轨制，按照市场经济的内在要求建立城乡接轨的建设用地市场。这首先要求建立起城乡接轨的土地产权制度。目前，我国集体建设用地使用制度改革在实践探索和理论探讨中，关于土地产权改革的思路总的来说有两种：一种是“转权”的思路，即在集体建设用地入市后将集体土地所有权转为国有土地所有权，从而将城乡建设用地市场统一到国有出让土地使用权一种产权基础上的一个市场上来；另一种思路是“不转权”的思路，即允许集体建设用地入市后继续保留集体土地所有权，设立集体出让土地使用权，从而建立集体出让土地使用权和国有出让土地使用权两种产权基础上的统一市场。

实际上，在理顺集体建设用地入市时的土地资产性收益分配关系的前提下，将入市后的土地产权界定为集体出让土地使用权还是国有出让土地使用权，只是一个形式问题，而不具有实质性意义。这是因为，在土地出让进入市场后，无论是保留为集体所有还是转为国有，即使土地出让年期届满，除非公共利益需要，国家和集体都不可能到期收回出让土地使用权，进行具有实质性意义的再次出让，而只能由已经实际占有土地的土地使用者在象征性地缴纳土地出让金后续期使

用。当然，从有利于保护农民在集体土地资产市场化处置过程中的权益考虑，选择继续保留集体土地所有权、创设集体出让土地使用权的产权改革思路要更稳妥一些。这样完全可以在集体出让土地使用权和国有出让土地使用权两种产权形式不同，但权利内容和权利效力相当的出让土地使用权基础上，实现城乡建设用地市场的全面接轨。

2）存量改革稳步先行，推动增量改革取得突破

集体建设用地使用制度改革的制度背景是二元土地所有制基础上城乡建设用地使用制度的双轨制，其现实背景是存量集体建设用地的大量存在和增量建设用地的大量发生。这种现实背景说明，不加快推进集体建设用地使用制度改革，积累的问题就会越来越多，改革的任务就会越来越重。从现实出发，集体建设用地使用制度改革可以按照存量改革先行以解决历史遗留问题，并在取得经验的基础上推动增量改革取得突破的路径来进行。对于历史上形成的合乎建设用地规划的存量集体建设用地，在土地使用者向村组集体、县市政府缴纳一定比例的土地增值收益后，比照国有土地使用权出让的方式、年期、价格等直接纳入集体土地出让轨道，建立与国有土地使用权转让市场、出租市场和抵押市场融为一体的集体建设用地使用权转让市场、出租市场和抵押市场。在规范存量集体建设用地使用权流转的基础上，再积极稳妥地探索适当范围内新增建设用地的集体土地出让，继而通过在增量改革上取得突破最终打破传统的农地统征制度，建立与市场经济相适应的、新型的农地转用制度和农地征收制度。

3）完善土地税费体系，理顺土地收益分配关系

集体建设用地使用制度改革实质上是将经营性集体建设用地纳入有偿出让轨道，实现市场化配置的过程，是在规划管制下对合乎建设用地规划的集体土地资产进行比较彻底的市场化处置的过程，同时也是集体土地所有权的实现过程。在土地利用规划管制必不可少的前提下，无论是从建设公开、公正的土地市场秩序的要求出发，还是从保障集体土地资产收益、促进社会公平的要求出发，改革集体建设用地使用制度都要求配套建立和完善相关的土地收益分配调节机制。

对于已经为法人或自然人实际占有、使用的存量集体建设用地，可以考虑允许其按照土地出让价格转让土地使用权，但对其土地使用权转让价款收入要运用税费进行调节，保证村、组集体能够分享到大部分的土地增值收益，同时市、县政府也有必要取得一部分土地增值收益用以调节规划管制引起的村组之间的土地资产性收益差异。对于规划许可转用的新增建设用地，允许以集体土地出让的方式直接入市的，可由农户取得土地承包经营权资产性收益，由村组集体分享集体土地资产出让纯收益，同时应严格按照国家有关规定，在办理农地转用审批手续的同时由建设用地者和村组集体缴纳耕地占用税、耕地开垦费、新增建设用地土地有偿使用费等农地转用审批环节的税费。对于村、组集体和县、市政府取得的

集体建设用地增值收益和集体土地资产出让纯收益，要严格规范收支管理，在政府监管、银行或信用社代管、村民代表大会民主决策下，专项用于农民社会保障、农村公益事业、农村基础设施建设等农民集体成员能够公平分享的地方。

4）加强土地规划管理，强化城乡土地用途管制

过去，一些地方的乡镇政府和村、组集体自行组织编制土地利用规划，随意划定工业园区、居住区和农业园区等，将工业园区和居住区内的土地通过标准厂房出租、房屋出租等形式变相对外出租，形成了由各类企业和城镇居民实际占有的存量集体建设用地，严重扰乱了土地市场秩序。在依法允许集体土地出让、集体建设用地流转的情况下，村组集体转用农地的利益激励会进一步强化，这就要求在土地利用规划编制、审批、执行和监管上实行更加严格的管理，要求进一步强化土地用途管制，完善以土地用途管制为核心的城乡土地统一管理制度。

首先要处理好土地利用总体规划、城市规划、村镇规划之间的关系，从规划编制、修改、审批、执行等环节将这些空间规划衔接起来。其次要完善土地利用规划分级控制体系，特别是要进一步加强农村地区的土地利用规划管理，不能在规划管理上留下漏洞。再次要在规划编制和执行管理中积极吸收公众参与。长期以来，在集体建设用地市场缺失的情况下，土地利用规划与村组集体和土地使用者的利益关系不直接、不明显，公众参与土地利用规划的积极性不高，规划“在纸上画画”和“在墙上挂挂”的多，得到社会认同和公众监督执行的少。在改革集体建设用地使用制度、允许集体建设用地出让和转让后，土地利用规划与村组集体、农民等的利益关系就会变得直接和明显，公众参与规划的主动性和积极性也会提高，虽然这会增加规划编制中协调各方利益关系的难度，但是有利于提高公众的规划管理意识，有利于监督政府依法行政、依法管理土地。

5）统筹城乡土地政策，完善建设用地供应制度

城乡建设用地使用制度上的双轨制是以二元土地所有制为基础、区别企业所有制成分和居民身份、按照行政方式配置土地资源的传统计划经济体制的遗留产物。在城乡一体的市场经济不断得到充分发展的条件下，改革集体建设用地使用制度，就必须按照市场经济的内在要求，区分公共产品和私人产品、公益性用地和私人性用地，统筹城乡土地政策，全面配套完善建设用地供应制度。

对于城市和农村的公益性用地，要改革和完善土地征收制度，通过动用土地征收权取得土地后再以划拨方式供应；当然，结合实际情况，对于村组兴办的内部公益事业的用地，也可以在只需农地转用审批后直接无偿供应。对于农民宅基地，可考虑将“一户一宅”的福利性住宅供应制度和市场化的土地有偿供应制度结合起来，一些发达地区和城镇郊区可以严格实行一户只能享受一次带有福利性质的宅基地的政策，对于宅基地的二次需求按照经营性用地予以有偿供应，或者由二次需求者通过在市场上购买商品房或农村住宅予以满足。对于农村民

办企业用地等经营性用地，纳入土地出让的统一供应渠道，实行与城市企业同样的待遇。

为了抑制土地投机、促进建设用地市场的公开公平竞争、促进土地自然增值的社会分享、促进土地的成片综合开发，同时也是为了协调国有土地出让和集体土地出让，可根据土地增值幅度和土地开发情况，划定国有土地出让和集体土地出让的适用范围。对于城镇规划圈外以及单独选址的建设项目用地等，如果是集体土地的，在农地转用审批后可直接通过集体土地出让的方式予以供应，形成的集体土地出让价格为确定公正的土地征收补偿和土地收购补偿提供参照依据。对于城镇规划圈内需要批次转用和成片开发的经营性新增建设用地，无论是国有土地还是集体土地，可考虑一律纳入土地收购储备的范围，由政府授权的土地收购储备机构行使土地优先购买权，参照集体土地出让价格和市场转让价格优先购买后统一进行开发整理，再由政府通过土地“招拍挂”出让的方式予以统一供应。同时，为了加强市场监管、保障建设用地有序供应，有必要将集体土地出让和国有土地出让统一纳入土地有形市场，并且一个县、市最好只设立一个土地有形市场。

5.3　资源耦合治理的金融杠杆

5.3.1　债券

1. 债券定义

债券（bonds/debenture）是一种金融契约，是政府、金融机构、工商企业等直接向社会借债筹措资金时，向投资者发行，同时承诺按一定利率支付利息并按约定条件偿还本金的债权债务凭证，具有偿还性、流通性、安全性和收益性等特点。债券的本质是债的证明书，具有法律效力。债券购买者或投资者与发行者之间是一种债权债务关系，债券发行人即债务人，投资者（债券购买者）即债权人。债券是一种有价证券。由于债券的利息通常是事先确定的，所以债券是固定利息证券（定息证券）的一种。在金融市场发达的国家和地区，债券可以上市流通。按发行主体划分可以将债券分为以下三类。

（1）政府债券。

政府债券是政府为筹集资金而发行的债券。主要包括国债、地方政府债券等，其中最主要的是国债。国债因其信誉好、利率优、风险小而又被称为“金边债券”。除了政府部门直接发行的债券外，有些国家把政府担保的债券也划归为政府债券体系，称为政府保证债券。这种债券由一些与政府有直接关系的公司或金融机构发行，并由政府提供担保。中国历史上发行的国债主要品种有国库券和国家债券。其中国库券自 1981 年后基本上每年都发行，主要对企业、个人等；国家债券包括国家重点建设债券、国家建设债券、财政债券、特种债券、保值债券、基本建设债券等。

（2）金融债券。

金融债券是由银行和非银行金融机构发行的债券。在我国金融债券主要由国家开发银行、进出口银行等政策性银行发行。金融机构一般有雄厚的资金实力，信用度较高，因此金融债券往往有良好的信誉。

（3）公司（企业）债券。

在国外，没有企业债券和公司债券的划分，统称为公司债券。在我国，企业债券是按照《企业债券管理条例》规定发行与交易、由国家发展和改革委员会监督管理的债券，在实际中，其发债主体为中央政府部门所属机构、国有独资企业或国有控股企业，因此，它在很大程度上体现了政府信用。公司债券管理机构为中国证券监督管理委员会，发债主体为按照《中华人民共和国公司法》设立的公司法人，在实际中，其发行主体为上市公司，其信用保障是发债公司的资产质量、经营状况、盈利水平和持续赢利能力等。公司债券在证券登记结算公司统一登记托管，可申请在证券交易所上市交易，其信用风险一般高于企业债券。2008 年 4 月 15 日起施行的《银行间债券市场非金融企业债务融资工具管理办法》进一步促进了企业债券在银行间债券市场的发行，企业债券和公司债券成为我国商业银行越来越重要的投资对象。

2. 债券的作用

（1）增强政府债券的流动性，提高其竞争能力。

开放政府债券市场后，政府债券的变现能力明显提高，能较好地满足购买者和持有者对债券灵活性的要求，有助于鼓励他们购买和持有政府公债，从而可以减弱因层层派购政府债券（如国库券）而产生的逆反心理，提高政府债券与其他债券（如金融债券、企业债券）的竞争能力，有利于新债的发行，并减少发行费用、降低发行成本。

（2）为社会闲置资金提供良好的投资场所，有助于减少投资风险。

在政府债券市场进行投资，较有利的方面有：①既可以获得比银行储蓄存款更多的利息，减少因通货膨胀造成的资金损失风险，又可以获得比股票更有保障的收益，减少因企业经营造成的投资风险。②债券市场为投资者提供各种投资服务，如：提供投资方面的各种信息，以便投资者做出正确的选择；有专门的机构或经纪人负责从事债券的经营和管理，为管理投资者买卖债券提供技术上的服务等。③债券的二级市场使债券有可能随时变现，同时，可为债券买卖双方提供公平的市场价格。④债券市场一般都会有严格的管理法规，以防止欺诈行为的发生，使投资者的利益受到法律的保护。

（3）突破单一的银行信用，促进证券市场的发展，促进市场经济的发展。

政府债券市场是证券市场的一个重要组成部分。政府债券市场的建立和政府债券投入证券市场，相应地必然促进证券市场的活跃和发展，逐步改变单一的间接金融结构，形成间接金融与直接金融相互依存、互相促进的资金融通结构，搞活资金融通，促进长期资金市场的发展。同时，债券市场的建立，可使横向资金融通合理化，使呆滞的资金得到合理的运用，使不同地区的政府、金融机构、工商企业及个人之间有了调剂余缺的场所，高效地使用全社会的资金，从而促进市场经济的发展。

（4）中央银行进行金融宏观调控的重要手段。

政府债券市场建立后，政府债券便可上市买卖，这为中央银行实施间接调控增加了一个有效的工具。中央银行可以根据不同时期决策的需要，通过公开市场业务，以及贴现率和再贴现率的改变来影响银根的松紧，控制货币流量与投向，协调总需求与总供给的关系。当市场货币供应量超过预定指标，物价上涨，需要抽紧银根时，中央银行便向市场抛售政府债券，吸收资金，使货币市场利率上升，从而达到收缩信用的目的；当市场货币供应量未达到预定指标，生产出现萎缩现象，需要放松银根时，中央银行则从市场上购进大批政府债券，放出资金，使货币市场利率下跌，从而达到扩大信用的目的。中央银行在进行公开市场业务的操作时，必须能够自主地随时买卖任何数量的某些资产，以便使交易顺利进行而不致中断。这就要求由中央银行买卖的这些资产具有较高的信誉和较强的流动性，符合这些条件的资产就是政府债券。因此，中央银行的公开市场业务绝大部分是买卖政府债券，特别是短期政府债券，如美国、英国的国库券，就分别是美国联邦储备银行和英格兰银行进行公开市场操作的主要内容。在现代社会，主要发达国家的公债大都是通过政府债券市场发行的，并有相当部分是通过政府债券市场偿还的。近几年，随着公债规模的扩大和对社会资金运行调节的必要性的增强，发展中国家已开始重视公债市场的作用，并逐步建立适应本国国情的证券市场和公债市场。

5.3.2　远期

远期合约指合约双方同意在未来日期按照固定价格交换金融资产的合约，承诺以当前约定的条件在未来进行交易的合约，会指明买卖的商品或金融工具种类、价格及交割结算的日期。远期合约是必须履行的协议，不像可选择不行使权利（即放弃交割）的期权。远期合约亦与期货不同，其合约条件是为买卖双方量身定制的，通过场外交易（over-the-counter，OTC）达成，而后者则是在交易所买卖的标准化合约。远期合约规定了将来交换的资产、交换的日期、交换的价格和数量，合约条款因合约双方的需要不同而不同。远期合约主要有远期利率协议、远期外汇合约、远期股票合约。

远期合约是现金交易，买方和卖方达成协议，在未来的某一特定日期交割一定质量和数量的商品。价格可以预先确定或在交割时确定。远期合约是场外交易，如同即期交易一样，交易双方都存在风险。因此，远期合约通常不在交易所内交易。伦敦金属交易所中的标准金属合约是远期合约，它们在交易所大厅中交易。在远期合约签订之时，它没有价值，支付只在合约规定的未来某一日进行。

5.3.3 期货

期货（futures）是包含金融工具或未来交割实物商品销售（一般在商品交易所进行）的金融合约。期货合约是指对一种指数或商品在未来某一日期的价值。期货是一种跨越时间的交易方式。买卖双方通过签订标准化合约（期货合约），同意按指定的时间、价格与其他交易条件，交收指定数量的现货。通常期货集中在期货交易所进行买卖，但亦有部分期货合约可通过柜台交易进行买卖。

期货是一种衍生性金融商品，按现货标的物之种类，期货可分为商品期货与金融期货两大类。参与期货交易者之中，套保者（或称对冲者）通过买卖期货，锁定利润与成本，减低时间带来的价格波动风险。投机者则通过期货交易承担更多风险，伺机在价格波动中牟取利润。

不少期货市场发展自远期合约，指一对一个别签订的跨时间买卖合同，交易细则由买卖双方自行约定。期货合约则由交易所划一标准化，让全球各地的交易者可在同一个平台上方便地进行交易。

由于期货交易是公开进行的对远期交割商品的一种合约交易，在这个市场中集中了大量的市场供求信息，不同的人，从不同的地点，对各种信息的不同理解，通过公开竞价形式产生对远期价格的不同看法。期货交易过程实际上就是综合反映供求双方对未来某个时间供求关系变化和价格走势的预期。这种价格信息具有连续性、公开性和预期性的特点，有利于增加市场透明度，提高资源配置效率。

期货交易的产生，为现货市场提供了一个回避价格风险的场所和手段，其主要原理是利用期现货两个市场进行套期保值交易。在实际的生产经营过程中，为避免商品价格的千变万化导致成本上升或利润下降，可利用期货交易进行套期保值，即在期货市场上买进或卖出与现货市场上数量相等但交易方向相反的期货合约，使期现货市场交易的损益相互抵补。锁定企业的生产成本或商品销售价格，保住既定利润，回避价格风险。

在现货市场上买进或卖出一定数量现货商品的同时，在期货市场上卖出或买进与现货品种相同、数量相当，但方向相反的期货商品（期货合约），以一个市场的盈利来弥补另一个市场的亏损，达到规避价格风险的目的交易方式。

期货交易之所以能够保值，是因为某一特定商品的期现货价格同时受共同的经济因素的影响和制约，两者的价格变动方向一般是一致的，由于有交割机制的存在，在临近期货合约交割期，期现货价格具有趋同性。

期货交易的了结（即平仓）一般有两种方式：一是对冲平仓；二是实物交割。实物交割就是用实物交收的方式来履行期货交易的责任。因此，期货交割是指期货交易的买卖双方在合约到期时，对各自持有的到期未平仓合约按交易所的规定履行实物交割，了结其期货交易的行为。实物交割在期货合约总量中占的比例很小，然而正是实物交割机制的存在，使期货价格变动与相关现货价格变动具有同步性，并随着合约到期日的临近而逐步趋近。实物交割就其性质来说是一种现货交易行为，但在期货交易中发生的实物交割则是期货交易的延续，它处于期货市场与现货市场的交接点，是期货市场和现货市场的桥梁和纽带，所以，期货交易中的实物交割是期货市场存在的基础，是期货市场两大经济功能发挥的根本前提。

期货交易的两大功能使期货市场两种交易模式有了运用的舞台和基础，价格发现功能需要有众多的投机者参与，集中大量的市场信息和充沛的流动性，而套期保值交易方式的存在又为回避风险提供了工具和手段。同时期货也是一种投资工具。由于期货合约价格的波动起伏，交易者可以利用套利交易通过合约的价差赚取风险利润。

5.3.4　期权

期权（option）是一种选择权，是一种能在未来某特定时间以特定价格买进或卖出一定数量的某种特定商品的权利。它是在期货的基础上产生的一种金融工具，给予买方（或持有者）购买或出售标的资产（underlying asset）的权利。期权的持有者可以在该项期权规定的时间内选择买或不买、卖或不卖的权利，他可以实施该权利，也可以放弃该权利，而期权的出卖者则只负有期权合约规定的义务。由于期权交易方式、方向、标的物等方面的不同，产生了众多的期权品种，对期权进行合理的分类，更有利于我们了解外汇期权产品。

按期权的权利划分，有看涨期权和看跌期权两种类型。看涨期权（call options）是指期权的买方向期权的卖方支付一定数额的权利金后，即拥有在期权合约的有效期内，按事先约定的价格向期权卖方买进一定数量的期权合约规定的特定商品的权利，但不负有必须买进的义务。而期权卖方有义务在期权规定的有效期内，应期权买方的要求，以期权合约事先规定的价格卖出期权合约规定的特定商品。

看跌期权（put options）是指期权的买方向期权的卖方支付一定数额的权利金后，即拥有在期权合约的有效期内，按事先约定的价格向期权卖方卖出一定数量的期权合约规定的特定商品的权利，但不负有必须卖出的义务。而期权卖方有义务在期权规定的有效期内，应期权买方的要求，以期权合约事先规定的价格买进期权合约规定的特定商品。

按期权的交割时间划分，有美式期权、欧式期权和百慕大期权三种类型。美式期权是指在期权合约规定的有效期内任何时候都可以行使权利。欧式期权是指在期权合约规定的到期日方可行使权利，期权的买方在合约到期日之前不能行使权利，过了期限，合约则自动作废。百慕大期权（Bermuda option）是一种可以在到期日前所规定的一系列时间行使权利的期权，百慕大期权可以被视为美式期权与欧式期权的混合体。

5.3.5　互换

互换是一种双方商定在一段时间内彼此相互交换现金的金融交易。这种交易的渊源是背对背贷款。比如说，一家法国公司向一家美国公司贷出一笔为期 5 年的法国法郎贷款，利率 10%，而这家美国公司反过来又向这家法国公司贷出一笔等值的同样为期 5 年的美元贷款，利率 8%，通过这一过程，这两家公司就交换了本金和利息支付，这就等于法国公司按固定汇率以一定量的法郎换取一定量美元。从本质上来说，这是一种远期外汇交易。这种背对背的贷款在 20 世纪 70 年代很盛行。1981 年，出现了货币互换，接着又出现了利息率互换及通货利息率相混合的互换。

互换的主要参与主体包括政府、金融机构与各类公司等。政府利用互换市场开展利率风险管理业务，在自己的资产组合中，调整固定与浮动利率债务的比重，许多政府机关、国有企业、城市与市政机构利用互换市场降低融资成本，或在投资者对其债券需求很大而借款人本身并不需要那种货币的市场上借款。借款人可以利用互换市场将融资决策与货币风险管理决策分开，出口信贷机构提供价格有竞争力的融资以便扩大该国的出口。出口信贷机构利用互换降低借款成本，使资金来源多样化。通过信用套利过程节省下来的费用，分摊给当地借款人，它们构成出口信贷机构的客户群。超国家机构是由一个以上政府共同所有的法人，由于有政府的金融扶持，通常资产负债表良好，有些超国家机构被一些机构投资者认为是资本市场最佳信用之一。超国家机构通常代表客户借款，因为它们能够按十分优惠的价格筹集资金，能把节省的费用与客户分摊。使用互换市场的金融机构范围很广，包括存贷协会、房屋建筑协会、保险公司、养老基金、保值基金、中央银行、储蓄银行、商业银行、商人银行、投资银行与证券公司。商业银行与投资银行是互换市场的活跃分子，它们不仅为自己的账户，同时也代表自己的客户交易。银行利用互换作为交易工具、保值技术与做市工具。许多大公司是互换市场的活跃分子，它们用互换保值利率风险，并将资产与负债配对，其方式与银行大抵相同。一些公司用互换市场交换它们对利率的看法，并探寻信用套利的机会。

互换与其他衍生工具相比有着自身的优势。①互换交易集外汇市场、证券市场、短期货币市场和长期资本市场业务于一身，既是融资的创新工具，又可运用于金融管理。②互换能满足交易者对非标准化交易的要求，运用面广。③用互换套期保值可以省却对其他金融衍生工具所需头寸的日常管理，使用简便且风险转移较快。④互换交易期限灵活，长短随意，最长可达几十年。⑤互换仓库的产生使银行成为互换的主体，所以互换市场的流动性较强。互换交易本身也存在许多风险。信用风险是互换交易所面临的主要风险，也是互换方及中介机构因种种原因发生的违约拒付等不能履行合同的风险。另外，由于互换期限通常多达数年之久，对于买卖双方来说，还存在着互换利率的风险。

第6章　资源利用秩序及耦合治理测评

有序化是我国今后经济社会发展总体要求和政策取向，资源利用秩序治理构成其基础。从秩序角度化解经济社会系统风险，是国家调控经济安全稳定高效运行的又一把手。对秩序的研究应从其基础层面资源利用开始，能源、水资源和建设用地利用秩序及耦合治理测评是开启此项研究的第一步。能源、水资源和建设用地利用秩序及耦合治理测评是进入上述研究领域的切入点。构建秩序治理分析框架，供需结合，兼顾社会公平与资源利用效率，通过资源利用主体相对收入变动与全要素生产率变化捕获需求与供给侧的一致性变动关系的秩序状态，设置 8 级轻重标尺，衡量评价能源、水资源和建设用地利用秩序及其耦合程度，根据耦合度变化采取适应性治理措施。

能源、水资源和建设用地是相对独立而又紧密相连的国计民生资源，其有序化高效利用，需要对之进行协调，而这三种资源的调控基础是对其耦合利用秩序的评价。资源利用耦合治理理念来源于经济一体化研究的理论与实践，较早的是关于资源市场整合的考察。

市场整合是商品价格变动关系的表现，反映资源各自流向及其配置状态的变动。Young（2000）认为中国区域市场不整合，地方政府控制资源流向，市场资源配置功能受限。相反，Naughton（1999）研究中国 25 个省（自治区）的数据，发现这些区域市场是趋于整合的，而且劳动力、资本和土地要素市场也趋于整合（Qi，2010；de Brauw et al.，2002）。当然，户籍、待遇和公共服务差距对要素流动，特别是对劳动力转移影响较大（Qian et al.，2005；Zhao，2004）。能源和水资源市场的整合基本实现，但公平和效率所涉及的问题逐渐显现，需要从系统角度综合平衡（Ngan，2010）。市场整合评价的单一价格指标存在“以一代全”的缺点，而物价通货膨胀剔除及多种类商品价格加权汇总，操作起来又比较困难，为此价格背后多变量综合指标评价方法应运而生。

学术界多采用多因素综合评价与主成分分析相结合的方法对资源利用绩效进行定量评价（詹长根等，2018；薛静静等，2013），但许多学者早已指出，综合性指标的选取很大程度上依赖主观经验，指标设置过多易导致体系庞杂、信息重叠，而指标数量过少则会以偏概全，难以找到合适的计量工具，予以准确测度协调度以及影响因素的贡献率（Berg et al.，2010；姜文仙等，2009）。近年来的改进主要表现在两方面：资源利用绩效构成函数与影响要素权重的确定（章玲等，2017）。

未来的研究方向可能是异质技术的相关建模、随机噪声或不确定性因素及其资源非效率的根源（杜克锐等，2018）。

近年来，耦合协调研究逐渐兴起（王继全等，2018；单海燕等，2017）。一般的耦合协调度模型方法，其一般操作步骤为：①设置系统发展评价指标体系；②利用主成分分析等方法得出各系统的综合发展指数；③采用耦合协调度模型计算得出样本耦合度；④与平均耦合协调度进行比较；⑤归纳分析（付娇等，2018；李桂君等，2016；逯进等，2016）。

资源耦合协调研究以资源绩效综合评价为基础，尽管评价模型越来越复杂，但因客观性和异质性被掩盖，故此，评价结果的精准测度水平并未提高。

目前研究展示出四个方面可开拓的空间。

（1）资源利用管理几乎都是在资源效率评价基础上进行的，很少关注秩序问题（张少华等，2016）。资源利用效率是资源时空配置秩序变化的结果。秩序是效率的载体与条件，效率是秩序的运行成果。如果秩序在资源利用过程中不变，效率研究中可将其忽略不计，但秩序无时无刻不在变动。可见，学术研究将“秩序”作为既定背景，设置为模型外的前提条件，存而不论有悖事理。因此，有必要定义秩序概念，将“秩序”和“效率”融合一体。秩序利用耦合治理是其秩序一致性变动过程，应作为重要变量去深入研究（陈凯等，2018）。

（2）有关资源利用效率评价指标体系庞杂重叠、主观性强、通用性差。能源利用秩序评价指标设置应遵循大道从简、客观与精准原则。效率必须兼顾公平（罗知等，2018）。学术界关注资源利用效率，主要集中在供给侧各要素的贡献度大小上，忽视要素主体地位差异的影响，很少顾及需求侧消费者的反响。为此，本研究统一考虑资源需求侧与供给侧的不同层次主体关系协调及其配置的资源功能匹配所构成的问题。

（3）资源利用秩序评价是耦合治理的前提，要传承中华优秀传统文化的治国理政理念，融合现代经济学管理方法，着力创新。多种资源耦合利用及治理，有关研究尚无需求与供给结构异质一致性变动的梯度客观测度标尺。故此，基于中国古典社会科学原理，融合中西经济学范式，建立一种资源利用秩序测度的新方法，以纵向秩序和横向秩序各 8 级标尺量化能源、水资源和建设用地的变动状态，衡量社会公平与资源利用效率一致性变动关系，通过资源利用主体相对收入变动与全要素生产率变化，测度其需求与供给侧的秩序之轻重，评价能源、水资源和建设用地利用秩序及其耦合程度，根据耦合度变化采取适应性治理措施。

（4）经济异质性是经济研究难解之题，即使忽略背景差异，经济函数非极点和拐点的质变点量化确定仍然是学术难点。为此，本书创立一种全新的经济异质性理论分析框架和量化模型方法，力争在资源经济异质性测度中有所突破。

6.1 有关秩序与耦合治理的理论

秩序指的是系统要素的时空动态有序化排列，资源利用秩序是资源利用时空纵向序列关系与横向序列关系的合成演化形式，即资源利用运行规律的程式化的体现过程。

资源利用秩序可分解为纵向秩序和横向秩序。纵向秩序所表示的是需求侧要素的相位关系，即资源利用主体收入所反映经济地位的相对变化，高低收入之间距离逐渐缩小的变动趋势，既是社会经济发展规律，也是社会公平的体现（罗尔斯，2016）；横向秩序所表达的是供给侧的构成与结构功能联系，即资源利用全要素生产率与其产出前沿之间的距离无限接近过程，此为资源优化配置变动规律，亦是资源利用效率提升和要素匹配程度的体现。

1. 纵向秩序

要素相位关系是要素异质性时空差异变化。如果要素有阴阳之分，其阖、辟、往、来就会形成八种状态："元""亨""利""贞""悔（渐吉）""吝""害（厉）""凶（咎）"（陈凯等，2018；陈凯，2015 ）。

2. 横向秩序

横向秩序是系统要素结构功能的匹配程度。要素的功能及贡献大小取决于系统总体对之要求以及与其他要素的协调程度。系统总体的要求由其各部分构成的结构整体本质决定，整体本质要求是其客观规律的反映，由其中央定位并整合各部分协调进行。物之本质至于道（规律），那么对于"道"如何把握呢？《庄子·齐物论》曰："道隐于小成"（孟子等，2009)。《周易·系辞》曰："八卦而小成"（杨天才等，2011)。"小成"可通过易学"归藏法"求得。"小成"也是事物发展变化瞬间之"截图"与"切片"，将其连接起来，规律尽显。既然系统运行规律有其表现形式，而这种表现形式又通过"小成图"可以捕获，那么"小成"模型成为测度要素结构功能匹配状态的方法。要素横向秩序状态有八种，由优到劣，依次为"延年""天医""生气""辅弼""禄存""廉贞""破军""文曲"（陈凯等，2018；陈凯，2015)。

秩序一般以轻重度之。管子曰："以轻重御天下之道也，谓之数应"（房玄龄，2015)。重者，紧于道，秩序平稳有序；轻者，松于道，秩序混乱无序。测度秩序轻重，设置如下标尺。

3. 资源利用秩序的测度标尺

资源利用秩序分为纵向秩序与横向秩序，因此资源利用秩序测评设立纵向标尺和横向标尺。旧制中一斤为十六两，故此中国传统经济理论中为资源利用秩序设立纵向和横向各 8 个梯度，即纵向与横向各“半斤八两”，合之为一斤十六两。

1）纵向标尺

纵向标尺梯度量化资源利用主体不同层次收入的相对变化关系。如果高收入利用主体的收入增长速度慢于低收入主体增长速度，即高低阶层收入差距逐渐缩小，其秩序为“元”；前者慢于后者而且两者均上升，为“亨”；前者慢于后者且均下降，为“贞”；若前者上升，后者下降，则为“厉（害）”。如果各层次人均收入的年均增长稳定，其中有一个层次的人均收入年增长率呈上升状态，秩序为“利”；如果两者增长速度保持上升不变，其秩序为“悔”；如果两者增长率均下降，低收入者下降比较快，其秩序为“吝”；若两层次主体相互掠夺，一者所得却是另一者所失，其秩序为“咎（凶）”。纵向秩序轻重对应关系为：元，8 两；亨，7 两；利，6 两；贞，5 两；悔，4 两；吝，3 两；厉（害），2 两；咎（凶），1 两（陈凯等，2018；陈凯，2015）。

2）横向标尺

横向标尺梯度测度供给侧的全要素生产率的规模效率改进、配置效率改进、技术进步改进、技术效率改进。如果全要素生产率增长为正，其规模效率改进、配置效率改进、技术进步改进、技术效率改进有 4 个为正时是“延年”，3 个为正时是“天医”，2 个为正时是“生气”，1 个或 0 个为正时是“辅弼”；当全要素生产率增长为负，其规模效率改进、配置效率改进、技术进步改进、技术效率改进有 3 为个正时是“禄存”，2 个为正时是“廉贞”，1 个为正时是“破军”，全部为负时是“文曲”。横向秩序轻重对应关系为：延年，8 两；天医，7 两；生气，6 两；辅弼，5 两；禄存，4 两；廉贞，3 两；破军，2 两；文曲，1 两（陈凯等，2018；陈凯，2015）。

4. 秩序的纵横关系

秩序是系统纵向关系与横向关系的向量合成。纵向秩序和横向秩序与总秩序是构成与分解的关系。纵向秩序与横向秩序是总秩序的两个分向量，它们之间不是互为自变量与因变量的解释与被解释关系。虽然决定纵向秩序的收入变量与决定横向秩序的产出变量高度相关，但作为分向量的纵向秩序和横向秩序不存在共线性、相互替代以及重复表达，也无循环论证的逻辑悖论问题。

5. 耦合治理

在中国传统哲学中，耦合治理是通过系统要素阴阳互补和相合而风险不断化解的生生不息的协调演进过程。

系统潜伏着风险同时具备化解条件。耦合治理要善于利用要素合化机制化解其矛盾冲突。

资源耦合治理是通过风险化解，保持资源可持续、安全、稳定、健康地利用，实现多维秩序匹配、协同、共进的一个过程。尽管资源物理性质各异，但系统结构要素风险一般化解机制相似，通过全要素生产率表现出的技术进步改进、技术效率改进、规模效率改进以及配置效率改进的幅度、匀称和同步的比较鉴别找到其风险成因。

能源、水资源及建设用地耦合度与协调度相结合，能够衡量其系统是否良性循环、相互促进、彼此协调，从而促使系统从无序走向有序。水资源、能源及建设用地利用耦合治理是一个消除不确定，化解风险，将队伍秩序差异一致化的整编过程。

能源、水资源及建设用地利用秩序测度后，放入其耦合协调度模型中进行计算，可得出我国能源、水资源及建设用地利用的相互协调程度，分析其构成、走势及动因，不难发现对其改进的路径。

6.2 我国资源利用纵向秩序测度

纵向秩序测度的是我国资源各层次利用主体收入相对变化关系。选择城镇居民家庭人均收入与农村农户家庭人均收入作为度量指标。而城乡居民收入的变化主要体现在居民收入的年均增长率和速度年增上。本章采用 2001～2016 年中国统计年鉴数据折算。测度结果如表 6-1 和图 6-1 所示，我国资源利用纵向秩序从总体上呈现波动且缓慢上升的趋势。

表 6-1 2001～2016 年我国资源利用纵向秩序

年份	城镇人均收入		农村人均收入		纵向秩序轻重/两
	年均增长率/%	速度年增/两	年均增长率/%	速度年增/两	
2001	13.3	4.2	6.9	–0.9	2（害）
2002	13.4	0.1	8.4	1.5	7（亨）
2003	11.9	–1.5	7.8	–0.6	5（贞）
2004	7.4	–4.5	7.4	–0.4	5（贞）
2005	10.4	3.0	6.4	–1.0	2（害）
2006	10.9	0.5	9.3	2.9	7（亨）
2007	8.4	–2.5	8.2	–1.1	5（贞）
2008	5.4	–3.0	6.2	–2.0	5（贞）
2009	9.7	4.3	9.5	3.3	6（利）

续表

年份	城镇人均收入		农村人均收入		纵向秩序轻重/两
	年均增长率/%	速度年增/两	年均增长率/%	速度年增/两	
2010	6.9	−2.8	8.6	−0.9	5（贞）
2011	7.5	0.6	9.5	0.9	7（亨）
2012	9.2	1.7	8.8	−0.7	2（害）
2013	7.1	−2.1	8.1	−0.7	5（贞）
2014	6.8	−0.3	8.3	0.2	8（元）
2015	6.7	−0.1	7.5	−0.8	3（吝）
2016	6.0	−0.7	6.3	−1.2	3（吝）

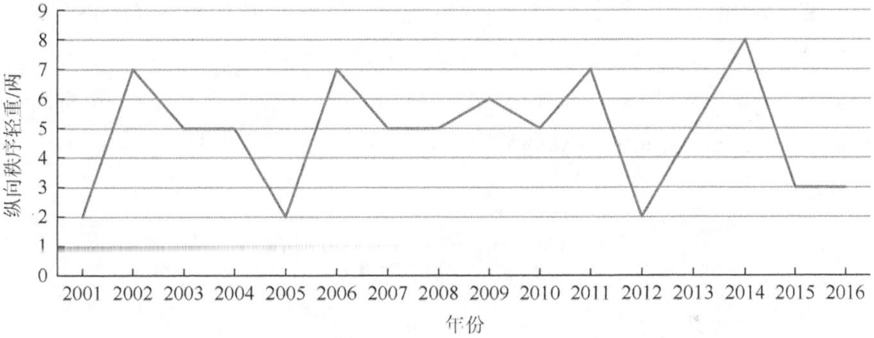

图 6-1　2001～2016 年我国资源利用纵向秩序

6.3　我国资源利用横向秩序测度

供给侧各投入要素之间的相互关系由横向秩序测得，将能源、水资源和建设用地的要素投入分别代入三种资源各自全要素生产率函数中计算，得到全要素生产率增长率及其分解的几部分，进行横向秩序的量化。

6.3.1　全要素生产率模型

全要素生产率（TFP）的测度一般分为参数法和非参数法，由于非参数法存在不能对前沿面的适用性进行检验，同时没有将随机因素的影响考虑其中以及其他缺陷，本章选取参数法中的随机前沿生产函数法进行测度。随机前沿生产函数法放松了条件假设，同时允许要素处于非充分利用状态以及考虑了随机误差的影响。

随机前沿生产函数的一般表达式为

$$Y_{it} = f(x_{it}, t)\exp(v_{it} - u_{it}) \tag{6-1}$$

由于超越对数生产函数放松了前沿生产函数常替代弹性的假设，形式灵活，比较好地避免由于函数误差所带来的估计偏差，故采用超越对数生产函数作为本章具体的随机前沿生产函数，形式如下：

$$\ln y_{it} = \beta_0 + \sum_j \beta_j \ln x_{nit} + \beta_t t + \frac{1}{2}\sum_j \sum_m \beta_{jin} \ln x_{jit} \ln x_{mit}$$
$$+ \frac{1}{2}\beta_{tt} t^2 + \sum_j \beta_{jt} t \ln x_{jit} + v_{it} - u_{it} \tag{6-2}$$

式中，y_{it}为第 t 年的产出总量；x_{jit}和 x_{mit}为第 t 年的要素投入。本章有三个投入要素，则式（6-2）转化为

$$\ln y_{it} = \beta_0 + \beta_1 \ln L_{it} + \beta_2 \ln K_{it} + \beta_3 \ln G_{it} + \beta_4 (\ln L_{it})^2 + \beta_5 (\ln K_{it})^2 + \beta_6 (\ln G_{it})^2$$
$$+ \beta_7 (\ln L_{it})(\ln K_{it}) + \beta_8 (\ln L_{it})(\ln G_{it}) + \beta_9 (\ln K_{it})(\ln G_{it}) + \beta_{10} (\ln L_{it})t$$
$$+ \beta_{11} (\ln K_{it})t + \beta_{12} (\ln G_{it})t + \beta_{13} t + \beta_{14} t^2 + \varepsilon_{it} \tag{6-3}$$

式中，$\beta_0 \sim \beta_{14}$为待估参数；$\varepsilon_{it} = v_{it} - u_{it}$；$t$ 为时间变量；K、L 和 G 分别代表资本、劳动力和资源投入。y 的增长率分解如下：

技术效率为

$$\mathrm{TE}_{it} = \frac{y_{it}}{f(x_{it}, t) \cdot \exp(v_{it})} = \exp(u_{it}) \tag{6-4}$$

技术效率改进为

$$\mathrm{TEC}_{it} = \frac{\partial \mathrm{TE}}{\partial t} = \frac{\mathrm{TE}_{it} - \mathrm{TE}_{it-1}}{\mathrm{TE}_{it-1}} \tag{6-5}$$

技术进步改进为

$$\mathrm{TC}_{it} = \frac{\partial f(x_{it}, t)}{\partial t} = \beta_{10}(\ln L_{it}) + \beta_{11}(\ln K_{it}) + \beta_{12}(\ln G_{it}) + \beta_{13} + 2\beta_{14} t \tag{6-6}$$

根据增长核算法对 TFP 的测算，TFP 增长率衡量的是扣除要素投入增长贡献后的产出增长，在控制要素投入后的生产率变化可表示为技术进步改进与技术效率改进之和，即

$$\dot{\mathrm{TFP}} = \frac{\partial \ln y_{it}}{\partial t} = \mathrm{TC}_{it} + \mathrm{TEC}_{it} \tag{6-7}$$

由于 TFP 增长率计算的是增长核算中的剩余残值，其可以进一步表示为

$$\dot{\mathrm{TFP}} = \dot{y} - \sum_j s_j \dot{x}_j \tag{6-8}$$

式中，s_j为要素 j 所占的要素总成本份额，并且$\sum_j s_j \dot{x}_j = 1$，$\dot{x}_j$为要素 j 的产出增长率。

式（6-9）为 TFP 增长率的分解式，等式右边分别为技术进步改进、技术效率改进、规模效率改进以及配置效率改进四大部分。

$$\dot{\mathrm{TFP}} = \mathrm{TC}_{it} + \mathrm{TEC}_{it} + (\mathrm{RTS}-1)\sum_j \lambda_j \dot{x}_j + \sum_j (\lambda_j - s_j)\dot{x}_j \tag{6-9}$$

令 $\varepsilon_j = \dfrac{\partial \ln f(\bullet)}{\partial \ln x_j}$ 为要素 j 的产出弹性，$\mathrm{RST} \equiv \sum_j \varepsilon_j$ 为规模效应，$\lambda_j = \dfrac{\varepsilon_j}{\mathrm{RST}}$。在要素市场充分竞争以及规模报酬不变的条件下，要素的投入产出弹性应当等于要素在总成本中所占的份额。当两者存在偏离时，存在资源配置效率问题。由此，根据式（6-9）可计算出 TFP 增长率的技术进步改进、技术效率改进、规模效率改进以及配置效率改进四大部分数值。

6.3.2　数据采集与处理

根据水资源、能源和建设用地的投入及产出不同分别测算三种资源的 TFP 及其技术进步改进、技术效率改进、规模效率改进以及配置效率改进四大构成，可分别得出三个资源的横向秩序。根据数据可获得性和完整性，因为无法获得西藏能源数据，所以横向秩序测度过程中，计算 30 个省（自治区、直辖市）的横向秩序。具体如下：

（1）资源产出。TFP 增长率的计算需要选取资源产出。本章将建设用地纳入投入要素中，对于建设用地产出选取可以直接反映建设用地产出水平的二、三产业产值。为得到更好的横向比较结果，同时因为水资源和能源在第一、二、三产业的生产过程中都有使用，所以选取 GDP 作为两种资源的资源产出水平的衡量数据。根据中国统计年鉴的数据，剔除通货膨胀的影响，将数据换算为以 2000 为基期的产值。

（2）劳动投入。考虑到附着在资源上的劳动力，建设用地产出中所使用的劳动力为二、三产业就业人数，水资源和能源劳动投入选取这两个部门就业人员。在历年中国统计年鉴中直接读取该数据。

（3）资源投入。由于农村用地主要为耕地，二、三产业的生产过程中没有使用耕地，所以建设用地资源投入数据选用建设用地面积，水资源要素投入选取全国分省用水量，能源要素投入选取全国分省能源消耗总量。该数据可在历年中国统计年鉴中获得。

（4）资本投入。对于资本投资的衡量，Chow（1993）采用积累额来衡量投资，但是自 1993 年后，由于联合国国民经济核算体系在我国启用，积累额数据不再予以公布，本章使用固定资产存量作为资本投入的数据指标。

本章将所涉及数据均根据各自的价格指数折算为2000年不变价。关于固定资本存量具体算法，本章采用张军等（2004，2003）的论文中的具体算法，数据来源《中国国内生产总值核算历史资料：1952—1995》（国家统计局国民经济核算司，1997）。

6.3.3　横向秩序测度结果

根据以上数据变量，本章运用Frontier 4.1软件对随机前沿生产函数进行估计，并结合中国传统经济学轻重等级标尺，计算结果见表6-2。

表6-2列举了2001～2016年我国能源TFP增长率及其组成部分，展示了能源资源利用横向秩序。

由表6-2可以了解到，2001～2016年，我国能源利用横向秩序处于中下水平，呈现缓慢上升趋势。2001～2005年，能源利用横向秩序由“廉贞”降至“破军”，而后短时间上升到“生气”，在“廉贞”“破军”和“生气”之间波动。2006年横向秩序跌到低谷，2007年开始横向秩序连续7年处于“破军”水平。2014年后我国能源利用情况好转，稳定在“辅弼”水平。我国能源资源利用横向秩序的低水平意味着各要素并未充分发挥作用。全要素生产率总系数TFP时正时负。技术进步改进和配置效率改进虽然是正的，但处在逐年下降与波动态势。技术效率改进一直为负，规模效率改进大部分为负。

表6-2　2001～2016年我国能源利用横向秩序

年份	技术进步改进（年增加）/%	技术效率改进（年增加）/%	规模效率改进（年增加）/%	配置效率改进（年增加）/%	TFP（年增加）/%	横向秩序轻重/两
2001	0.1008（–）	–0.0164（–）	–0.0198（+）	0.0167（+）	0.0812（–）	3（廉贞）
2002	0.0982（–）	–0.0167（–）	–0.0369（–）	0.0283（+）	0.0729（–）	2（破军）
2003	0.0953（–）	–0.0170（–）	–0.0551（–）	0.0382（+）	0.0614（–）	2（破军）
2004	0.0921（–）	–0.0173（–）	–0.0692（–）	0.0437（+）	0.0493（–）	2（破军）
2005	0.0890（–）	–0.0176（–）	0.0001（+）	0.0496（+）	0.1212（+）	6（生气）
2006	0.0863（–）	–0.0179（–）	–0.0903（–）	0.0418（–）	0.0199（–）	1（文曲）
2007	0.0837（–）	–0.0182（–）	–0.1006（–）	0.0452（+）	0.0100（–）	2（破军）
2008	0.0816（–）	–0.0185（–）	–0.0998（+）	0.0340（–）	–0.0028（–）	2（破军）
2009	0.0795（–）	–0.0189（–）	–0.1148（–）	0.0356（+）	–0.0185（–）	2（破军）
2010	0.0771（–）	–0.0192（–）	–0.1298（–）	0.0474（+）	–0.0245（–）	2（破军）
2011	0.0747（–）	–0.0195（–）	–0.1315（–）	0.0497（+）	–0.0266（–）	2（破军）

续表

年份	技术进步改进（年增加）/%	技术效率改进（年增加）/%	规模效率改进（年增加）/%	配置效率改进（年增加）/%	TFP（年增加）/%	横向秩序轻重/两
2012	0.0727（−）	−0.0199（−）	−0.1278（+）	0.0430（−）	−0.0320（−）	2（破军）
2013	0.0713（−）	−0.0202（−）	−0.1110（+）	0.0209（−）	−0.0390（−）	2（破军）
2014	0.0695（−）	−0.0205（−）	−0.1168（−）	0.0349（+）	−0.0330（+）	5（辅弼）
2015	0.0683（−）	−0.0209（−）	−0.1082（+）	0.0339（−）	−0.0269（+）	5（辅弼）
2016	0.0668（−）	−0.0213（−）	−0.1138（−）	0.0462（+）	−0.0221（+）	5（辅弼）

2001～2016 年我国水资源利用横向秩序如表 6-3 所示。

表 6-3　2001～2016 年我国水资源利用横向秩序

年份	技术进步改进（年增加）/%	技术效率改进（年增加）/%	规模效率改进（年增加）/%	配置效率改进（年增加）/%	TFP（年增加）/%	横向秩序轻重/两
2001	−0.0047（−）	−0.0099（−）	0.0005（+）	0.0012（−）	−0.0129（−）	2（破军）
2002	−0.0122（−）	−0.0109（−）	0.0010（+）	0.0001（−）	−0.0220（−）	2（破军）
2003	−0.0190（−）	−0.0120（−）	0.0014（+）	−0.0011（−）	−0.0306（−）	2（破军）
2004	−0.0258（−）	−0.0132（−）	0.0017（+）	0.0004（+）	−0.0369（−）	3（廉贞）
2005	−0.0318（−）	−0.0145（−）	0.0001（−）	−0.0010（−）	−0.0472（−）	1（文曲）
2006	0.0375（ ）	0.0160（ ）	0.0005（+）	−0.0012（−）	−0.0542（−）	2（破军）
2007	−0.0428（−）	−0.0175（−）	−0.0012（−）	−0.0034（−）	−0.0649（−）	1（文曲）
2008	−0.0480（−）	−0.0193（−）	−0.0031（−）	−0.0042（−）	−0.0745（−）	1（文曲）
2009	−0.0527（−）	−0.0212（−）	−0.0061（−）	−0.0069（−）	−0.0869（−）	1（文曲）
2010	−0.0573（−）	−0.0233（−）	−0.0091（−）	−0.0091（−）	−0.0988（−）	1（文曲）
2011	−0.0619（−）	−0.0256（−）	−0.0115（−）	−0.0099（−）	−0.1090（−）	1（文曲）
2012	−0.0667（−）	−0.0282（−）	−0.0136（−）	−0.0122（−）	−0.1207（−）	1（文曲）
2013	−0.0716（−）	−0.0309（−）	−0.0154（−）	−0.0121（+）	−0.1300（−）	2（破军）
2014	−0.0765（−）	−0.0340（−）	−0.0164（−）	−0.0106（+）	−0.1375（−）	2（破军）
2015	−0.0818（−）	−0.0373（−）	−0.0155（+）	−0.0127（−）	−0.1473（−）	2（破军）
2016	−0.0872（−）	−0.0410（−）	−0.0156（−）	−0.0108（+）	−0.1546（−）	2（破军）

资料来源：根据历年中国统计年鉴数据计算而得。

由表 6-3 可以了解到，2001～2016 年，我国水资源全要素生产率总系数一直为负，水资源利用横向秩序处在低水平，呈现阶梯式下降上升的“平底锅”状况。2001～2003 年，横向秩序的测度结果呈现“破军”，即横向秩序的第七等。从 2004 年上升到“廉贞”，2005 年探底，2006 年反弹到“破军”，而后 2007 年开始跌入“文曲”低谷6年，到2013年从低谷爬升到“破军”一直到2016年。我国水资源利用横向秩序的过低水平说明各要素没有有效发挥作用。技术进步改进和技术效率改进逐年下降，规模效率改进和配置效率改进先正后负，一直下滑。

表6-4展示了2001～2016年我国建设用地TFP增长率及其组成部分以及考察时间跨度内我国建设用地资源利用横向秩序。

表6-4　2001～2016年我国建设用地利用横向秩序

年份	技术进步改进（年增加）/%	技术效率改进（年增加）/%	规模效率改进（年增加）/%	配置效率改进（年增加）/%	TFP（年增加）/%	横向秩序
2001	0.0469（−）	−0.0127（−）	0.0071（+）	0.0063（+）	0.0476（−）	3（廉贞）
2002	0.0313（−）	−0.0136（−）	0.0122（+）	0.0065（+）	0.0365（−）	3（廉贞）
2003	0.0173（−）	−0.0146（−）	0.0165（+）	0.0011（−）	0.0203（−）	2（破军）
2004	0.0039（−）	−0.0157（−）	0.0200（+）	−0.0032（−）	0.0051（−）	2（破军）
2005	−0.0073（−）	−0.0168（−）	0.0001（−）	−0.0027（+）	−0.0266（−）	2（破军）
2006	−0.0170（−）	−0.0180（−）	0.0273（+）	−0.0126（−）	−0.0203（+）	5（辅弼）
2007	−0.0256（−）	−0.0193（−）	0.0293（+）	−0.0156（−）	−0.0312（−）	2（破军）
2008	−0.0337（−）	−0.0207（−）	0.0315（+）	−0.0155（+）	−0.0385（−）	3（廉贞）
2009	−0.0401（−）	−0.0222（−）	0.0292（−）	−0.0345（−）	−0.0677（−）	2（破军）
2010	−0.0465（−）	−0.0238（−）	0.0297（+）	−0.0370（−）	−0.0777（−）	2（破军）
2011	−0.0527（−）	−0.0255（−）	0.0241（−）	−0.0484（−）	−0.1025（−）	1（文曲）
2012	−0.0575（−）	−0.0274（−）	0.0181（−）	−0.0649（−）	−0.1316（−）	1（文曲）
2013	−0.0651（−）	−0.0293（−）	0.0200（+）	−0.0512（+）	−0.1257（+）	6（生气）
2014	−0.0733（−）	−0.0314（−）	0.0180（−）	−0.0470（+）	−0.1338（−）	2（破军）
2015	−0.0812（−）	−0.0337（−）	0.0139（+）	−0.0491（−）	−0.1501（−）	2（破军）
2016	−0.0894（−）	−0.0361（−）	0.0106（−）	−0.0529（−）	−0.1678（−）	1（文曲）

由表6-4可以了解到，2001～2016年，我国建设用地全要素生产率总系数先正后负，建设用地利用横向秩序处在较低水平，呈现大幅提升与大幅降落状况。2001～2002年，建设用地利用横向秩序水平较低，处在“廉贞”状态。2003～2005年我国建设用地利用横向秩序下降一个级别，处于“破军”状态。2006年我国建设用地利用横向秩序猛然好转，提高三个级别到“辅弼”，这是2005年落实2004年和2005年国家关于严格控制建设用地决定的政策效应。但由于建设用地深层次问题没有从根本上解决，2007年又断崖式地恶化为七等水平“破军”。2008～2012年，我国建设用地利用横向秩序都在六等“廉贞”水平、七等“破

军”水平与八等“文曲”水平中波动，只是在 2013 年才出现一次三等“生气”水平。这种低水平的秩序情况一直维持到 2016 年。我国建设用地利用横向秩序较低水平显示出各要素之间并未有效充分发挥作用。技术进步改进和技术效率改进逐年下降。配置效率改进先正后负，一直下滑。唯独规模效率改进在发挥扩张效应。

6.4　能源、水资源和建设用地利用秩序

6.4.1　能源、水资源和建设用地利用秩序测度

合成能源、水资源及建设用地的纵向秩序和横向秩序，可以得出我国三种资源利用的总秩序轻重。2001～2016 年我国能源、水资源和建设用地利用秩序如图 6-2 所示。

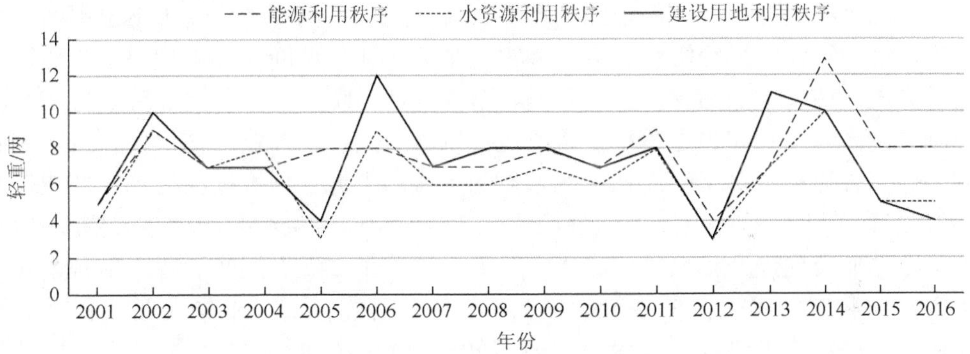

图 6-2　2001～2016 年我国能源、水资源和建设用地利用秩序

2001～2016 年我国能源、水资源和建设用地利用秩序呈不断波动缓慢上升趋势。能源利用秩序上升幅度较大，水资源秩序次之，建设用地秩序上升幅度最小。能源和建设用地秩序大部分处于中等水平及以上，水资源秩序大部分低于能源和建设用地秩序。

6.4.2　供给侧秩序差异

供给侧的资源利用秩序等同于资源利用横向秩序。我国能源、水资源和建设用地供给侧的秩序如图 6-3 所示。供给侧能源利用秩序呈现持缓慢上升走势，而水资源和建设用地秩序则显现下降的趋势。能源和建设用地供给侧的秩序起伏较大，水资源供给侧的秩序比较平缓。能源、水资源和建设用地供给侧的秩序水平

比较低，如果秩序满分以百分之百计，能源供给侧的秩序平均值为 36%，水资源供给侧的秩序平均值是 21%，建设用地供给侧的秩序平均值为 31%。能源、水资源和建设用地供给侧的秩序都有很大的提升空间。

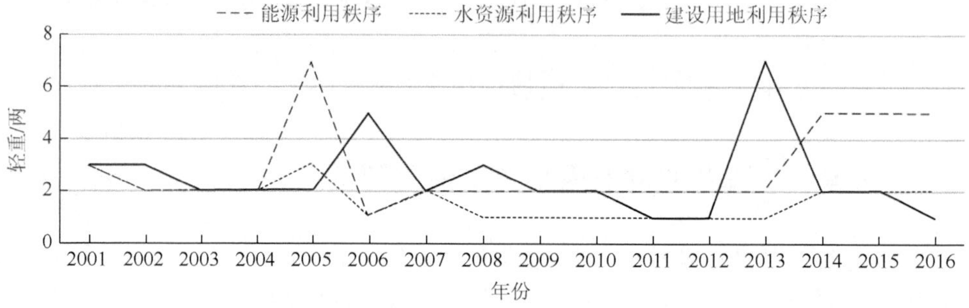

图 6-3　能源、水资源和建设用地供给侧秩序

能源供给侧的秩序在产业结构调整、技术进步和制度进化作用下出现两次大幅度提升。①在国民经济和社会发展第十个五年计划期间，我国加快了转变工业增长方式，围绕增加品种、改善质量、节能降耗、防治污染和提高劳动生产率，鼓励采用高新技术和先进适用技术改造传统产业，带动产业结构优化升级。大面积关停、转让和拍卖了高能耗、低效益的企业，引进了一大批高技术、低能耗的投资项目，产业结构得到了实质性的优化，2005 年能源供给侧的秩序大幅度提升，由原来的二级到提升到六级。②“十一五”到“十二五”期间，我国出台了《中华人民共和国可再生能源法》（2006 年 1 月 1 日施行）、《中华人民共和国节约能源法》（2007 年修订）、《民用建筑节能条例》（2008 年 10 月 1 日施行）、《公共机构节能条例》（2008 年 10 月 1 日施行）、《中华人民共和国循环经济促进法》（2009 年 1 月 1 日施行）、《中华人民共和国石油天然气管道保护法》（2010 年 10 月 1 日施行）等法规条例，为能源制度改进和技术创新开辟了发展空间。

能源制度逐步得到改进：①允许民营企业在能源领域投资，实现能源供给总体多元化，能源发展基金建立并不断壮大；②基本实现煤炭生产和流通市场化，开展了煤可持续发展政策措施试点；③实现政企分开、厂网分离，建立并完善监管体系；④风电与光伏发电标杆上网，能源价格改革初见成效，价格机制形成并逐步完善。

能源科技进步步伐加快：①石油天然气勘探、开发、采收等技术在国际上处于领先地位，如 3000m 深水钻井平台、千万吨炼油和百万吨乙烯装置实现自主设计和制造；②自主知识产权的煤炭直接液化和煤制烯烃技术处于世界先进水平；③井下 600 万 t 综采成套装备、百万千瓦超临界容量高参数发电机组、70 万 kW 水轮机组、百万千瓦级压水堆核电站设计制造技术引领世界；④太阳能光伏发电制造产业链形成，产量占全球的 40%以上；⑤特高压交直流输电技术和装备制造水平世界领先，结合电信网络高速发展，促进社会生产成本和交易费用大幅度降低（中华人民共和国国务院新闻办公室，2012）。2014 年后，我国能源供给侧的秩序由二级提升到五级水平。

水资源供给侧的秩序数值一直较低，并且波动幅度也很小。水是人类赖以生存和发展的重要物质基础。我国人均水资源占有量十分有限，但又必须满足人民维系生命与健康的基本需求，受需求和供给两方面的刚性约束，通过市场价格机制、政府制度措施和技术革新手段调节水资源供需矛盾，改善水资源利用状态，进而提升水资源秩序比较困难。从表 6-3 水资源横向秩序分解中可以看出，我国水资源治理的技术改进和技术效率长时间负效应，同时配置效率和规模效率在 2005 年之后也出现了负效应，导致水资源供给侧的秩序进一步下滑，其原因主要是我国水资源生产结构、生产技术和管理水平长期存在的问题没有得到根本性解决。

建设用地供给侧的秩序数值在能源供给侧的秩序与水资源供给侧的秩序之间徘徊，总体趋势缓慢下行。2015 年和 2016 年下滑，落后于水资源供给侧秩序，处在考察期间的最低水平。建设用地供给侧的秩序最大的特点是对国家有关土地和房地产政策的敏感性，如《中华人民共和国土地管理法》（第三次修正，2019 年 8 月 26 日）和《国务院关于深化改革严格土地管理的决定》（国发〔2004〕28 号）以及 2005 年国务院办公厅“国八条”（国办发明电〔2005〕8 号）的政策实施后，2006 年建设用地供给侧的秩序得以好转，由原来的二级提升到五级；又如 2011 年 10 月 25 日国土资源部、住房城乡建设部下发《关于进一步严格房地产用地管理巩固房地产市场调控成果的紧急通知》，2012 年 7 月 19 日住房城乡建设部、国家发展和改革委员会颁发《关于加强房地产经纪管理进一步规范房地产交易秩序的通知》等政策后，2013 年建设用地供给侧的秩序再一次得到改善，由原来的一级提到七级。但建设用地问题根源深沉，积重难返。治标性的政策效应是短暂的。目前，建设用地只有规模效率在扩展，而技术进步改进、技术效率改进和配置效率皆为负，持续下滑的趋势难以扭转。

6.4.3　需求侧的秩序波动

2001～2016 年我国需求侧的资源利用秩序处于波动状态，变化幅度比较大。在 16 年间，我国需求侧的资源利用秩序大部分处于中等水平及以上，需求侧资源利用秩序处于中等及以上的时间占据了研究时间的三分之二以上。说明我国这 16 年间，城镇和农村人均可支配收入差距逐渐减小或者说总体上呈现缩小的趋势。同时，也可以说明我国需求侧资源利用秩序大部分属于较好的状况，总体趋势呈现缓慢上升的状态。2001～2004 年，需求侧资源利用秩序变化幅度最大，从二级一跃上升到七级，后回调到五级水平。2006 年、2011 年和 2014 年需求侧资源利用秩序优良，但 2005 年和 2012 年出现两极分化，需求侧资源利用秩序跌入低谷。

我国资源利用秩序在需求侧上处于一种不稳定的状态，表现为不同层次主体相对地位变动趋势不够和谐：①高低收入差距在波动中减小；②虽然高低收入差距在减小，但是高低收入速度年增同步降低；③决定需求侧主导力量的中产阶级难于有效成长；④中产阶级在我国社会的基数不足。

6.5 我国三种资源秩序耦合

6.5.1 耦合协调度模型

根据系统耦合概念，将能源、水资源和建设用地作为三个相对独立的要素，量化测度三者耦合协调度，分析三者相互关系。本章选取如下耦合模型：

$$C_3 = \left[\frac{U_W \times U_E \times U_L}{\left(\frac{U_W + U_E + U_L}{3} \right)^3} \right]^{\frac{1}{3}} \tag{6-10}$$

式中，C_3 为三种资源总秩序的耦合度；U_W、U_E、U_L 分别为水资源、能源和建设用地的秩序评分，显然当 $U_W = U_E = U_L$ 时，C_3 取得最大值 1，即三个资源系统耦合度的取值范围 $C_3 \in (0,1]$。

由于耦合度的计算没有考虑到低资源利用秩序下的高耦合度的情况，所以引入耦合协调度作为补充，避免了低资源利用秩序的高耦合情况的出现。耦合协调度模型如下：

$$D = \sqrt{C \times T} \tag{6-11}$$

式中，D 为耦合协调度；T 为三种资源利用秩序总的综合秩序评价得分，$T = \beta_W U_W + \beta_E U_E + \beta_L U_L$，其中 β_W、β_E、β_L 为待定系数，该系数作为综合秩序评价得分的权重，其值的变动主要由资源利用的重要程度所决定。由于本章研究的我国水资源、能源及建设用地资源利用属于相对独立的系统且在生产中处于同样重要的地位，所以本章 β_W、β_E、β_L 的权重选取为 $\beta_W = \beta_E = \beta_L = \frac{1}{3}$，显然 T 的最大值为 1，因此耦合协调度 $D \in (0,1]$。

根据所求的 D 的取值范围，一般把耦合协调度等级分为十个层次（廖重斌，1999），具体划分如表 6-5 所示。

表 6-5　耦合协调度判别标准及划分等级

失调衰退类		协调发展类	
耦合协调度	划分等级	耦合协调度	划分等级
0.00～0.09	极度失调衰退类	0.50～0.59	勉强协调发展类
0.10～0.19	重度失调衰退类	0.60～0.69	初级协调发展类
0.20～0.29	中度失调衰退类	0.70～0.79	中级协调发展类
0.30～0.39	轻度失调衰退类	0.80～0.89	良好协调发展类
0.40～0.49	濒临失调衰退类	0.90～1.00	优质协调发展类

6.5.2　能源、水资源及建设用地利用耦合治理结果及分析

耦合协调发展程度结果如表 6-6 所示。

表 6-6　我国水资源、建设用地及能源耦合协调发展程度

年份	耦合度/%	综合秩序评价得分/%	耦合协调度/%	耦合等级
2001	100.00	31.25	55.90	勉强协调发展
2002	99.88	58.33	76.33	中级协调发展
2003	99.80	45.83	67.63	初级协调发展
2004	100.00	43.75	66.14	初级协调发展
2005	95.80	35.42	58.25	勉强协调发展
2006	98.12	58.33	75.65	中级协调发展
2007	100.00	43.75	66.14	初级协调发展
2008	99.32	43.75	65.92	初级协调发展
2009	99.81	47.92	69.15	初级协调发展
2010	99.74	41.67	64.47	初级协调发展
2011	99.84	52.08	72.11	中级协调发展
2012	99.06	20.83	45.43	濒临失调衰退
2013	95.50	52.08	70.53	中级协调发展
2014	99.22	68.75	82.59	良好协调发展
2015	97.47	37.50	60.46	初级协调发展
2016	95.80	35.42	58.25	勉强协调发展

通过计算得到的能源、水资源和建设用地及利用耦合协调度的结果说明，水资源、建设用地和能源的耦合度很高，资源配置机制相同，变动趋势一致。虽然耦合度很高，但基本上属于低资源利用秩序下的高耦合情况。图 6-4 显示如下几点：①耦合协调度低于耦合度，说明即使能源、水资源和建设用地配置机制高度一致，保持其三者的前进步伐协调一致还是比较困难的。②我国能源、水资源和建设用地紧密联系，当某一种或几种资源出现利用秩序下降时，耦合协调度同时将会下降；反之，当某一种或几种资源总利用秩序上升，耦合协调度数值会发生同样的变化。③能源、水资源和建设用地总利用秩序趋势相同的时间阶段，耦合度相对较高且变化平稳，但由于水资源和建设用地总利用秩序一直处于较低水平，影响了耦合度。能源利用秩序相对较高水平，在一定程度上带动改善了水资源和建设用地利用秩序，提高了耦合协调度。④耦合协调度水平低主要是能源、水资源和建设用地供给侧的秩序低造成的。⑤能源、水资源和建设用地供给侧耦合协调度水平及其波动程度主要受政策和技术进步的影响。

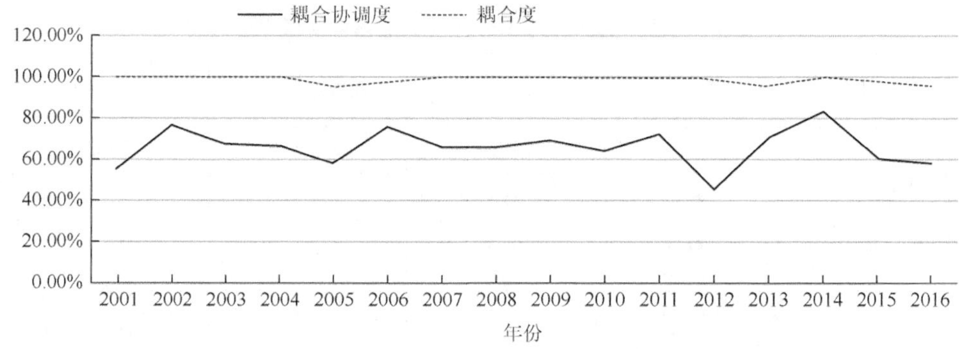

图 6-4　我国水资源、建设用地及能源利用耦合协调度和耦合度

6.6　研究结论与讨论

6.6.1　结论

通过秩序评价模型与耦合协调度模型，求出 2001～2016 年能源、水资源和建设用地利用秩序耦合度，对其利用耦合治理进行分析。通过实证研究，得出能源、水资源和建设用地利用秩序水平处于中等水平，资源配置的一致性较高，但 69%的年份处于初级耦合协调水平，并且耦合协调度波动较大，其规律性变化主要表现为以下五点。

（1）能源、水资源和建设用地利用秩序改善重在供给侧。2001～2016 年能源、水资源和建设用地供给侧的利用秩序平均水平为 29%，而需求侧的平均水平是 60%。供给侧的秩序改善难度成倍于需求侧。需求侧的秩序改善的重点是缩小高低收入差距并培育中产阶层的稳定成长。目前供给侧的秩序只有规模效率和配置效率在振动性扩张，而技术进步和技术效率却在间歇性萎缩。要努力促进供给侧的技术进步的提升和技术效率的增加。

（2）供给侧能源、水资源和建设用地利用秩序较低，其比值为 36∶21∶31，均由其技术进步、技术效率、配置效率和规模效率等构成要素所决定，而构成要素的方向和数值又受国家有关政策法规和技术进步的力度大小影响。水资源受供给和需求的刚性约束，有关政策和法规无大的变动，其供给侧的利用秩序低而稳；建设用地对国家有关政策和法规敏感，2006 年和 2013 年两度大幅度提升，但因缺乏治本性制度安排，其利用秩序仍在持续走低；能源供给侧的秩序受利好政策法规激励，2005 年其秩序跳跃式提升，再加上技术创新和进步，2014 年后保持在较高平台发展。

（3）近几年能源利用绩效高于水资源和建设用地利用绩效的主要原因是风能、太阳能等新能源的大力开发，以及电信网络的高速发展带来生产成本和交易费用大幅度降低。

（4）能源、水资源和建设用地利用耦合度是国家资源配置机制的表现，一般差异不大，变化比较平稳。而其利用耦合协调度则反映了能源、水资源和建设用地利用频率及幅度同步性程度，一般差异较大，变化难以平稳。因此，能源、水资源和建设用地治理要把影响稳定运行的风险化解到最低，以至消减为无，强调各种资源开发利用秩序的协同共进。

（5）能源、水资源和建设用地利用耦合度与耦合协调度决定于其利用秩序，而资源利用秩序又决定于能源利用主体收入差异与供给侧的资源利用结构功能匹配程度。资源利用主体收入差异反映社会公平与否，资源利用结构功能匹配状况反映生产效率稳定程度及高低水平。显然，能源、水资源和建设用地利用治理的关键是控制社会两极分化，并通过资源结构功能匹配提高全要素生产率。

6.6.2　讨论

秩序是系统要素时空动态有序化排列。在现代网络大数据时代，真实地理空间距离耦合着虚拟经济空间距离（Han et al.，2017）。在此之前，Rodríguez-Pose（2010）就认为距离可用来反映区域的空间位置特征与区域间的互相作用程度，Yotov（2012）还把距离作为相对贸易成本的代理变量。距离不仅可以作为交易费用的代理变量，而且能用作量化秩序的核心变量。提升资源利用秩序就是缩小资源利用主体地位相对距离以及要素实际生产率与目标生产率的距离，也就是降低资源利用直接费用和与此有关的一切交易费用。

为了达到能源、水资源和建设用地经济均衡发展，主要措施是缩小各种资源利用相对经济距离：①加强交通、物流和互联网基础设施建设，以提升其速度并缩短区域经济距离，降低交易费用；②科技创新，缩减资源全要素生产率与其目标函数前沿生产率的距离；③缩小城乡居民收入差距，防止两极分离，抑制房地产过快增长，缩小区域间地租差距；④开发东部新能源和中西部水资源及建设用地，缓解资源生产与消费的区域非均衡布局，减少远距离运输成本和交易费用。

现代互联网和大数据建立起来的虚拟空间极大地缩小了资源利用的地理距离和经济距离，它们为经济社会节省了巨大的交易费用，为人们创造了大量的财富，但不受地理空间限制的虚拟经济无序夸张，也给人们带来了无限的风险。资源利用的安全问题已经成为实体经济与虚拟经济耦合治理中最突出的问题。

安全在学术上是一个异质点时空确定问题，但在现代资源环境经济理论中很难解决，因为在现代资源环境经济理论体系中，一直假定要素变量是同素、同质、同构的，差异是数量差异，不会出现异质性差异。但异质性差异充实其资源、产业和市场生态活动每个环节，资源利用研究不可回避。于是学者遵循量变一定程度后会出现质变的思路分析异质性变化过程。数学函数曲线也确实会出现极点和拐点，但大量不在曲线极点和拐点的质变点是如何确定呢？学者只好人为设置数量标准，几乎一人一套指标系统，为了体现创新，各自赋予不同的分数权重，客观性、通用性愈来愈低。

例如，资源利用安全评价，评价部门为不同权重的政治、政权、制度、国土、军事、经济、文化、意识、科技、医疗、网络、信息、金融、社会、环境、生态、生物、太空、深海、极地、海外等部门，假定每个部门设置不同权重的 10 个指标，最后得出两位数的安全指数。假如以 100 为界区分安全与不安全，事实上衡量 101 和 99 与 100 并无本质区别，再往下推演又会发现 102 与 101，98 与 99 也无本质区别，到最后，安全与不安全没有质量界线。

资源利用中的自然、经济、政治和社会生态是一个有机的随生存条件变化的系统，资源利用安全在不同的时间与空间，其状态差异巨大。但目前各种资源利用治理模拟数学模型中，将时间设定为中性，即一个离开原点的纯数字的变化量，对应统筹发展安全也只是几个不同权重系数累积大小的变动，没有异质性差异节点区分。而中国传统学术以天干地支计时，时间有多个异质点，即任一年、月、日、时、分各对应着 60 种不同的排列组合，共计有 7.776×10^8 种资源利用性质差异状态。

资源经济学假定世界的各种物质无质量差异，只有数量多少之别。不同量纲的要素以同质同构的变量进入设定好的模型运算。变量之间只有相关与不相关之区分，并设置出一套检验方法，来量化相关程度的高低。结果，模型运算出来的东西往往脱离实际，实际效用大打折扣；经济管理学则走得比经济学更远，它们扬弃了经济学利用实际数据的描述分析，采用一套虚构的数据在虚拟模型中推演，推演出来的结果更加背离实际。

资源利用耦合治理研究的种种假设条件为建模的必要技术需要，而放开约束条件是科学研究的要求。科学的本质在于实证性，强调逻辑一致，并通过经验事实的验证。因此，按照现实世界的本来面目描述、分析和研究世界，是资源耦合治理理论成为科学理论并富有生命力的先决条件和根本出路。

参考文献

班固，2007. 汉书[M]. 北京：中华书局：159.

贝克，2018. 风险社会[M]. 张文杰，何博闻，译. 北京：译林出版社：3-10.

博曼，雷吉，2006. 协商民主：论理性与政治[M]. 北京：中央编译出版社.

蔡定剑，王占阳，2011. 走向宪政[M]. 北京：法律出版社：9.

蔡栋，2012. 土地利用规划城乡建设用地调整辅助决策模型研究[D]. 南京：南京大学.

蔡刚，2016. 创新体制机制全力完成能源“双控”目标[J]. 中国经贸导刊（12）：24-25.

曾莉，2010. 重庆市高校专利转化率偏低之现状调研及原因分析[J]. 重庆理工大学学报（社会科学版）（12）：22-26.

陈家刚，2007. 协商民主与政治协商[J]. 学习与探索（2）：85-91.

陈凯，2009. 区域经济比较[M]. 上海：上海人民出版社：108-115.

陈凯，2015. 道统经济学[M]. 北京：经济科学出版：15-40.

陈凯，王泽君，崔梦苏，2018. 中国能源利用秩序区域比较研究[J]. 生产力研究（12）：1-8.

陈凯，郑畅，史红亮，2013. 能源安全评价[M]. 北京：经济科学出版社.

程龙，2012. 基于生态位适宜度模型的城乡建设用地增减挂钩规划方法研究[J]. 中国人口·资源与环境，22（10）：94-101.

程叶青，2013. 中国能源消费碳排放强度及其影响因素的空间计量[J]. 地理学报，68（10）：1418-1431.

崔佳颖，2009. 建设用地资源梳理与集约高效利用研究[M]. 北京：中国大地出版社.

崔永涛，2008. 信息产业对我国经济发展的贡献研究[D]. 长沙：湖南大学.

单海燕，杨君良，2017. 长三角区域生态经济系统耦合协调演化分析[J]. 统计与决策（24）：128-133.

邓玲玲，2008. 能源-经济-环境（3E）系统协调度评价模型研究[J]. 北京理工大学学报（社会科学版），10（2）：11-16.

董锋，2010. 中国能源强度的影响因素分析——基于协整检验和因素分解[J]. 系统工程，28（10）：84-90.

董仲舒，2012. 春秋繁露[M]. 张世亮，钟肇鹏，周桂钿，译注. 北京：中华书局：200，330，391，487.

杜克锐，鄢哲明，杨志明，2018. 能源和环境绩效评价方法的最新研究进展[J]. 环境经济研究，3（1）：113-118.

杜一，1996. 建立我国的社会主义市场秩序评价体系：首都经济学界研讨会综述[J]. 经济经纬（4）：4-6.

多锐，2004. 影响水资源的因素分析及综合管理[J]. 内蒙古科技与经济（19）：14-15.

范非，2016. 低碳城市能源结构低碳化评价指标研究[D]. 杭州：浙江工业大学.

房玄龄，2015. 管子[M]. 上海：上海古籍出版社：426.
冯俊小，李君慧，2011. 能源与环境[M]. 北京：冶金工业出版社.
付娇，黄银洲，唐菊，2018. 甘肃省经济与人口发展耦合研究经济问题探索[J]. 中国人口·资源与环境（7）：49-53.
甘泓，2016. 理清概念，确保水资源消耗总量和强度双控行动有效实施[J]. 中国水利（13）：5-6.
高富平，2014. 重启集体建设用地市场化改革的意义和制度需求[J]. 东方法学（6）：74-85.
龚玉玲，杨晔，2010. 基于知识创新模式的知识体系演进特质[J]. 情报科学，28（9）：1367-1369，1374.
辜胜阻，1991. 中国城镇化的发展特点及其战略思路[J]. 经济地理（3）：28-69.
谷树忠，姚予龙，沈镭，2002. 资源安全及其基本属性与研究框架[J]. 自然资源学报，17（3）：280-285.
鬼谷子，2012. 鬼谷子[M]. 许富宏，译注. 北京：中华书局：45.
郭云涛，2007. 中国能源与安全[M]. 北京：中国经济出版社.
国家统计局国民经济核算司，1997. 中国国内生产总值核算历史资料（1952—1995）[M]. 大连：东北财经大学出版社
哈耶克，2000. 致命的自负[M]. 冯克利，胡晋华，等，译. 北京：中国社会科学出版社：90.
韩非，2010. 韩非子[M]. 高华平，王齐洲，张三夕，译注. 北京：中华书局：129，309，310，603，681.
何乔立，2013. 能源市场化改革的路径与对策研究[D]. 杭州：浙江工业大学.
何显明，2008. 顺势而为：浙江地方政府创新实践的演进逻辑[M]. 杭州：浙江大学出版社：3-16.
侯薇，2012. 基于 GIS 的关中地区水土资源优化配置研究[D]. 咸阳：西北农林科技大学.
胡德胜，许胜晴，2015. 能–水关联及我国能源和水资源政策法律的完善[J]. 西安交通大学学报（社会科学版），35（4）：115-119.
胡祎，2011. 地理信息系统（GIS）发展史及前景展望[D]. 北京：中国地质大学.
桓宽，2017. 盐铁论[M]. 陈桐生，译注. 北京：中华书局：240.
黄初龙，章光新，杨建锋，2006. 中国水资源可持续利用评价指标体系研究进展[J]. 资源科学，28（2）：33-40.
黄华明，1992. 建设用地管理[M]. 天津：天津科学技术出版社.
霍尔，罗森伯格，2017. 创新经济学手册[M]. 上海市科学学研究所，译. 上海：上海交通大学出版社：70.
霍宗杰，2010. 能源结构与粗放型经济增长[D]. 兰州：兰州大学.
江华，杨秀琴，2011. 农村集体建设用地流转制度变迁与绩效评价[M]. 北京：中国经济出版社.
姜文仙，覃成林，2009. 区域协调发展研究的进展与方向[J]. 经济与管理研究（10）：90-95.
金观涛，刘青峰，2011. 兴盛与危机：论中国社会超稳定结构[M]. 北京：法律出版社：26-63.
金银哲，2011. 国内外基础研究强度的调查研究[J]. 中国校外教育（10）：14-15.
李桂君，李玉龙，贾晓菁，等，2016. 北京市水-能源-粮食可持续发展系统动力学模型构建与仿真[J]. 经济评论（10）：11-26.
李建德，2000. 经济制度演进大纲[M]. 北京：中国财政经济出版社：108-109.
李建强，曲福田，2012. 建设用地集约利用影响因素研究[J]. 四川农业大学学报，30（3）：357-363.
李凌，2018. 创新驱动高质量发展[M]. 上海：上海社会科学出版社：76-78.

李美岩，刘应宗，2009. 系统动力学在建设用地管理中的应用[J]. 西北农林科技大学学报（社会科学版），9（2）：25-28.
李正风，尹雪慧，2012. 知识流、知识分配力与基础研究中的科学传播[J]. 科普研究（10）：31-34.
廖重斌，1999. 环境与经济协调发展的定量评判及其分类体系——以珠江三角洲城市群为例[J]. 热带地理，19（2）：171-177.
林关征，2007. 水资源的管制放松与水权制度[M]. 北京：中国经济出版社.
林建辉，2009. 生产要素配置与我国城乡收入差距研究[D]. 厦门：厦门大学.
刘畅，孔宪丽，高铁梅，2008. 中国工业行业能源消耗强度变动及影响因素的实证分析[J]. 资源科学，30（9）：1290-1299.
刘春季，2006. 中国特色社会主义经济主体建设研究[D]. 开封：河南大学.
刘赣州，2009. 马克思的资源配置理论探析[D]. 北京：中国人民大学.
刘国艳，2009. 各级政府间收入划分与分税制改革[J]. 经济研究参考（27）：18-31.
刘年丰，2005. 生态容量及环境价值损失评价[M]. 北京：化学工业出版社.
刘维奇，2014. 中国城镇化功能与城乡关系的演变[J]. 兰州学刊，5：110-116.
刘昫，1975. 旧唐书：卷 174 李德裕传（第 14 册）[M]. 北京：中华书局：4525.
楼继伟，2013. 建立现代财政制度[N]. 人民日报，2013-12-16（2）.
卢洪友，2014. 从建立现代财政制度入手推进国家治理体系和治理能力现代化[J]. 地方财政研究（1）：6-11.
卢金凯，1991. 中国水资源[M]. 北京：地质出版社.
逯进，常虹，赵少平，等，2016. 山东省能源、经济与环境耦合关系的演化特征[J]. 经济地理（9）：42-48.
罗大蒙，徐晓宗，2018. 民主的治理：新时代国家治理现代化的导向、挑战与变革——基于中国特色社会主义民主政治发展的视野[J]. 四川行政学院学报（6）：13-20.
罗尔斯，2009. 正义论[M]. 何怀宏，何包钢，廖申白，译. 北京：中国社会科学出版社.
罗知，万广华，张勋，等，2018. 兼顾效率与公平的城镇化：理论模型与中国实证[J]. 经济研究（7）：89-105.
马丹，2007. 论马克思资源配置理论及其指导意义[J]. 经济师（7）：30-31.
马克思，2004. 资本论（第一卷）[M]. 北京：人民出版社.
马克思，恩格斯，1979. 马克思恩格斯全集 46 卷[M]. 北京：人民出版社：494.
马克思，恩格斯，2012. 马克思恩格斯选集 4 卷[M]. 北京：人民出版社：368.
马骁，周克清，2014. 建立现代财政制度的逻辑起点与实现路径[J]. 财经科学（1）：98-103.
毛文永，2003. 生态环境影响评价概论（修订版）[M]. 北京：中国环境科学出版社.
梅建军，2005. 马克思生产要素合理配置理论初探[J]. 经济问题（3）：6-7.
孟子，等，2016. 四书五经[M]. 北京：中华书局：19，36.
倪健民，郭云涛，2009. 能源安全[M]. 杭州：浙江大学出版社.
诺斯，托马斯，2014. 西方世界的兴起[M]. 北京：华夏出版社：3，176.
彭祥，胡和平，2007. 水资源配置博弈论[M]. 北京：中国水利水电出版社.
塞纳克伦斯，2000. 治理与国际调节机制的危机[M]//俞可平. 治理与善治. 北京：社会科学文献出版社.
商鞅，2011. 商君书[M]. 石磊，译注. 北京：中华书局：165.

司马迁，2006. 史记[M]. 北京：中华书局：188-752.
斯密，2010. 国富论[M]. 谢宗林，李华夏，等，译. 上海：中央编译出版社.
斯托克，1999. 作为理论的治理：五个论点[J]. 国际社会科学（中文版），16（1）：19-30.
孙峰，2011. 马克思的资本主义资源配置方式理论探析[J]. 理论界（6）：73-74.
孙希旦，1989. 礼记集解[M]. 北京：中华书局：340.
唐贤兴，2000. 全球治理与第二世界的变革[J]. 欧洲（3）：4-11.
涂志华，王兴平，2012. 城市建设用地集约性评价指标体系研究——基于规划编制和规划管理的视角[J]. 城市规划学刊（4）：86-91.
王弼，2011. 老子道德经注[M]. 楼宇烈，校释. 北京：中华书局：45.
王夫子，2013. 宋论[M]. 刘韶军，译注. 北京：中华书局：500-505.
王继全，李源，2018. 特大城市圈典型地市产业结构与生态建设关系分析[J]. 中国人口·资源与环境（7）：24-27.
王金南，曹东，等，2004. 能源与环境：中国 2020[M]. 北京：中国环境科学出版社.
王腊春，史运良，曾春芬，2017. 水资源学[M]. 南京：东南大学出版社.
王小映，2005. 推进集体建设用地市场化改革[J]. 中国土地（12）：7-8.
王岩，陈宜佷，2003. 环境科学概论[M]. 北京：化学工业出版社.
维纳，1978. 人有人的用处[M]. 陈步，译. 北京：商务印书馆：17.
魏伯言，夏玉森，2011. 影响能源强度的因素分析[J]. 经济论坛（11）：92-96.
吴巧生，成金华，2006. 中国工业化中的能源消耗强度变动及因素分析——基于分解模型的实证分析[J]. 财经研究，32（6）：75-85.
熊彼特，1990. 经济发展理论[M]. 北京：商务印书馆.
熊敏端，2014. 论我国能源结构调整与能源法的应对策略[J]. 生态经济（中文版），30（3）：103-108.
修光利，侯丽敏，2008. 能源与环境安全战略研究[M]. 北京：中国时代经济出版社.
徐松，1957. 宋会要辑稿·食货[M]. 北京：中华书局：4813.
徐正英，常佩雨，2014. 周礼[M]. 北京：中华书局：33.
薛静静，沈镭，刘立涛，等，2013. 中国区域能源利用效率与经济水平协调发展研究[J]. 资源科学，35（4）：713-721.
严家其，高皋，鞠长胜，1976. 能源[M]. 北京：科学出版社.
阳晓伟，2015. 公共产权资源治理理论的演进与进展[J]. 首都经济贸易大学学报，17（1）：112-121.
杨东方，2012. 域面——技术创新体系的空间[J]. 科技管理研究（2）：153-156.
杨圣明，2011. 国际经济秩序治理体制改革问题[J]. 财贸经济（6）：5-9.
杨天才，张善文，2011. 周易[M]. 北京：中华书局.
杨志勇，2014. 我国预算管理制度的演进轨迹：1979—2014 年[J]. 改革（10）：5-19.
姚坤一，1994. 建设用地管理[M]. 上海：百家出版社.
游和远，2010. 土地利用结构与能源消耗碳排放的关联测度及其特征解释[J]. 中国土地科学，24（11）：4-9.
于伟，2012. 地产价格梯度研究进展[J]. 资源科学，34（12）：2265-2273.
俞可平，2002. 全球治理引论[J]. 马克思主义与现实（1）：20-32.

俞可平，2016. 走向善治[M]. 中国文化出版社：2-3.
岳立，严珺文，2017. 新常态下中国能源供给侧改革：国际借鉴与路径探究[J]. 当代经济管理（10）：94-97.
詹长根，吴鼎，杨如军，2018. 广西能源资源承载力综合评价研究[J]. 生态科学，37（3）：131-137.
张风，何传启，2005. 知识创新的原理和路径[J]. 中国科学院院刊（5）：389-394.
张鹤丹，2006. 中国城市能源指标体系初探[J]. 中国能源，28（5）：42-45.
张军，吴桂英，张吉鹏，2004. 中国省际物质资本存量估算：1952—2000[J]. 经济研究（10）：35-44.
张军，章元，2003. 对中国资本存量 K 的再估计[J]. 经济研究（7）：35-43，90.
张雷，2001. 中国能源安全问题探讨[J]. 中国软科学（4）：7-12.
张少华，蒋伟杰，2016. 能源效率测度方法：演变、争议与未来[J]. 数量经济技术经济研究（7）：3-24.
章玲，何乐，王璐盼，等，2017. 基于 VI2OWA 的多指标评价方法及其在新能源中的应用[J]. 系统工程，35（4）：122-129.
赵柳榕，2008. 能源结构的调整及能源战略的研究[D]. 镇江：江苏大学.
赵亚莉，2016. 长三角地区城市建设用地扩展的水资源约束[J]. 中国人口 •资源与环境，26（5）：123-128.
中华人民共和国国务院新闻办公室，2012. 中国的能源政策白皮书 2012[Z]. 北京：人民出版社.
钟定胜，孙亚梅，张宏伟，2005. 水资源可持续开发的综合评价指标体系研究与应用[J]. 天津工业大学学报，24（2）：65-70.
朱海英，2004. 论程序理性的政治意蕴[J]. 探索（5）：40.
朱世云，林春绵，2007. 环境影响评价[M]. 北京：化学工业出版社.
邹积君，刘志文，张小芬，2003. 区域水资源可持续利用指标体系的设计及评价方法研究[J]. 干旱区资源与环境，17（1）：37-40.
邹艳芬，2009. 中国能源安全测度[M]. 南昌：江西人民出版社.
Adeyemi O，Hunt L C，2007. Modeling OECD industrial energy demand：asymmetric price responses and energy saving technical change[J]. Energy Economics，29：693-709.
Alchian A A，Demsetz H，1972. Production，information cost and economic orgnization[J]. The American Economic Review，62（5）：777-795.
Allan G，Hanley N，Mcgregor P，2007. The impact of increased efficiency in the industrial use of energy：a computable general equilibrium analysis for the United Kingdom[J]. Energy Economics，29（4）：779-798.
Berg A，Ostry J D，Zettelmeyer J，2010. What makes growth sustained? [J]. China Economic Review（2）：224-236.
Bergman L，2004. Energy and environmental constraints on growth：a CGE modeling approach[J]. Journal of Policy Modeling，12（4）：671-691.
Beuusėjour L， Lenjosek G， Smart M，1995. A CGE approach to modelling carbon dioxide emissions control in Canada and the United States[J]. World Economy，18（3）：457-488.
Braun M R，Altan H，Beck S B M，2014. Using regression analysis to predict the future energy

consumption of a supermarket in the UK[J] . Applied Energy（130）：305-313.

Chow G C，1993. Capital formation and economic growth in china[J]. The Quarterly Journal of Economic，108（3）：809-842.

Coase R H，1937. The nature of the firm[J]. Economica，4（16）：386-405.

de Brauw A，Huang J K，Rozelle S，et al.，2002. The evolution of China' s rural labor markets during the reforms[J]. Journal of Comparative Economics，30（2）：329-353.

de Melo J，Roland-Holst D，1990. An evaluation of neutral trade policy incentives under increasing returns to scale[Z]. Policy Research Working Paper Series 480.

de Melo J，Stanton J，Tarr D，1989. Revenue raising taxes：general equilibrium evaluation of alternative taxation in U.S. petroleum industries[J]. Journal of Policy Modeling，11（3）：425-449.

Ehrenfeld D W，1972. Conserving life on earth[M]. Oxford：Oxford University Press.

Fullerton D，Henderson Y K，1989. The marginal excess burden of different capital tax instruments[J]. The Review of Economics and Statistics，71（3）：435-442.

Galán J M，López-Paredes A，Del Olmo R，2009. An agent-based model for domestic water management in Valladolid metropolitan area[J]. Water Resources Research，45（5）：W05401.

Goulder L H，Eichengreen B，1988. Savings promotion，investment promotion，and international competitiveness[Z]. NBER Working Papers 2635.

Goulder L H，Eichengreen B，1989. Trade liberalization in general equilibrium：intertemporal and inter-industry effects[Z]. Department of Economics，Working Paper Series.

Han S Y，Tsou M H，Clarke K C，2017. Revisiting the death of geography in the era of Big Data：the friction of distance in cyberspace and real space[J]. International Journal of Digital Earth：1-19.

Hardin G，1978. Political requirements for preserving our common heritage in wildlife and America[M]. Washington D. C.：Council on Environmental Quality.

Heilbroner R L，1974. An inquiry into the human prospect[M]. New York：Norton.

Ho M S，Garbaccio R F，Jorgenson D W，2000. Controlling carbon emissions in China[J]. Environment & Development Economics，4（4）：493-518.

Howe C W，Linaweaver Jr F P，1967. The impact of price on residential water demand and its relation to system design and price structure[J]. Water Resources Research，3（1）：13-32.

Jain A，Varshney A K，Joshi U C，2001. Short-term water demand forecast modelling at IIT Kanpur using artificial neural networks[J]. Water Resources Management，15（5）：299-321.

John W D，Tolley G S，1977. The foreign dependence question[J]. The Journal of Political Economy，85（85）：323-347.

Jorgenson D W，Wilcoxen P J，1989. Environmental regulation and U.S. economic growth[J]. RAND Journal of Economics，21（2）：314-340.

Learmonth D，Mcgregor P G，Swales J K，2007. The importance of the regional/local dimension of sustainable development：an illustrative computable general equilibrium analysis of the Jersey economy[J]. Economic Modelling，24（1）：15-41.

Löschel A，2002. Technological change in economic models of environmental policy：a survey[J]. Ecological Economics，43（2-3）：105-126.

Manne A S，1977. ETA-MACRO：a model of energy-economy interactions[R]. Nasa Sti/recon Technical Report N.

Messner S，Golodnikov A，Gritsevskii A，1996. A stochastic version of the dynamic linear programming model MESSAGE III[J]. Energy，21（9）：775-784.

Muleta M K，Nicklow J W，2004. Joint application of artificial neural networks and evolutionary algorithms to watershed management[J]. Water Resources Management，18（5）：459-482.

Murphy F H，Toman M A，Weiss H J，1987. A stochastic dynamic Nash game analysis of policies for managing the strategic petroleum reserves of consuming nations[J]. Management Science，33（4）：484-499.

Nauges C，Thomas A，2003. Long-run study of residential water consumption[J]. Environmental & Resource Economics，26（1）：25-43.

Naughton B，1999. How much can regional integration do to unify China's markets[C]. Paper Presented at Conference for Research on Economic Development and Policy Research，Stanford University.

Ngan H W，2010. Electricity regulation and electricity market reforms in China[J]. Energy Policy，（38）：2142-2148.

Nordhaus D W，1974. The report of the president's council of economic advisers：energy in the economic report[J]. The American Economic Review，64（4）：558-565.

Ophuls W，1973. Leviathan or Oblivion[C]. In Toward a Steady State Economy，San Francisco：Freeman.

Perera B J C，Muttil N，Hasofer M，2009. Climate corrected urban water use and estimation of water savings[J]. 18th World IMACS Congress，1（4）：3633-3639.

Perman R，2002. Natural resources and environmental economiesc[M]. Cambridge：The MIT Press：15-43.

Qi L，2010. Capital flows and domestic market integration in China[J]. Journal of Chinese Economic and Business Studies（8）：67-94.

Qian X L，Smyth R，2005. Measuring regional inequality of education in China[C]. ABERU Working Paper.

Reinert K A，Roland-Holst D W，1994. Structural change in the United States：social accounting estimates for 1982-1988[J]. Empirical Economics，19（3）：429-449.

Rodríguez-Pose A，2010. Economists as geographers and geographers as something else：on the changing conception of distance in geography and economics[J]. Journal of Economic Geography：1-34.

Shupp F R，1964. A dynamic programming model for strategic materials[J]. The Review of Economics and Statistics，46（1）：90-98.

Smith R，1981. Resolving the tragedy of the commons by creating private property rights in wildlife[J]. CATO Journal（1）：439-468.

Tarr D G，1985. The efficient diffusion of steel technology across nations[J]. Journal of Public Policy，5（4）：541-560.

Tarr D G，Morkre M E，1984. Aggregate costs to the United States of tariffs and quotas on imports：

general tariff cuts and removal of quotas on automobiles，steel，sugar，and textiles：an economic policy analysis[R]. Bureau of Economics Staff Report.

Thomas T J，1981. A dynamic programming model of the U. S. strategic petroleum reserve[J]. The Bell Journal of Economics，12（2）：526-546.

Veldkamp A，Fresco L O，1996. CLUE-CR：an integrated multi-scale model to simulate land use change scenarios in Costa Rica[J]. Ecological modelling，91（1）：231-248.

Vörösmarty C J，Green P，Salisbury J，et al.，2000. Global water resources：vulnerability from climate change and population growth[J]. Science，289（5477）：284.

Welch W P，1983. The political feasibility of full ownership property rights：the cases of pollution and fisheries[J]. Political Sciences（16）：165-180.

Willrich M，1975. Energy and world politics[M]. New York：The Free Press：87-90.

Wright B D，Williams J C，1982. The economic role of commodity storage[J]. Economic Journal，92（367）：596-614.

Wright B D，Williams J C，1982. The roles of public and private storage in managing oil import disruptions[J]. Bell Journal of Economics，13（2）：341-353.

Yotov Y V，2012. A simple solution to the distance puzzle in international trade[J]. Economics Letters，117（3）：794-798.

Young A，2000. The razor's edge：distortions and incremental reform in the People's Republic of China[J]. Quarterly Journal of Economics（115）：1091-1136.

Zhao Z，2004. Rural-urban migration in China[J]. China Economic Quarterly（2）：1-33.